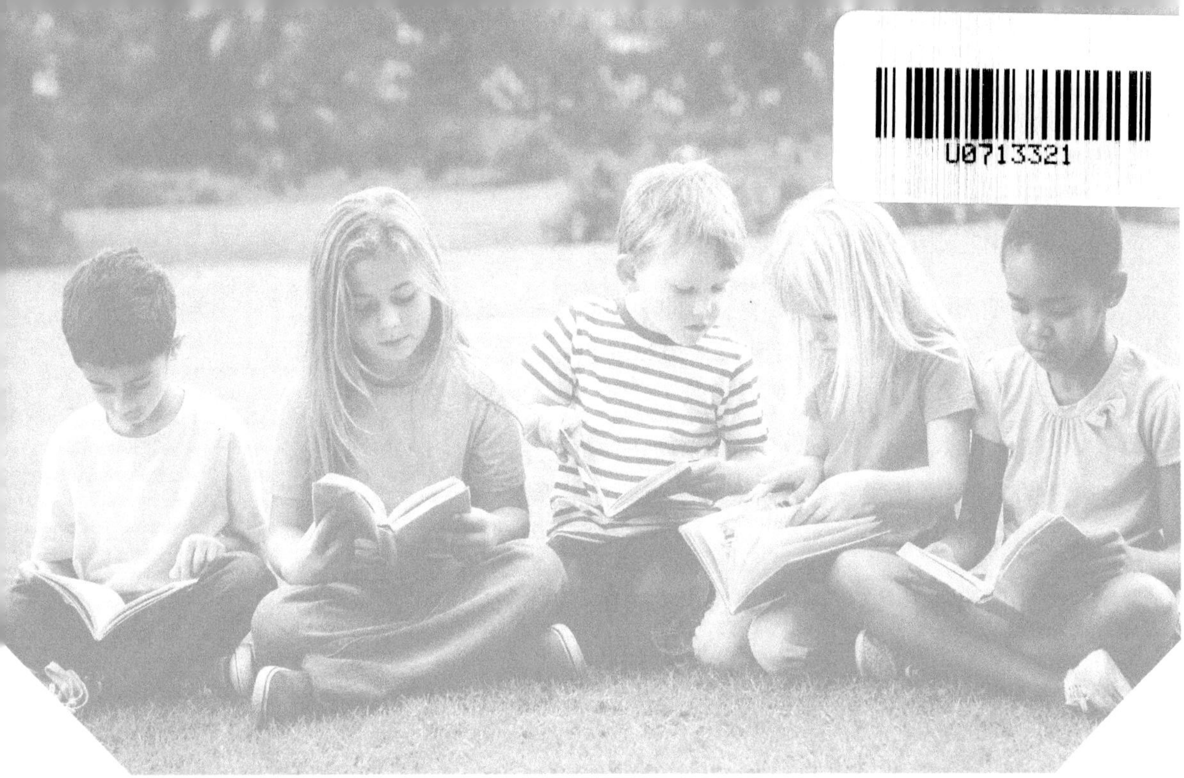

早期阅读与儿童语言教育

刘晓晔 著

北京语言大学出版社
BEIJING LANGUAGE AND CULTURE UNIVERSITY PRESS

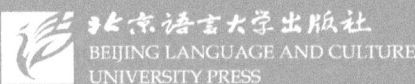

© 2016 北京语言大学出版社，社图号 16341

图书在版编目（CIP）数据

早期阅读与儿童语言教育 / 刘晓晔著． —— 北京：北京语言大学出版社，2016.12（2023.2重印）
ISBN 978-7-5619-4777-7

Ⅰ.①早… Ⅱ.①刘… Ⅲ.①阅读课－教学研究－学前教育 ②语言教学－教学研究－学前教育 Ⅳ.① G613.2

中国版本图书馆 CIP 数据核字（2016）第 302525 号

早期阅读与儿童语言教育
ZAOQI YUEDU YU ERTONG YUYAN JIAOYU

责任编辑： 张轶鋆	**责任印制：** 邝　天

出版发行：北京语言大学出版社
社　　址：北京市海淀区学院路 15 号，100083
网　　址：www.blcup.com
电子信箱：service@blcup.com
电　　话：编辑部　　8610-82303700
　　　　　发行部　　8610-82303650/3591/3648
　　　　　北语书店　8610-82303653
　　　　　网购咨询　8610-82303908
印　　刷：北京市金木堂数码科技有限公司

版　次：2016 年 12 月第 1 版　　印　次：2023 年 2 月第 3 次印刷
开　本：787 毫米 × 1092 毫米　1/16　印　张：20.75
字　数：334 千字　　　　　　　　　　 定　价：98.00 元

PRINTED IN CHINA
凡有印装质量问题，本社负责调换。售后 QQ 号 1367565611，电话 010-82303590

前　言

作为北京语言大学出版社少儿英语图书的出版与研究者，近年来我们一直致力于少儿英语读物的出版，推出了《剑桥双语分级阅读·小说馆》《彩虹兔自然拼读奇趣故事屋》等深受孩子、家长和教师们喜爱的图书。我们也致力于少儿英语阅读理论与方法的研究，结识了一大批热爱英语教学并有着丰富理论素养和实践经验的优秀专家和教师。美国的巴巴拉·祖瑞尔·皮尔逊教授、海岚老师和中国台湾的吴敏兰老师等都是我们的作者，他们为读者们撰写了《培养双语儿童——全球双语家庭教育解密》《全儿童英语启蒙——北美二语教育启示录》《轻松培养孩子的英语好感度》等优秀图书。

为什么出版这样一本书？

近年来，早期阅读和婴幼儿双语启蒙教育，成为语言教育领域和儿童教育领域共同关注的热点问题。许多年轻的家长朋友、幼儿园和社会教育机构的教师经常会在开展早期阅读和进行双语启蒙的过程中产生各种各样的疑惑，遭遇教育瓶颈，比如：

婴幼儿应该在哪个年龄段开始阅读？

父母到底该用什么方法陪伴孩子进行早期阅读？

如何为不同年龄段的孩子遴选合适的读物？

如何通过早期阅读培养孩子的各种能力？

早期阅读和孩子的语言启蒙究竟是什么关系？

如何利用原版和引进版双语读物对孩子进行双语启蒙教育？

早教中心、幼儿园和绘本馆如何协助家长完成孩子的双语启蒙？

早期双语启蒙过程中存在哪些误区？

……

问题林林总总。透过这些问题，我们可以感受到家长和教师朋友们内心的困惑，以及想要获得更多关于儿童早期阅读及双语启蒙方面知识的渴望。

然而当早期阅读和双语启蒙的教育策略遇到每一个真实的孩子时，很多家长和教师却往往难以应对。原因可能就在于家长和教师在实践中更多地关注了"如何做"，而没有深究"为何这样做"，所以使得早期阅读和双语启蒙的实施像是"照虎画猫"，家长和教师不得精髓。实际上，不论是汉语语言启蒙还是英语语言启蒙，都需要成人理解语言的本质，认识到语言不仅是语音、词汇和句子的堆砌，更为核心的是学习语言理解和语言表达。说到底，缺乏语言思维启蒙的双语教育都不是真正的双语教育。为此，我们邀请首都师范大学学前教育学院的副教授刘晓晔博士撰写了本书。"授人以鱼，不如授人以渔"，作为长期从事学前教育研究和给幼儿园老师授课的专业教师，作为孩子的母亲，作者以丰富的学前教育理论素养和幼儿园、绘本馆教学指导经验，为读者们奉献了解决问题的钥匙，指出了早期阅读和儿童语言启蒙需要把握语言的本质，认识儿童语言学习与发展的基本规律。通过这样一本书，作者帮助家长和教师朋友从"道"而不仅仅是"术"的层面理解早期阅读与语言启蒙，帮助家长和教师学会深入思考早期阅读与儿童语言教育的本质和规律，举一反三，在家庭和学校的儿童阅读和语言教学中施展才干。这也正是我们出版本书的良苦用心。

本书具有哪些特色？

在策划本书的过程中，我们和作者进行了多次交谈，反复修改编写大纲，目的是深挖作者的思想精华，帮助其准确把握读者需求，触动读者痛点，同时我们要求本书内容高于读者的水平，帮助读者提升作为父母及幼儿教育工作者的综合素质。相比图书市场上其他的早期阅读或语言启蒙类的家教图书，本书具有以下特色：

1. **既是学术研究专著，又是适合大众阅读的读物**。本书作者把"早期阅读"和"婴幼儿语言启蒙"作为研究议题，既有概念梳理、理论总结、学术研究成果分享，更提供家庭和幼教机构能够应用的丰富的方法。这样的写作方式，既保持了作品的严肃性，保证其学术价值，同时兼顾一般读者的阅读需求，可以说本书是一本具有普适性的图书，也符合目前最受欢迎的大众学术类图书的基本特点。

2. 专业水准高，基于科学调研，提供普遍性案例。本书作者具有深厚的学前教育研究背景，因此能够超越个人经验，从科学、理性和专业的角度，与读者分享早期阅读的时代背景、理论来源和应用方法，分享早期阅读与儿童语言启蒙的关系，分享图画书的科学选择与正确使用等读者关心的问题。作者对家庭和幼教机构早期阅读活动进行了问卷调查和实地调研，并列举了几十个贯穿0～6岁不同阶段的阅读启蒙案例，还对每个案例进行了深入、详尽的分析，指出其值得借鉴和有待改进之处，对家长和幼儿教育工作者具有较强的指导性。

3. 富有创新性见解，内容展示形式生动。无论国内外，对于早期阅读的研究资料都还比较少，而把早期阅读与儿童语言启蒙做有机链接，找到其中内在联系的研究性论文和专著少之又少。作者通过自己多年的科研和教学积累，在本书中提出了早期阅读如何作用于儿童语言启蒙，以及家长和教师如何掌握有效的儿童语言启蒙方法，在行文的点点滴滴中，展示了很多创新性观点。一些对这个领域早有研究的读者，在阅读中会不断发现惊喜。同时，为了增加本书的阅读乐趣指数和理解指数，作者提供了丰富的图片和清晰的表格，让这本大众学术读物名副其实。

作为编辑，发现一位优秀的作者，阅读一部优秀的书稿，为读者呈现一本优秀的图书，是一件非常幸福的事情。这本《早期阅读与儿童语言教育》，让我们在编辑出版工作中感受到幸福、满足和提升，我们希望把这种心情和感受传递给每一位读者。

热爱孩子、热爱学习的家长朋友，以及幼儿园、绘本馆和其他各类早期阅读和儿童语言教育机构的教师们，不要犹豫，阅读本书吧，不要拒绝品尝丰美的知识大餐的机会！

北京语言大学出版社

目 录

第一章　早期阅读及其基本理论　/ 1
第一节　早期阅读热的背景解读　/ 2
席卷而来的早期阅读热潮　/ 2
终身学习的世界教育趋势　/ 5
早期阅读是获得终身学习能力的基础　/ 7
第二节　早期阅读概念与基本特征　/ 12
早期阅读概念澄清　/ 12
早期阅读的基本特征　/ 16
第三节　早期阅读的基本理论　/ 27
元素主义视角下的早期阅读　/ 28
结构主义视角下的早期阅读　/ 29
解构主义视角下的早期阅读　/ 30
建构主义视角下的早期阅读　/ 31
第四节　早期阅读方案介绍与评析　/ 33
大声朗读　/ 34
分享阅读　/ 38
对话阅读　/ 42
本章小结　/ 46

第二章　儿童语言教育及其基本理论　/ 49
第一节　儿童语言发展的基本阶段　/ 50
儿童语言发展的阶段与历程　/ 51
儿童语言发展的规律及影响因素　/ 59
第二节　儿童语言发展的基本理论　/ 63
转换生成语法理论　/ 63

系统功能语言理论 / 65

　　认知发展语言理论 / 72

　　社会建构语言理论 / 79

　第三节　儿童语言教育的思想演进 / 82

　　世界语言教育的发展趋势 / 83

　　我国儿童语言教育观念的演变 / 86

　第四节　儿童语言发展领域的核心经验 / 91

　　核心经验的研究与发展背景 / 91

　　儿童语言领域的核心经验及其价值 / 93

　本章小结 / 95

第三章　早期阅读促进儿童语言发展的途径 / 97

　第一节　早期阅读是儿童语言教育的重要途径 / 98

　　早期阅读与儿童语言教育的关系 / 98

　　我国幼儿语言教育对早期阅读的定位 / 100

　第二节　早期阅读促进儿童语言发展的途径 / 110

　　通过早期阅读激发儿童语言学习动机 / 110

　　早期阅读有利于儿童掌握语言要素 / 112

　　早期阅读对儿童语言理解和高级思维能力的影响 / 116

　　早期阅读通过丰富儿童认知经验影响语言发展 / 119

　　早期阅读对语言领域核心经验的贡献 / 123

　第三节　通过早期阅读进行儿童语言教育 / 128

　　早期阅读中的意义生成过程探析 / 129

　　影响早期阅读质量的重要因素分析 / 131

　本章小结 / 136

第四章　早期阅读与儿童语言教育的现状与困境 / 139

　第一节　家庭早期阅读和儿童语言教育 / 142

家庭早期阅读与语言教育概况 / 142

家长对早期阅读与语言教育关系的看法 / 147

家长早期阅读和语言教育知识的获取渠道 / 151

家庭亲子共读中的互动状况 / 152

第二节　绘本馆的早期阅读和儿童语言教育 / 157

以借阅和阅读课程销售为主的服务模式 / 159

多样化、拼盘式的课程内容 / 161

绘本馆早期阅读课程案例分析 / 162

第三节　早期阅读与儿童语言教育的困境与建议 / 174

被"曲解"的早期阅读 / 174

被"误判"的学习动力 / 179

被"挤压"的主动建构 / 183

本章小结 / 186

第五章　图画书阅读与儿童语言发展 / 189

第一节　图画书及其对儿童语言发展的贡献 / 190

图画书概念和图画书阅读的特点 / 190

被忽略的知识图画书 / 193

图画书阅读对儿童语言发展的独特贡献 / 198

第二节　适宜的图画书选择 / 205

年龄和个体的适宜性 / 205

内容和形式的多样性 / 210

文化适宜性 / 216

第三节　图画书阅读的原则与特征 / 219

图画书阅读的基本原则 / 219

图画书阅读的基本特征 / 226

第四节　图画书阅读方法与策略 / 236

以"互动"为特征的图画书阅读方法 / 236

图画书讲读方法与策略 / 243

图画书延伸活动设计方法与策略 / 245

本章小结 / 250

第六章　早期阅读与语言教育案例分析 / 253

第一节　0~3岁婴儿早期阅读与语言教育案例 / 254

0~2岁：《快跑，云梯消防车》/ 254

2~3岁：《抱抱》/ 259

2~3岁：《小红母鸡》/ 262

2~3岁：《变，变，变！》/ 266

第二节　幼儿园早期阅读与语言教育案例 / 271

小班：《好饿的小蛇》/ 271

中班：《我在动物园里看到了什么》/ 279

大班：《小魔怪要上学》/ 286

第三节　综合性语言教育活动案例 / 292

中国汉字 / 292

参考文献 / 313

家庭早期阅读与语言教育概况 / 142

家长对早期阅读与语言教育关系的看法 / 147

家长早期阅读和语言教育知识的获取渠道 / 151

家庭亲子共读中的互动状况 / 152

第二节　绘本馆的早期阅读和儿童语言教育 / 157

以借阅和阅读课程销售为主的服务模式 / 159

多样化、拼盘式的课程内容 / 161

绘本馆早期阅读课程案例分析 / 162

第三节　早期阅读与儿童语言教育的困境与建议 / 174

被"曲解"的早期阅读 / 174

被"误判"的学习动力 / 179

被"挤压"的主动建构 / 183

本章小结 / 186

第五章　图画书阅读与儿童语言发展 / 189

第一节　图画书及其对儿童语言发展的贡献 / 190

图画书概念和图画书阅读的特点 / 190

被忽略的知识图画书 / 193

图画书阅读对儿童语言发展的独特贡献 / 198

第二节　适宜的图画书选择 / 205

年龄和个体的适宜性 / 205

内容和形式的多样性 / 210

文化适宜性 / 216

第三节　图画书阅读的原则与特征 / 219

图画书阅读的基本原则 / 219

图画书阅读的基本特征 / 226

第四节　图画书阅读方法与策略 / 236

以"互动"为特征的图画书阅读方法 / 236

图画书讲读方法与策略 / 243

图画书延伸活动设计方法与策略 / 245

本章小结 / 250

第六章 早期阅读与语言教育案例分析 / 253

第一节 0~3岁婴儿早期阅读与语言教育案例 / 254

0~2岁:《快跑,云梯消防车》/ 254

2~3岁:《抱抱》/ 259

2~3岁:《小红母鸡》/ 262

2~3岁:《变,变,变!》/ 266

第二节 幼儿园早期阅读与语言教育案例 / 271

小班:《好饿的小蛇》/ 271

中班:《我在动物园里看到了什么》/ 279

大班:《小魔怪要上学》/ 286

第三节 综合性语言教育活动案例 / 292

中国汉字 / 292

参考文献 / 313

第一章

早期阅读及其基本理论

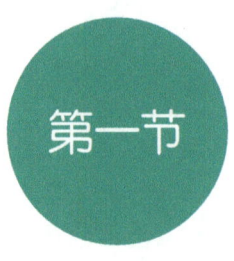

第一节

早期阅读热的背景解读

> 未来的文盲,不再是不识字的人,而是没有学会怎样学习的人。
> ——《学会生存——教育世界的今天和明天》

席卷而来的早期阅读热潮

2016年8月8日,国内最大的家长社区"家长帮"联合"好未来公益基金会"发布了《2016年中国家庭教育焦点问题调查报告》,通过对全国不同地区6529个家庭的调查追踪,揭示出中国家长在孩子不同成长阶段所面临的家庭教育问题。结果显示:在0~3岁婴儿家庭中,有49.2%的家长开始担忧孩子的阅读能力,其中的主要疑问就是该如何培养孩子的阅读能力,以及如何帮助孩子学说话。家长对儿童阅读的关注度高于对孩子性格问题和睡眠问题的关注度,足可见当前家庭教育中家长对孩子早期阅读的重视程度。而在4~6岁幼儿家庭中,有25.4%的家长认为自己的孩子读书习惯差,并且27.5%的家长认为孩子无法静下心来学习,28%的家长认为孩子不愿意主动学习,还有33.6%的家长特别关注孩子学习时注意力不集中的问题。后面几个问题虽然表面上看起来并不是早期阅读问题,但是却与儿童的阅读习惯和阅读兴趣存在密切的联系。

社会公众,尤其是家长群体对儿童早期阅读内容产生了强烈的需求。我国学前教育领域专家刘焱教授在对我国中、东、西部10个城市家庭的消费研究中发现,图书和玩具消费已经成为家庭消费的重要组成部分,71.4%的家庭每月平均消费 127.34 元用于购买玩具、图书和音像制品。① 全国妇联儿童工作部进行的全国未成年人家庭教育状况抽样调查也发现，除"做作业"外，"阅读课外书"是当前儿童群体最普遍的课余生活内容，89.9% 的儿童会在课余时间看自己喜欢的课外书，21.1% 的儿童每周阅读时间在 2 小时以上。② 家庭教育需求和儿童阅读需求为私营绘本馆的生存和发展创造了巨大的机遇。近年来，大中城市的私营儿童绘本馆大量涌现，这些私营的绘本馆规模小、经营方式灵活，迅速占领早期阅读推广的领地，形成了大中城市特有的儿童绘本馆现象。据童立方召集的绘本馆信息征集公益项目统计，从 2014 年 7 月到 2015 年 7 月，全国设立的民间绘本馆数量达 2805 家。除西藏外，中国各省、市、自治区大都开办有绘本馆，其中山东、河南、河北、北京、广东、江苏和山西开办的绘本馆超过 100 家，仅北京市就有绘本馆 131 家。③

早期阅读拉动了儿童图书出版业的发展，少儿出版，尤其是低幼图画书出版，也呈现出前所未有的繁荣态势。中国少年儿童新闻出版总社社长李学谦在《关于"十三五"时期少儿出版发展的思考》中就指出，少儿出版是出版行业中成长性最好、活力最强的板块，而且未来发展前景巨大，因为虽然少儿图书总印数巨大，2014 年全国少儿图书总印数达 4.97 亿册，但由于儿童基数大，3.67 亿少年儿童人均拥有图书不到 1.4 册。1997 年，日本著名出版人松居直先生的《我的图画书论》由湖南少年儿童出版社从日本引进出版，使图画书这一适宜低幼儿童的阅读载体开始引起社会的广泛重视。伴随社会经济的发展，21 世纪初少儿出版业迎来了发展的黄金时期，图画书出版更成为其中的亮点。中国出版协会原副主席、国际儿童读物联盟中国分会原主席海飞于 2015 年 11 月 11 日在《中国新闻出版广电报》上撰文《关于我国童书出版的三个预判》，明确指出少儿出版的未来十年将是"图画书时代"。

---

① 刘焱，宋妍萍. 我国城市 3~6 岁儿童家庭学前教育消费支出水平调查 [J]. 华中师范大学学报（人文社会科学版），2013, 52(1): 155-160.
② 全国妇联儿童工作部. 全国家庭教育调查报告 [M]. 北京：社会科学文献出版社，2011: 62-65.
③ 刘红，王旭平. 图书馆：游走于理想和现实之间——中国民间阅读推广机构调查 [J]. 出版人，2015(8): 108.

实际上，我国的早期阅读实践探索先于国内相关理论研究的发展。虽然儿童读物出版市场繁荣，儿童阅读推广活动红火，但文献计量学统计发现，我国早期阅读研究的介绍性与经验总结类文章分别占据总文献量的 37.9% 和 31.0%，是目前我国早期阅读相关研究的主要成果形式。[①] 由此可以看出，实证性研究报告和对早期阅读推广实践具有指导性意义的理论研究相对较少。而西方发达国家的早期阅读和相关阅读推广实践则恰恰以儿童教育研究为基础，重视早期阅读推广人员的素质和作用，以提高儿童及家长的阅读技能为支点。[②] 正是由于早期阅读理论发展不够成熟，儿童教育研究人员参与度不足，儿童教育、出版、图书馆等各个机构和团体之间存在行业壁垒，导致我国儿童早期阅读活动虽然表面繁荣，却难掩其形式化、表面化的状态。教育部颁布的《3～6岁儿童学习与发展指南》在家庭和少儿图书馆领域认知度不高；私营绘本馆虽遍地开花，却常常由于缺乏对提高儿童阅读能力实质性的帮助而昙花一现，从童立方绘本馆信息征集公益项目中发现，仅在2014年7月至2015年7月一年时间内，全国2805家绘本馆中就有448家停业，509家失联，能够持续营业的绘本馆仅有1848家。

我国早期阅读领域的众多现象已经引起了研究机构的关注，从学前教育研究领域到新闻出版研究领域的学术研究机构纷纷组织跨专业的合作力量，针对早期阅读开展相关研究工作。例如，南京师范大学结合教育学科与儿童文学优势，成立了教育科学学院图画书研究中心；北京师范大学文学院结合儿童文学与原隶属于文学院的出版专业优势，成立了中国图画书创作研究中心，并于2016年3月31日发布了首届"原创图画书排行榜"；首都师范大学学前教育学院成立了绘本阅读中心，致力于通过学前教育研究的专业力量推动儿童早期阅读的专业性发展。这些都将进一步推动我国早期阅读的理论研究，深化并完善早期阅读实践，使儿童早期阅读活动和早期阅读市场趋于规范和完善。

[①] 黄怡然. 我国早期阅读相关研究现状的文献调查与分析 [J]. 现代教育科学, 2009(1): 31-35.
[②] 刘晓晔, 刘佳. 高校学前教育专业图书馆参与早期阅读推广的路径建构 [J]. 黑龙江高教研究, 2015(12): 84-86.

终身学习的世界教育趋势

提到近半个世纪以来全球教育的发展趋向与变革动力，我们就不得不说"终身学习"。面对全球化和信息化速度的加快，再深远的思想也可能会在一夜之间变成众人皆知的常识，人们不可能一劳永逸地获取所有知识。在这一背景下，1972年国际教育委员会向联合国教科文组织提交了一份重要报告——《学会生存——教育世界的今天和明天》(*Learning to Be: The World of Education Today and Tomorrow*)。这份报告提出了未来教育的四个支柱：学会学习、学会生活、学会做事、学会生存。报告迅速引起轰动，"终身教育""终身学习"的概念被世界各国纷纷写入了国情报告和法规文件之中。人们对教育和学习的看法随之发生巨大变化，教育和学习再也不是单纯地为了让儿童掌握一技之长，不是单纯地为了让其适应社会，而是为了使个体具备在纷繁复杂的社会中生存的能力，学会生存，实现终身发展。

随后在1995年，国际21世纪教育委员会又向联合国教科文组织提交了一份对当前世界范围内教育浪潮影响深远的报告——《教育——财富蕴藏其中》(*Learning: The Treasure Within*)。该报告站在国际交往日益频繁的大背景下，强调克服闭关自守的倾向，倡导实现全球范围的团结互助，增进人与人、人与世界的认识和理解，并明确提出"终身学习是打开21世纪光明之门的钥匙"，号召人们要"放开眼界，接受差异，承认差异""意识到自己文化的独特性，同时意识到人类共同文化遗产的存在"。

2015年5月，联合国教科文组织又在国际教育论坛会议上发布了报告《反思教育：向"全球共同利益"的理念转变？》(*Rethinking Education: Towards a Global Common Good?*)。该报告在前两份报告的基础上，特别指出教育包括正规教育和非正规教育，强调了包括家庭教育和社会教育在内的非正规教育对个体成长和发展的重要意义，并提出教育和学习要超越狭隘的功利主义和经济主义，为所有人提供发挥自身潜能的机会，使每个个体都实现可持续发展，过上有尊严的生活。这种通过一切教育手段与学习途径所实现的"终身学习"正成为全球化时代的重要教育目标。

这种变化同样也正在深刻影响着我国的教育政策和教育实践。2010年7

月29日，我国颁布了进入21世纪的第一个教育规划——《国家中长期教育改革和发展规划纲要（2010—2020年）》（以下简称《规划纲要》），成为指导全国教育改革和发展的纲领性文件。《规划纲要》在第二章"战略目标和战略主题"中明确提出了具有时代性的教育改革发展战略主题——"坚持以人为本，全面实施素质教育"，到2020年，基本形成学习型社会，从而适应世界多极化、经济全球化、科技进步日新月异、人才竞争日趋激烈的国际形势，满足新形势对教育与人才的基本要求。从这一主题中不难看出，我国从国家战略的层面力求摒弃教育中的短视效应，着重于人才素质的全面提升，使个体具有"勇于探索的创新精神和善于解决问题的实践能力"，具备终身学习的能力，从而实现个体和社会的可持续发展。

如果说理想过于宏观，我们则需要探索实现理想的现实途径，去研究怎样才能有效地帮助儿童培养终身学习能力。在建设学习型社会、学习型城市的大背景下，"阅读"渐渐浮出水面，自然而然地进入公众视野。"全民阅读"理念得以广泛接受和推广，并成为建设学习型社会的重要途径。基于新闻出版总署、中国新闻出版研究院对1999—2005年国民阅读状况调查中所发现的国民阅读率持续走低、图书购买意愿下降等问题，2006年国家提出"倡导全民阅读，建设阅读社会"的"全民阅读工程"，将"积极推进阅读社会的形成"写入《国家"十一五"时期文化发展规划纲要》，并在党的十七届六中全会通过的《中共中央关于深化文化体制改革、推动社会主义文化大发展大繁荣若干重大问题的决定》中明确提出"深入开展全民阅读"，从国家战略高度审视阅读。

2006年4月6日，中央宣传部、中央文明办、新闻出版总署、文化部、教育部、解放军总政宣传部、全国总工会、共青团中央、全国妇联、中国科协、中国作协等十一部门联合印发了《关于开展全民阅读活动的倡议书》。而少年儿童读者正是未来的终身学习者，因此作为全民阅读基础和重要组成部分的"早期阅读"更是受到了包括社会、教育机构、家长在内的相关群体的广泛关注。中国图书馆学会把2009年定为"全国少年儿童阅读年"，国家图书馆专门设立了少儿图书馆，"阅读推广进校园"等活动在全国如火如荼地开展起来。2010年，中国图书馆学会还与新加坡国家图书馆联合举办"中新儿童阅读推广研讨会"。2016年，在中宣部、新闻出版总署、文化部、教育部等部门倡导和开展全民阅读十周年之际，国家新闻出版广电总局发布了《关于开展2016年全民阅读工作的通知》，并在通知中重点强调了儿童阅读，明确提出"大力倡导家庭阅读、亲子阅读、阶梯阅读；充分利用少年宫、儿童活动中心、农家书屋等开展少儿阅读推广活动，积极利用各种绘本馆和民间少儿阅读推广机构，着力保障农村留守儿童、城市流动儿童的基本阅读需求；开展好'书香·童年'阅读工程试点工作，确保工程取得实效"，从政策上体现出了国家对儿童早期阅读的高度重视。

早期阅读是获得终身学习能力的基础

对早期阅读的重视，源于人们对于阅读认识的不断深入。研究发现，人类80%的知识信息都来源于阅读，这就使阅读必然地成为个体终身发展的基础。1966年国际知名儿童语言教育专家玛丽·克莱（Marie Clay）在其博士论文中首次提出"读写萌发（emergent literacy）"的概念，使人们意识到早期阅读对儿童未来读写能力发展的意义，并在早期阅读领域引起巨大反响。这一理念在儿童语言研究与教育实践领域掀起了一场革命，使人们意识到阅读的以下特点：

- 阅读不是心智成熟以后才能够开始的事情；
- 阅读也并不必然遵循先听说、再读写的过程，而是一种从出生就已经开始具备的能力；
- 听、说、读、写四种能力并非按照先后顺序发展，而是相互融合，共同发展且持续终生。

受这一认识的影响，个体的早期阅读开始受到广泛关注。人们发现虽然学前阶段的婴幼儿还不具备正式的读写技能，甚至不会说话、不认字，也不会书写，但他们已经具备以下能力：

- 能够理解读写行为；
- 展露出对语音、图画、符号和书面语言的敏感性和惊人的理解力；
- 能够读懂书面阅读材料，如图画书等；

- 在进入小学前，已经积累并掌握了大量读写知识和技能，例如，通过阅读自然而然地认识一些常见的符号和文字，会用特定的图画或符号画出或者写出自己的名字，可以图文并茂地表现自己的思想；[①]
- 会对阅读充满渴望。

这些能力不仅为儿童的正式书写奠定了坚实的基础，而且是儿童未来成为终身学习者的必要基础和前提。

案例：6岁儿童图文并茂的日记	
昨天，我和妈妈一起去放风筝，我们发现插在风筝上的杆子忘带了。然后我们开始寻找合适的东西来代替它。首先，我找到了一根小棍子来代替，太短了。又找了一根树枝，但总是往下掉。最后，我们又买了一个风筝玩儿了起来，我玩儿得很开心，最后我和妈妈把风筝收起来，回家了。（儿童口述）	儿童的读写技能：运用"首先""又""最后"进行叙述，表达事件发生的顺序。
	运用"图画符号"，如用"⟨……⟩"表示说话。 学会运用图画、符号和文字，图文并茂地表达自己的思想。这里的图画与美术不同，不仅是图像表征，更是进行语义表达的"图画语言"。
图 1-1 日记《放风筝》（图片由第壹阶幼小衔接教育机构提供）	

[①] 周兢.论早期阅读教育的几个基本理论问题——兼谈当前国际早期阅读教育的走向[J].学前教育研究，2005(1): 20-23.

不仅如此，哈佛大学教育研究院开展的一项 3～19 岁儿童语言和阅读能力追踪研究还发现：

- 学前期阅读经验与个体成年后阅读能力密切相关；
- 早期阅读能力会影响个体的学业成绩；
- 良好的阅读能力是获取包括数学在内的其他领域知识的基础，对学业落后儿童的研究发现，大部分儿童学业落后的根本原因在于无法灵活地掌握和运用"语言"这一工具获取知识；
- 早期良好的阅读教育可以降低儿童未来出现阅读障碍和学业落后的几率。

早期阅读能力是个体终身学习的基础，早期阅读不良将会对儿童未来的语言和学业成绩造成不可逆转的影响。1995 年的一项研究发现，小学生二年级时的阅读成绩与其 6 年后的阅读水平高度相关，其相关系数达到 0.72，而对阅读困难的补救措施收效甚微。① 正是鉴于早期阅读对儿童未来发展的这种重要影响，美国从上世纪 80 年代开始，就将"阅读"放在教育改革的重要位置，致力于提高儿童的早期阅读能力，进而提升国民素质，提高国家竞争力。

克林顿政府在 1997 年发布了《美国阅读挑战行动报告》(*America Reads Challenge*)，号召美国全体公民动员一切资源，帮助儿童在小学三年级以前达到独立、有效阅读的目标。

1998 年，美国国家科学院发布了《预防幼儿阅读障碍》(*Preventing Reading Difficulties in Young Children*)，提出改善儿童幼年的生活环境和阅读教育状况，避免阅读障碍的发生。

美国国会通过了《卓越阅读计划》(*Reading Excellence Act*)，将阅读提高到国家战略的高度。

2001 年小布什政府专门就阅读问题制定了两项方案，一是针对从学前班到小学三年级（K-3）儿童的"阅读优先（Reading First）"计划，另一项就是专门针对学前儿童的"早期阅读优先（Early Reading First）"计划。

奥巴马就任新一届总统后，2009 年提出《登顶计划》(*Race to the Top*) 作为教育的指导方针，具体提出了提高学生读写能力的综合性计划，规定学校

---

① JENKINS J R. Prediction of reading disabilities in kindergarten and first grade [J]. Scientific studies of reading, 2000, 3(2): 159-197.

在小学阶段开展广泛的阅读活动，实施新的阅读课程。

除此以外，世界各国也纷纷将阅读作为重要的国家战略。俄罗斯政府制定和实施了《全民阅读大纲》；德国成立了由总统担任主席的"国民阅读促进委员会"；英国实行了"阅读起跑线"计划；我们的近邻，日本和韩国，也纷纷立法推进阅读和阅读教育。

日本于1999年通过了《有关儿童读书年的决议》；2001年颁布了《关于推进儿童读书活动的法律》，法律规定"国家及地方公共团体，都有义务推进儿童读书活动，从而改善儿童的读书环境"，该法案截至2014年共经历了3次修订。法案中特别指出家庭阅读应着重于培养儿童的阅读兴趣，家长要理解读书的意义，要为孩子展示对读书的热爱之情，"不是强制孩子读书，而是让孩子自然地对书产生兴趣，能够感受到读书的喜悦，产生这样的积极作用才是最重要的。"[①]韩国也早在1994年就制定了《图书馆及读书振兴法》，并在2009年颁布了《读书文化振兴法》，以"促进读书活动，促进文化发展和终身教育的发展"。

近年来，我国也提出了全民阅读的国家战略。我国不仅在2006年的《国家"十一五"时期文化发展规划纲要》中将"积极推进阅读社会的形成"作为文化和社会发展的主要任务之一，而且首次实施了以"倡导全民阅读，建设阅读社会"为目标的"全民阅读工程"。"全民阅读"还作为行动指南首次被写入党的十八大报告。其中儿童阅读更是成为阅读推广的重阵，成为"国民阅读的基础"。由幼儿园、小学、公立图书馆、绘本馆、出版社组织的各类线上、线下早期阅读活动开展得如火如荼，少儿图书销量领跑整个图书出版行业，图画书销量持续攀升。教育部在早期阅读方面颁布了较为具体的实施细则：

- 于2001年颁布了《幼儿园教育指导纲要（试行）》，其中特别强调了对早期阅读的重视，在语言领域的教育目标中明确指出要"利用图书和绘画，引发幼儿对阅读和书写的兴趣，培养前阅读和前书写技能"。
- 于2012年颁布了面向家庭及早期教育机构的《3～6岁儿童学习与发

---

① 张静茹.日本少儿阅读推广活动及启示[J].产业与科技论坛，2013(5)：127-128.

展指南》，其中对早期阅读及其目标进行了较为细致的描述，提出要"为幼儿提供丰富、适宜的低幼读物，经常和幼儿一起看图书、讲故事，丰富其语言表达能力，培养阅读兴趣和良好的阅读习惯，进一步拓展学习经验"，"在生活情境和阅读活动中引导幼儿自然而然地产生对文字的兴趣"，并根据儿童身心发展特点和规律，对儿童的"阅读与书写准备"提出了具体的目标和教育建议（详见本书第三章第一节）。

可以看出，我国政府在推动儿童早期阅读方面，把帮助儿童获得阅读兴趣、培养儿童的阅读习惯和阅读能力作为重点，帮助儿童增加正确和富有乐趣的阅读体验，旨在为儿童的终身学习与发展打下良好基础。

第二节

早期阅读概念与基本特征

> 如果说我有一点成就的话，那是我从我父亲那里接受了早期教育的结果。是父亲从小培养了我的阅读习惯，我还可以断言，早期阅读使得我进入社会比别人偏得 25 年时间。
>
> ——约翰·穆勒（John Stuart Mill），英国哲学家、经济学家

早期阅读概念澄清

我国关于阅读的研究开始较晚，对于阅读及其概念的研究主要受西方阅读学研究的影响，《中国大百科全书·教育》对阅读的解释是："一种从印的或写的语言符号中取得意义的心理过程。阅读也是一种基本的智力技能，这种技能是取得学业成功的先决条件，它是由一系列的过程和行为构成的总和。"从这一定义可以看出，教育学意义上的阅读，并非人们日常生活中的"读"，它包含着多层次的含义：

- 阅读既表现为具体行为，也同时是一个需要智力参与的心理过程；
- 阅读的目的是从书面材料中获取意义；
- 阅读对个体的学业成绩具有重要影响。

早期阅读这一概念同样属于舶来品，大多翻译自英文的 reading 或 literacy。这两个单词在英文中经常被合并起来使用，成为 reading and literacy。可见二者的内涵并不相同，但又似乎难以分开，因此当前我国对早期阅读的认识和理解主要来自英文"early reading""pre-reading""emergent literacy"

及"early literacy"的相关文献。根据培生教育出版集团出版的第五版《朗文当代高级英语词典》对 reading 的释义，与阅读有关的意义主要指阅读行为或技能、阅读过程和阅读理解：①阅读的行为或技能（the action or skill of reading），包括阅读书面材料（written or printed matter that can be read）和文学作品（knowledge of literature）；②为他人读文学作品的过程（an occasion at which pieces of literature are read to an audience）；③对文本或情境的理解和解释（a particular interpretation of a text or situation）。与汉语中"读"的意义是相同的。

而由 literate 演化而来的 literacy 含义则相对复杂。《朗文当代高级英语词典》中对 literate 的解释包含两个部分，能够读写（able to read and write）和接受过教育、具有知识，尤其指具有特定领域的知识（having education or knowledge, typically in a specified area）。literacy 则是"the ability to read and write"和"competence or knowledge in a specified area"，所以 literacy 既指个体的读写能力，也指个体在某一领域的文化、知识和素养。美国阅读研究中也有研究者试图对 reading and literacy 中 literacy 的含义进行澄清，认为认知心理学主要关注的是个体从书面符号获得意义的过程；社会学则关注 literacy 是通过文字、符号所带来的社会认同，是个体成为社会成员的基本素养；教育和发展心理学家则关注个体如何学习"reading and writing"的过程。[①]

可见，literacy 的内涵要远大于 reading。reading 指具体的"阅读"，而 literacy 则不仅包括读，还包括写，更包含通过阅读所获得的文化、知识和素养。二者本身存在着密切的联系，且英语文献中经常将二者连用，因此大部分国内关于早期阅读的研究和引用都倾向于模糊二者的差别，直接采用"阅读"这一概念。因此，这也就使得当前早期阅读研究中的"阅读（reading and literacy）"与传统的意义上的阅读（reading）存在差异，二者连用中 literacy 所特指的领域主要表现为儿童的语文（language）知识和素养。所以当前国内常用的早期阅读概念，既包含了阅读技能、阅读过程、阅读理解，也包含了影响儿童语文素养的读写技能、读写知识等读写综合素养；既包含传统阅读，

---

① KUCER S B. Dimensions of literacy: a conceptual base for teaching reading and writing in school settings [M]. Mahwah, NJ: Lawrence Erlbaum, 2001: 3.

也包括一切与阅读和书写有关的活动；同时也包含了对儿童作为阅读主体的认识，关注儿童对阅读意义的独特建构。可以说当前我国对早期阅读的理解大都以这一认识为基础，从国内学者对早期阅读定义的演化中就可以看出这一点。

我国著名教育家王焕勋主编的《实用教育大词典》中对"早期阅读"的解释是："近年国外所创。儿童很小的时候，让其坐在母亲的膝上，由母亲读讲图书，儿童虽听不懂母亲所讲的全部内容，但可以体验读书活动。随着儿童渐渐长大，母子阅读活动仍在继续，儿童可坐在母亲身边，母亲讲读、发问，儿童边看边答，他也可讲给母亲听，这种活动每天都应安排一定时间进行。早期阅读可增进母子情感，培养儿童读书的兴趣，丰富儿童的知识，是一项有益的教育活动。"这一概念明确了：

- 早期阅读是舶来概念；
- 早期阅读是一项在儿童能够理解全部语言之前就可以开始的教育活动；
- 亲子共读是早期阅读的主要表现形式；
- 早期阅读可以帮助儿童体验阅读过程，促进其对阅读内容的理解，增强其阅读兴趣并丰富儿童的认知经验。

而余珍有教授和周兢教授则在《走出"幼儿早期阅读教育"的误区》一文中，对早期阅读的概念进行了进一步澄清。针对将早期阅读等同于中小学正规读写的社会现象，文章引用威廉·蒂尔（William Teale）和伊丽莎白·萨尔兹比（Elizabeth Sulzby）"读写萌发"的概念，并指出："早期阅读是读写萌发，是在真实的生活情境中为了真实生活的目的而自然发生的学习活动，是真实读写学习的准备。"同时针对将早期阅读作为认知发展工具的某些现象，他们指出早期阅读的价值并非潜能开发，并借用"全语言（whole language）"思想，指出早期阅读的意义在于"通过接触书面语言获得与书面语言有关的态度、期望、情感和行为，培养幼儿认识世界的基本能力，发展其终身学习的能力"[①]。余珍有教授在《日常生活中的早期阅读指导》一文中更是明确指出

---

① 余珍有,周兢.走出"幼儿早期阅读教育"的误区[J].早期教育,2003(7):4-7.

"幼儿在日常活动中出现的随机读写行为符合早期阅读的特征",国内习惯于将国外的读写萌发和早期读写称为早期阅读。① 周兢教授在《论早期阅读教育的几个基本理论问题》一文中,也对早期阅读的价值进行了说明,分别从认知、情感、文化和创造力纬度对早期阅读的目标进行定位,指出"从认知纬度看我们要在早期阅读教育中培养批判性思维的语言运用者;从情感纬度看,我们的早期阅读教育要致力于培养对母语口语和文字的语言运用者;从文化纬度看,在早期阅读教育中要培养理解多元文化和具有交往能力的语言运用者;从创造力纬度看,早期阅读教育还要培养具有创造精神的语言运用者"②。这一认识,同样反映出早期阅读概念将读写技能、知识、文化和素养联系起来的特征。这也就形成了当前国内对早期阅读认识的主流价值取向。

此外,早期阅读这一概念还包含着一个较为模糊的词汇——"早期"。早期主要对应国外"pre-reading""early reading""early literacy",或者"early reading and literacy"中的 pre- 和 early。在美国进行 pre-reading 的儿童主要是在 0~5 岁(学前阶段),而进行 early reading 或 early literacy 的儿童年龄一般是在 6~8 岁(小学阶段的三年级以前)。由于美国的学制与我国不同,美国与我国幼儿园阶段对应的学校教育被称为 preschool,主要是招收 2~5 岁儿童。美国儿童 6 岁以后进入小学(相当于我国幼儿园大班),但需要先在附设于小学内部的 kindergarten(中文常译作"幼儿园")学习一年,所以虽然是 kindergarten,但是与我国的幼儿园并非同一概念,实际上对应的是我国的学前班。而美国早期教育则通常指的是从儿童入小学后到小学三年级(K-3)这样一个小学第一学段。由于学制上的不同,我国关于早期阅读的相关文献研究和引用中往往跨越了美国的 pre- 和 early 两个阶段,但国内早期阅读往往特指儿童入小学前的阅读,即儿童从出生至 6 岁这个阶段的阅读。本书的研究采用国内的界定方式,即本书中的早期阅读指的是学龄前儿童的阅读。

---

① 余珍有.日常生活中的早期阅读指导[J].学前教育研究,2005(1):31-34.
② 周兢.论早期阅读教育的几个基本理论问题——兼谈当前国际早期阅读教育的走向[J].幼儿教育,2005(1):20-23.

早期阅读的基本特征

一、早期阅读从出生即应开始

早期阅读从出生即应该开始。

儿童从出生开始就已经准备好去学习语言了。婴儿从出生就会表现出一种心理偏好的现象，包括视觉偏好和听觉偏好。心理学研究发现，婴儿从出生开始就具备图像识别和区分能力，他们往往会对特定的对象或图案表现出明显的好奇心，注视的时间会明显较长。比如，婴儿会特别喜欢看自己妈妈或别人的脸，这就是视觉偏好。5～6个月的胎儿听觉感受器已经发育成熟，能够听到1000Hz的声音。听觉偏好研究发现：新生儿能区分出声音的高低，对人类语音（包括不同语言中的发音）有明显的偏好，出生2个月后的婴儿能区分不同人的说话声（尤其对母亲的声音感兴趣）和不同情感的语调。在各种声音之中，婴儿特别喜欢听"妈妈语"，就是那种大人和小宝宝讲话时不知不觉"放慢语速、提高语调、夸张感情"的声音。新生儿对人类语音有明显的同步动作反应，听到语音后会手舞足蹈，但对其他声音则不会。

除此以外，新生儿还具备模仿能力。1977年心理学家梅尔佐夫（A. N. Meltzoff）和摩尔（M. K. Moore）在《自然》(*Nature*)杂志上发表了关于婴儿模仿行为的实验研究[①]，结果发现12～21天的新生儿具有模仿成人表情和动作的能力，例如成人伸舌头、张嘴和噘嘴，新生儿会注意他们的行为，并模仿他们的表情，同样做出伸舌头、张嘴和噘嘴的动作。此后儿童逐渐在表情模仿的基础上出现声音模仿、声调模仿、动作模仿，这些都为他们能够开始模仿成人的语言提供了必要的生理和心理基础。因此在孩子一岁半以后，很多家长都会发现孩子模仿大人给自己讲故事的样子，拿起一本书，嘟嘟囔囔、装模作样地"念书"，进入"假装阅读"时期。

---

① MELTZOFF A N, MOORE M K. Imitation of facial and manual gestures by human neonates [J]. Science, 1977, 198(4312): 75-78.

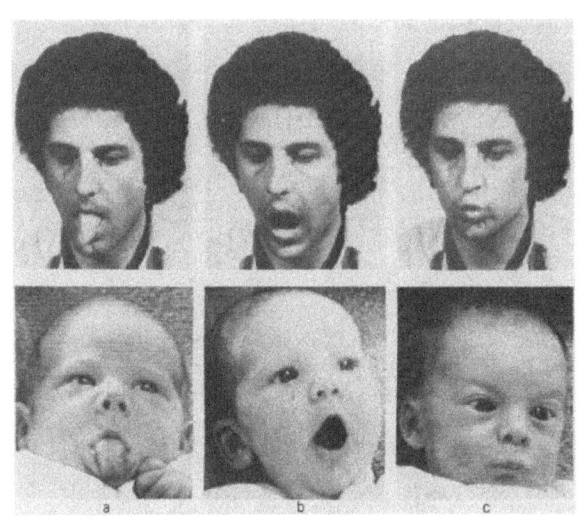

图 1-2 摄像机记录下的 2～3 周婴儿的模仿行为:(a)伸舌头,(b)张嘴,(c)噘嘴[1]

可见,从新生儿时期就开始具备的自动模仿能力是儿童能够进行学习的一项极为重要的心理机制。婴儿出生时所具有的视觉和听觉偏好、模仿行为,以及包含在这些心理行为当中的"注意""倾听""模仿"等心理机制,为家庭开展早期阅读提供了必要的基础,这些偏好有利于成人和婴儿建立亲密关系。在这种亲密关系的支持下,成人可以以让儿童看图画、卡片等书面材料,并通过为其进行讲述的方式让其开始进行早期阅读活动。

二、早期阅读应主要表现为亲子共读

早期阅读开始的时间很早。这一时期,幼儿的各方面能力均较弱,因此必须依赖成人的支持和帮助,而家长是孩子的第一任老师,陪伴孩子的时间最长,对孩子也最为了解,因此早期阅读应表现为家长与孩子的共同阅读,即亲子共读。

幼儿的思维相较于成人来说具有动作化和形象化的特征,比如刚出生到两三岁的孩子对感觉信息要求特别高,他们处于心理学所讲的"直觉行动思

---

[1] MELTZOFF A N, MOORE M K. Imitation of facial and manual gestures by human neonates [J]. Science, 1977, 198(4312): 75.

维"阶段，思维高度依赖于具体的动作。家长如果单纯地给孩子讲圆形，他可能并不理解，也不感兴趣，但如果这时候能够让孩子摸一摸圆形的饼干，看一看圆形的纽扣，孩子就会感知并且理解圆形的意思。家长单纯地给孩子讲故事，孩子可能也不喜欢，但如果讲到"小鸭子"的时候，家长能够"嘎，嘎嘎"地进行声音模仿，并配合做出图片上小鸭子走路的动作，孩子的阅读兴趣就会大幅度提高，阅读理解效果也会更好。

3岁以上的孩子虽然已经开始进入"具体形象思维"阶段，但对具体的、形象化的材料要求依然很高，抑扬顿挫、生动活泼的声调，夸张的表情和动作，以及图文并茂的图书，仍然影响着他们对阅读材料的理解，也影响着他们的阅读兴趣。而这些行为依赖幼儿的独自阅读很难获得。此外，亲子共读对孩子来说不仅意味着读书，更是他们所向往的重要亲密时刻。依偎在父母的怀里，斜靠在父母的身边一起阅读优美、有趣的故事，对孩子来说超越了一般阅读的意义，亲子在共读的基础上展开的互动和交流，会让孩子感受到爱和幸福，这种平静和安全的感觉，更有利于他们获得阅读上的成功。这种影响不仅限于幼儿，在孩子的整个童年期都会存在。近期国内有研究者对小学五年级学生的图画书阅读活动进行研究后发现，亲子共读图画书对提高儿童阅读能力、阅读理解水平、阅读策略、阅读时的积极情绪都具有影响作用，能够帮助儿童获得更愉悦的阅读体验。[①]

所以说，亲子共读绝不是机械地给孩子"念书"，家长应该重视共读时间的交流和互动，使亲子共读成为一种有质量的陪伴。

- 亲子共读是亲密关系的重要体现，其意义超越其他成人给儿童的讲读；
- 亲子共读不仅是成人"讲"，也可以是儿童"讲"，还可以是两个人共同讲；
- 亲子共读的本质是围绕阅读材料展开的亲子互动、交流和语言意义的建构过程；
- 亲子共读中成人应调动多种感官，做到有趣味地讲述和说明；
- 亲子共读更能关注孩子的兴趣和需求，也会使成人更了解儿童。

---

① 施宜彤,黄莉,胡凯莉,沈滢.亲子共读英文图画书对儿童阅读能力的影响研究——以小学五年级学生为例[J].科技视界,2014(33): 182-183.

三、早期阅读不仅仅是识字

各类书面材料都可以成为早期阅读的材料。文字作为书面材料的重要部分，自然也包括在内，但是早期阅读并不是单纯地阅读文字材料。对于处在直觉行动思维和具体形象思维阶段的幼儿来说，首先，他们中的一部分可能还不识字，或者识字不多；其次，他们难以理解抽象的文字。因而早期阅读的材料往往需要图文并茂，通过图画和文字共同进行阐述。在图文不断相互印证的过程中，儿童自然而然地理解了"文字"与"图画"和"语音"的对应关系，理解了文字的意义——能够代表具体的事物或说明某些事情。同时依赖大量阅读所积累的经验以及图画意义，儿童自然而然地认识了生活中的常用文字。

- 早期阅读不排斥识字，但不等同于识字；
- 早期阅读的内容包括图画、形象化符号和文字等书面材料；
- 早期阅读是孩子在阅读图文并茂的材料的过程中，通过文字、图画、语音之间的对应，逐渐理解文字的本质意义；
- 文字是一种书面语言，它对应着口头语言和生活事物；
- 早期阅读有利于儿童自然而然地识字。

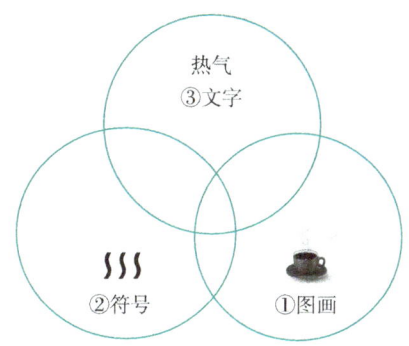

图 1-3　早期阅读中的图、符、文，共同促成阅读意义的生成

上图就阐释了儿童是如何首先通过阅读图画书来理解图画意义，到逐渐理解符号意义，到最后认识文字的过程。在早期阅读中，儿童会通过图画书中的图画、符号和文字相互补充和印证，建构自己对阅读材料意义的理解，在这一过程中自然而然地熟悉书面符号和语言文字。

四、早期阅读要让儿童亲近书面语言

早期阅读对儿童发展的诸方面价值已经得到广泛的认同,例如对预防儿童未来学业落后的重要影响、对儿童语言发展的影响等。除此以外,早期阅读还具有极其广泛的价值,例如早期阅读对儿童积极情绪情感培养的作用、对促进儿童社会化进程的意义,以及对儿童文化认同、艺术审美等方面的作用。早期阅读的确可以帮助成人实现上述教育目标,但这些却并非早期阅读的核心目的,而是早期阅读过程所产生的"副产品"。而早期阅读最重要的主产品,也是影响儿童终身语言能力的重要内容是——让孩子接触并亲近书面语言,理解书面语言的意义,并萌发运用书面语言的能力。

- 感知书面语言和口头语言、现实生活之间的对应关系;
- 建立阅读、表达的兴趣与信心;
- 学习利用阅读资源,有效地获取信息;
- 掌握早期读写的技能,主要包括:

(1)前阅读——会一页一页按照从封面到封底的顺序翻书;了解书的结构,包括封面、扉页、内文和封底,封面上一般会标注出作者、绘者和出版社;会看图画,能够读懂图画中渗透的表情、动作等信息,并将前后图画串联起来理解;能讲出图画内容;知道书里面的内容是作家和画家写和画出来的;知道画面具有延展性,有些部分图画并没有完全画出来。

(2)前识字——知道文字能够表示各种各样的事情,文字有对应的读音;知道口头语言可以转化成文字,文字也可以转化成口语和图画;知道世界上有各种各样的语音和文字,比如,同样的意思既可以用英语,也可以用汉语普通话说出来,还可以用方言说出来;对文字符号具有敏感性,理解汉语和英语拼读中的文字分隔规律,能够通过阅读材料中反复出现的文字自主识字。

(3)前书写——知道各种各样的笔是书写工具;能够尝试画字或写字;会写自己的名字;知道汉字和英文字符的书写方式和特点;掌握阅读、握笔和书写的正确姿势。

- 养成良好的阅读习惯,为未来的学习奠定基础。

案例：阅读让儿童亲近书面语言 　　两岁半的小 C 和妈妈一起逛开设在学校里面的一家小书店——衔远书吧，结果发现书店里养了两只小猫。 　　他鼓起勇气和小猫玩儿了一会儿。先是摸了一下小猫身上的毛，**摸完以后回头兴奋地看着妈妈说"毛茸茸"**（这个词来自他读的《老虎来喝下午茶》里"毛茸茸带条纹的大老虎"和《一只想当老鼠的猫》里面"毛茸茸的小家伙"）。 　　他把书上的词和现实生活中动物带给他的毛茸茸的感觉联系在了一起。随后他对小猫懒懒地摆动的尾巴产生了兴趣，试着揪了一下小猫的尾巴，小猫不高兴了，从书桌上跳到地上，"喵——喵——"地叫着走到一边去了…… 　　回到家后，小 C 开始翻他的书架和家里的童书架，并从上面取下了几本封面上画着猫的书，对妈妈说："妈妈，讲，讲小猫的书。" 　　其中就包括这本《猫的胡须》，妈妈讲到最后一页猫尾巴帮助小猫保持平衡的时候，他问："小猫也是这样跳下桌子的吗？我没注意。"	 　 在书面语言与真实生活之间建立了联系。 　 阅读极大地丰富了他的词汇和表达。 　 　 知道书里有很多知识，理解了图书具有提供信息的功能。 　 理解了封面上的图画和内容之间的关系。 初步掌握利用图书这一工具获取信息的方法。 　 书面语言材料又激发了他进一步观察小猫的愿望。

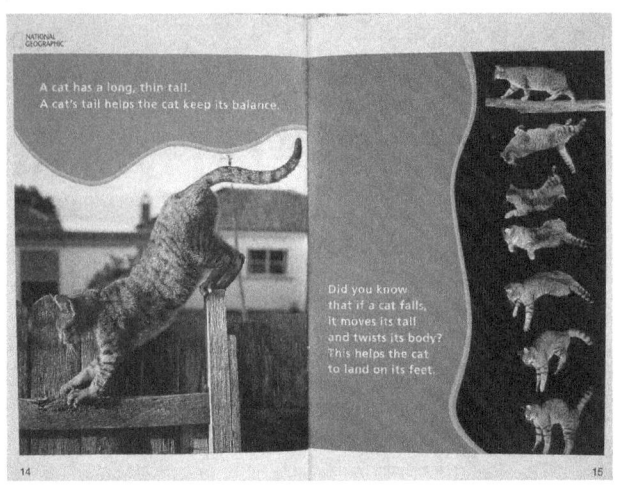

图 1-4　培生教育出版集团 2003 年出版的国家地理系列《猫的胡须》(A Cat's Whiskers) 内页

五、早期阅读材料应包括各类书面材料

通常人们对阅读材料最为常见的理解就是"图画书",图画书也常常被人们称为"人生第一本书"。然而事实上,图画书只是早期阅读材料的一部分而已,一切书面材料都可以成为早期阅读材料。比如,卡片、拼图、图画、相册、便签、说明书,以及日常生活中出现的各种语言符号和标识都是早期阅读的材料。这些书面材料大量存在于幼儿的生活之中,同时,能够阅读这类材料也是他们未来生活所需要的基本技能。研究发现,60% 的 3 岁儿童和 80% 的 4 岁儿童,通过生活中的阅读就已经能够阅读周围环境中经常接触的文字。[1] 这也就意味着早期阅读活动不仅仅是读书,而是包含读书在内的一切与书面语言的运用有关的、有利于儿童亲近书面语言的活动。例如儿童早期的"涂鸦"活动虽然看起来与"阅读"无关,但这种活动却可以帮助儿童获得书写技能,帮助儿童理解图画和符号所表示的书面语言与口语和文字的关系,而让儿童理解书面语言的本质以及书面语和口语的对应关系,这恰恰是

---

[1] GOODMAN Y. Children coming to know literacy [M]. In TEALE W H, SULZBY E. eds. Emergent literacy: writing and reading. Norwood, NY: Ablex, 1986: 1-14.

阅读的本质问题之一。研究也同样发现，家庭中经常性的亲子共读以及家庭中鼓励儿童随意涂鸦和绘画的活动，不但可以增强儿童的读写兴趣，增加其识字量，而且与儿童入学后的读写成绩显著相关。①

图 1-5　认物卡片，美国编年史出版公司（Chronicle Books）

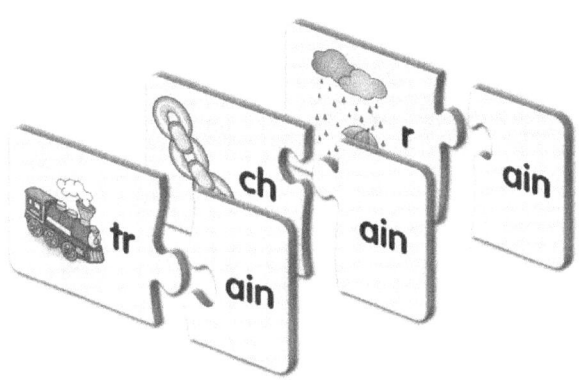

图 1-6　拼图，*The Learning Journey Match It!*

---

① MASON J M. Reading stories to preliterate children: a proposed connection to reading [M]. In GOUGH P B, EHRI L C, TREIMAN R. eds. Reading acquisition. Hillsdale, NJ: Erlbaum, 1992: 215-241.

图1-7 图文并茂的公益广告:"讲文明树新风"

图1-8 日常生活中的符号标识

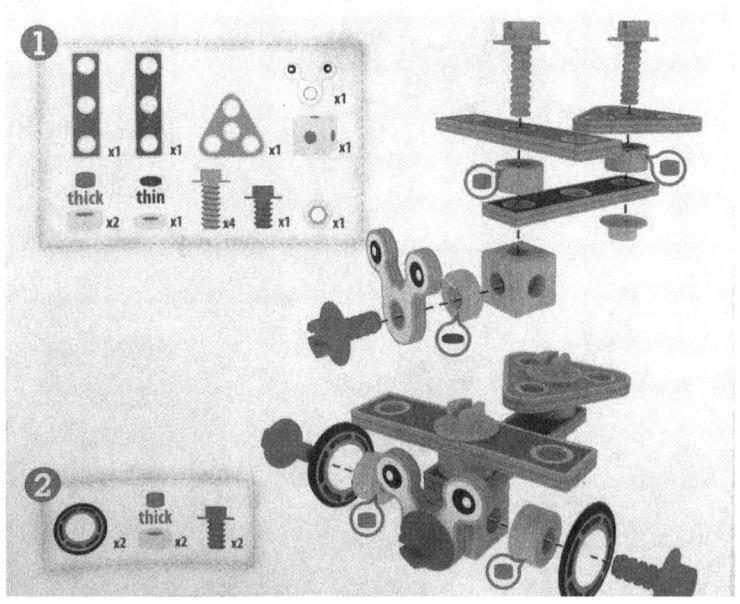

图 1-9 玩具说明书

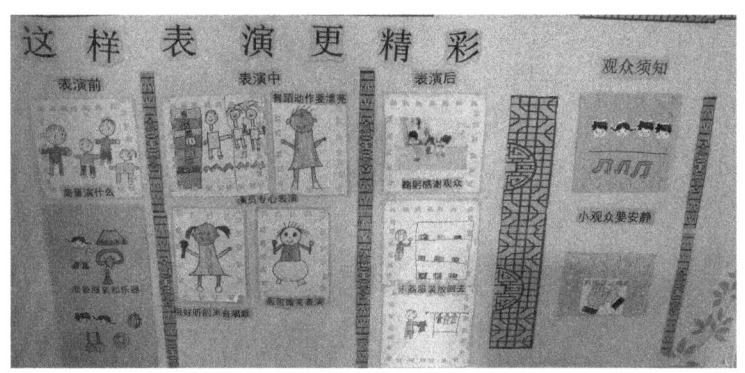

图 1-10 理解说明性文字和图示

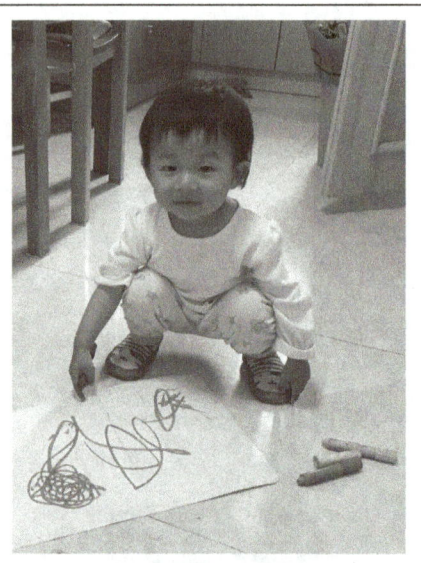

这种活动可以帮助儿童亲近书面材料，通过握笔、画线等练习逐步掌握前书写技能。

图1-11　多多小朋友（2岁2个月）及其涂鸦作品

虽然只是假装的"朗读"，儿童并不识字，但说明他已经建立了"文字意识"，对文字具有了初步的敏感性，能够识别出周围环境中的文字，知道文字是可以读出声音的。

图1-12　小C（1岁9个月）主动大声"点读"操场入口的文字

第三节

早期阅读的基本理论

> 儿童独自学习阅读将会失败，在他背后必须有教师（学校）、父母（家庭）一起同心合作。
>
> ——威廉姆斯（Carmelita K. Williams），国际阅读协会会长

人们对早期阅读研究的看法与阅读理论的演进和对儿童的认识具有密切的关系。库塞（Kucer）在 2001 年的研究中，对美国早期阅读素养的认识变迁进行了归纳，指出美国在历史上对儿童阅读的认识大致经历了四个阶段，各阶段对阅读素养的核心认识不尽相同：

- 1660—1776 年：从口头语言到各类符号
- 1776—1864 年：从符号到背诵
- 1864—1916 年：从背诵到解码
- 1916—1983 年：从解码到批判

这一变化至少从三个方面反映出人们对阅读认识的变化：不断扩展对阅读内容的认识（口头语言→各类符号）；不断丰富和发展对阅读行为的认识（听说→识别→背诵→解码→意义建构）；从单纯关注文本到更为关注阅读者的变化（文本主体→阅读者主体）。此外可以看出，早期人们对阅读的认识和看法主要停留在"口头阅读"和"阅读材料知觉"的层面上，将阅读等同于语言，20 世纪 20 年代左右人们才逐渐开始关注阅读中的"词汇理解"，到上世纪末才开始关注"篇章理解"。虽然库塞强调了各个阶段对阅读的核心理解，但各个阶段无法截然割裂开来，每一阶段都对下一阶段产生了重要

影响；每个阶段对阅读的分析和理解，也在不断地丰富着人们对阅读本质的认识。

暂时抛开阅读材料，从阅读行为和对阅读者研究的变化上来看，听说、识别、背诵、解码都主要体现为阅读行为的被动过程，阅读被看作是从书面材料向阅读者的单向信息传递，阅读者在阅读中的地位是完全被动的。所以阅读研究的根本性革命就是自上世纪末以来，对阅读行为和阅读者地位的重新认识，阅读研究中更加关注读者对阅读材料意义的理解和批判，关注读者的意义建构。表现为从"解码"到"批判"，从将阅读看作对固定语言符号的固定解码，到将阅读看作是阅读者与文本及作者之间深层次的心灵交流，将阅读材料的意义看作是由读者所赋予的。其具体表现为从阅读的元素主义到结构主义，到阅读解构，再到阅读建构的理论思维变化。

元素主义视角下的早期阅读

元素主义心理学对心理过程的看法影响了早期关于阅读心理的认识。元素主义心理学又称构造主义心理学，以1879年德国心理学家威廉·冯特（Wilhelm Wundt，1823—1920）在莱比锡大学创立的专门的心理学实验室为产生标志，元素主义心理学也是心理学成为一门独立学科的起点。元素主义认为心理现象是由各个"心理元素"所构成的"复合体"，因此早期心理学特别专注将心理现象进行"分解"，从构成元素角度去剖析事物和现象。而创始人冯特不仅是一位心理学家，同时也是哲学家，并广泛涉猎逻辑学、语言学等学科。对阅读心理进行较多研究的是冯特的第一个助手卡特尔（Cattell）。卡特尔在19世纪末的20年时间里对字词认知的线索、视声距，阅读中的边缘视觉，篇章记忆等进行了基础性研究。这些研究涉及了阅读心理研究的绝大多数方面，因此被称为阅读心理研究的黄金时代。[①]但早期阅读研究受到元素主义的影响，往往以阅读材料为中心，强调阅读就是语言文字的认识，在对早期阅读的理解上主张将阅读材料，即语言的构成元素进行分解，认为音素（phoneme）是语言的最基本单位，注重发音、拼写及格、性、数、人称等语言元素，强调

---

① 张必隐. 阅读心理学 [M]. 北京：北京大学出版社，2004: 9-13.

阅读就是对语言元素的认识、接受和记忆。早期阅读就是帮助儿童逐步掌握音标、单词的发音，学习辅音和元音以及发音组合，学会拼写单词，逐步扩展到能够读出句子，自然拼读或称为拼音教学法（Phonics）开始被广为接受和认同。元素主义视角下的早期阅读将阅读材料看作是孤立的语言要素，阅读的意义在于"读出"，即谋求文字符号和发音之间的对应，忽视甚至完全漠视阅读材料的"意义"。

结构主义视角下的早期阅读

19 世纪末 20 世纪初，心理学研究在批判元素主义和行为主义的刺激反应论基础上，逐渐在德国和欧洲各国形成了格式塔心理学（gestalt psychology）思想，自此认知心理学开始对语言和阅读研究产生了重要的影响。20 世纪 20 年代瑞士语言学家索绪尔（Saussure, 1857—1913）所创立的结构语言学（structural linguistics）就是受到这一心理学思潮的影响。格式塔心理学认为主体在对现象的认识过程中会产生直接经验，而这种直接经验并非对元素的简单叠加，而是一个有意义的、大于部分之和的整体。语言学界的专家在这种思想的影响下特别注重对语言结构、语言系统和功能的研究，开始摆脱单纯的音素阅读视角，将阅读从音素扩展为词汇和概念层面的理解，早期阅读的目标从音素认识和拼读，发展成为词汇认知和解码。儿童早期尚无法进行长篇阅读，因此早期阅读的目标是通过阅读认识词汇，衡量儿童阅读能力的标准即词汇量。在阅读中强调卡片视觉阅读法（sight read），以及闪卡（flashcards）的风靡，正是得益于结构主义的广泛传播。这一时期的早期阅读虽然摆脱了对音素等语言学要素的过度强调，开始关注阅读材料的意义，但对于意义的理解仍然主要停留在词汇解码的层面，阅读仍然是从词汇、句法到意义的自下而上的过程（bottom-up），所谓意义仍然是以语言的结构要素为基础的，在一定程度上仍然具有元素主义的碎片化特征。但是结构主义却将阅读学研究引入了科学研究的轨道，从阅读心理学研究的角度对阅读过程进行了探索。在结构主义阅读研究的影响下，1955 年国际阅读学会在美国成立，这使阅读学成为一门独立学科。

解构主义视角下的早期阅读

20世纪60年代后，受到现象学和阐释学发展的影响，在对结构主义理论进行分析和批判的过程中，在法国哲学家、文艺批评学家罗兰·巴特（Roland Barthes，1915—1980）以及法国哲学家雅克·德里达（Jacques Derrida，1930—2004）的思想影响下，解构主义理论日渐盛行。解构主义认为阅读材料的意义并非结构主义的语言"结构"和"系统"自身所具有的，而是由这些结构和系统所组成的"关系"带来的。与结构主义认为语言"意义"具有确定性的看法不同，解构主义认为，语言的意义因为"关系"而存在，所以在结构上意义具有"不确定性"。阅读中的文本（text）被看作是具有复杂关系的"织物"，而对这种关系的理解则完全依赖于读者对语言材料的重新编织，只有依赖于读者对阅读材料的重写，文本才具有真正的意义。因而与结构主义所倡导的以作者和文本为中心不同，解构主义强调阅读中绝对的"读者中心"，认为"读者的诞生必以作者的死亡为代价"[1]，从而形成了"一千个读者就有一千个哈姆雷特"的认识。这一思潮同样影响了人们对儿童早期阅读的认识，早期阅读中开始关注儿童对作品的解释。作为文学批评理论的读者反应论（reader-response theory）或被称为读者反应批评理论（reader-response criticism）[2]，成为这一时期阅读理论的典型代表。解构主义对于人们重新认识读者在阅读中的地位，帮助人们在早期阅读中充分关注阅读主体——儿童，具有划时代的意义。然而解构主义的阅读完全否定了作者和作品的主旨，只关注读者的审美过程，因而会忽视作品所具有的社会文化性。[3] 因此解构主义在遇到儿童这一特殊阅读群体时遭遇了瓶颈，因其受到儿童阅读能力的限制，使得早期阅读就像行驶在黑暗海面上的小船，完全失去了方向。

---

[1] BARTHES R. The death of the author [M]. Westport: Greenwood, 2002: 7.

[2] 王余光，许欢. 西方阅读史研究书评与中国阅读史研究的新进展 [J]. 高校图书馆工作，2005, 25(2): 1-6, 82.

[3] LEWIS C. Critical issues: limits of identification: the personal, pleasurable, and critical in reader response [J]. Journal of literacy research, 2000, 32: 253-266.

建构主义视角下的早期阅读

解构主义促使人们去思考文本的意义到底源自哪里,是作者和文本,还是读者的阅读?二者究竟是截然对立,还是相互沟通的?基于这样的思考,同时受到让·皮亚杰(Jean Piaget,1896—1980)认知建构理论和维果斯基(Lev Vygotsky,1896—1934)文化历史学派思想的影响,阅读研究中也开始关注作者、文本和读者三者在阅读过程中的关系,关注作者、读者的文化背景,作品的社会历史背景,以及阅读群体和阅读形式对阅读意义的影响作用。在建构主义看来,知识的传递不是被动的过程,而是需要经过学习者的选择和加工,并主动赋予信息意义的过程,是个体原有经验与认识事物之间的相互作用过程。皮亚杰用"同化"和"顺应"来解释个体的认知过程,"同化"是个体把外界刺激的信息整合到自己原有的认知结构中的过程,"顺应"则是指当原有的认知结构无法"同化"新环境提供的信息时,个体的认知结构就会主动进行改变,发生重组和改造的过程。"同化"和"顺应"之间的平衡过程就是个体的学习过程。因而早期阅读中儿童的已有经验对阅读过程会产生重大的影响作用,它帮助儿童建构作品的意义,同时在阅读中儿童也不断地进行着"顺应",从而扩展和丰富自身的阅读经验。

另外建构主义对解构主义将作者、文本和读者对立起来的做法也做出了纠正,承认作品天然携带着的意义和文化、历史背景,这种意义则需要通过与读者之间的沟通和交流才能产生出来,不同文化和生活背景的阅读者对作品的感受和诠释可能会存在不同,对阅读材料的理解需要放置在特定的语言背景和社会文化背景之中。建构主义在皮亚杰主张的意义的"个体建构"基础之上,主张意义的"文化和社会建构"。

在阅读理论的初期发展阶段,人们关注诉说主体或作者,关注作者想要通过语言表达的意思;伴随着科学心理学的产生,人们开始关注客观存在的"文本",并对文本的构成元素进行研究,将阅读看作是对文本元素的识别和接受。对阅读客体的认识从口头语言过渡到书面语言。随后,认知心理学逐步发展起来,在阅读研究中开始关注阅读者与"文本"要素之间的关系,研究如何有效地对文本进行"解码",获得对文本真实含义的认识,因而在阅读中强调字词的重要性,将阅读与识字紧密地联系起来。这一时期人们忠实于"文本"和"作者",强调意义是基于作者和作品的意义。然而随着后现代思潮的发展,人们越来越意识到阅读并非意义接受的过程,没有读者的意义建构,作者和文本将不复存在,阅读理论开始抛弃作者,走向完全的以读者中心。与此同时,随着建构主义心理学的逐步发展和完善,在对解构主义的吸收与批评基础上,建构主义关注读者在阅读过程中的心理建构和意义生成过程。随着人们对阅读认识的不断加深,对各个阶段阅读理论的不断丰富和完善,早期阅读的研究在关注语言范畴的阅读材料的同时,趋向于更加尊重儿童作为阅读者的心理过程,将阅读中的儿童看作是积极的个体,更加重视和强调早期阅读中儿童的参与程度和参与兴趣。

第四节

早期阅读方案介绍与评析

我们翻开书页，等于开启了一扇通往世界的窗，阅读是各种学习的基石。在我们所做的事情中，最能解放我们心灵的，莫过于阅读。

——大卫·布朗克（David Blunkett），英国教育部前部长、确保开端计划推行人

基于不同的理论基础，研究者提出了不同的早期阅读方案。在早期的阅读研究中，受元素主义和结构主义影响，研究者更为重视语言要素的学习，将阅读等同于语言要素的学习，因此以自然拼读（Phonics）和大声朗读（Read-Aloud）为代表的阅读方案既表现为阅读方案，同时也是语言教育中的常用方法，强调从语言要素直接通向阅读的过程，也称为自下而上（bottom-up）的阅读或是由内而外（inside-out）的阅读。然而随着解构主义和建构主义思想的传播，以及阅读心理学研究的不断发展，阅读研究中越来越倾向于认为阅读并非单纯的语言要素学习和解码过程，阅读的核心应是阅读者对阅读材料意义的理解和建构，认为阅读是由整体意义所主导的文字猜测过程，也称为自上而下（up-bottom）的阅读过程，或由外而内（outside-in）的过程，并由此催生了着重于成人、儿童、阅读材料三者互动的阅读形式，分享阅读（Shared Reading）和对话阅读（Dialogic Reading）正是这一时期的代表。然而理论的发展并非非此即彼的，随着阅读研究的进展，传统的阅读方式也正在开始接受建构主义思想的影响，现代阅读方案中也开始关注传统阅读中的优势，呈现出关注语言元素和强调读者意义建构的理论交融状态，阅读方式也从"给孩子读书"逐步发展成为"和孩子一起读书"的共识。

阅读必须基于对意义的理解和对符号的识别两种能力。意义理解是儿童对他们阅读的特定书面文字以外知识信息的理解，只有这样儿童才能理解存在于特定语境中文字的意义，才能理解语词所构成的文本主题；符号识别则是指儿童了解特定的文字可以转换为与之对应的口头语言，符号识别是基于语言要素的，具有符号识别能力的儿童尽管能轻松地读出句子，却很可能无法理解句子的意思。

意义理解能力	符号识别能力
1. 叙事／故事结构／故事语法 　　知道故事书中有主要人物，知道叙事结构的"起因""经过""矛盾／冲突""结局／解决"。理解故事语法可以帮助儿童迅速地掌握新的故事并进行回忆和讲述。 2. 概念／语义知识 　　知识面较丰富的儿童在阅读中往往能更好地理解阅读内容。因此儿童各方面知识和语言学习是互动的过程，儿童通过阅读学习知识，反之知识又促进其阅读理解能力的提高。	1. 语感 　　察觉和控制口语发音的能力。这一技能主要在学前期获得，其目标是让孩子能够在口语发音中清楚地察觉每一个音素。语感差的儿童在阅读中就会出现问题，从而导致错误和困难出现。 2. 文字／符号知识 　　指儿童对书写体系的了解。从知道如何拿书，了解应该从上往下、从左往右读，逐渐过渡到对文字符号复杂功能的认识，如有些文字是用来说明的、有些是用来备忘和叙事的。 3. 书写萌发 　　书写萌发包括假装书写、写自己的名字、学习如何拿笔或者使用其他工具画画，然后过渡到真正的书写文字。

因此儿童要真正地理解阅读材料的意义，就不能仅仅依靠词汇和解码，必须在理解词汇和语义的基础上，具有与文本内容相关的知识，并能够掌握叙事结构。现代阅读方案基本趋向于对符号识别和意义理解的协调与融合。

自然拼读主要应用于语言学习，并且主要应用于拼音文字的学习，在我国主要应用于英语学习和英语阅读研究中，因此我们将在语言学习方案中进行介绍，下面主要对大声朗读、分享阅读和对话阅读方案进行介绍。

大声朗读

与对话阅读和分享阅读相比，大声朗读属于传统的阅读方式，也是一种在非真实的语言交际环境下使用的阅读方法。随着人们对阅读意义的推崇以及越来越认识到阅读应该具有社会属性，阅读意义的建构需依赖真实的社会情境并联系阅读者的生活，大声朗读这一传统的阅读方法开始受到越来越多阅读研究者的批评和否定。然而随着近年来对读写困难儿童和社会低收入家庭儿童阅读状况研究的不断深入，一些研究者开始关注大声朗读对语言特定方面的独特意义。

- 研究证明大声朗读能显著提升家庭社会经济地位较低的学前儿童的词汇和句法能力。[1]
- 大声朗读能显著提升儿童的语感。[2]

在一些学者研究这种传统的阅读方法优势的同时，一些反对者也通过实证性研究，指出了大声朗读的劣势所在。

- 研究者对比了传统的大声朗读和对话阅读后发现，大声朗读对儿童语言的词汇、语法和语感的促进作用具有很大的局限性，只有当朗读内容很短的时候，这种促进作用才能够显现。[3]
- 大声朗读对词汇、语法和语感的优势只具有短时效应，其优势到小学一年级时已经微乎其微。[4]

仍然有不少阅读实践者对大声朗读持支持意见，并认为这是一种进行阅读学习的有效方法，例如英国著名的语音专家安得希尔（Adrian Underhill）[5]就非常支持儿童大声朗读。但是越来越多的研究者已经倾向于对传统的大声朗读进行改造，使之成为互动式的大声朗读（Interactive Read-Aloud），并认

---

[1] PURCELL-GATES V, MCLNTYRE E, FREPPON P A. Learning written storybook language in school: a comparison of low-SES children in skills-based and whole language classrooms [J]. American educational research journal, 1995(32): 659-685.

[2] DUKE N K, KAYS J. "Can I say 'once upon a time'?": kindergarten children developing knowledge of information book language [J]. Early childhood research quarterly, 1998(13): 295-318.

[3] HARGRAVE A C, SÉNÉCHAL M. A book reading intervention with preschool children who have limited vocabularies: the benefits of regular reading and dialogic reading [J]. Early childhood research quarterly, 2000(15): 75-90.

[4] SCARBOROUGH H S, DOBRICH W. On the efficacy of reading to preschoolers [J]. Developmental review, 1994, (14): 245-302.

[5] UNDERHILL A. Sound foundations [M]. Oxford: Heinemann, 1994.

为适合学龄前儿童的朗读内容应是故事性文本。

互动式大声朗读的典型特征有：

- 在传统的单向朗读基础上加入儿童的问答和对朗读内容的预测，将完全被动式的语音接受与主动的语义学习结合起来；
- 在朗读结束后加入"复述（retell）"和"表演（dramatize）"环节；
- 在朗读中加入对特定词语的解释和介绍，而不仅仅是照本宣科；
- 在朗读中，成人针对特定的词语进行提问，请儿童对词语的语义进行澄清或解释，以提高儿童在阅读中的思维参与程度。

麦吉（Lea M. McGee）和席克丹茨（Judith A. Schickedanz）在阅读实践的基础上，对互动式大声朗读的主要环节和策略进行了总结，提出了包含初读、复读和再读的三次大声朗读方法，并指出了具体的阅读策略和阅读重点，旨在通过互动式的大声朗读提高朗读活动对儿童语词和语义理解能力的作用，真正长远地促进学前儿童的语言和阅读能力发展。[1]

初读主要是帮助儿童感受和理解阅读内容，通过示范性和分析性两种语言帮助儿童学习分析阅读内容；复读在初次阅读1～2天后进行，主要目的在于丰富儿童对阅读材料的理解，并给儿童提供分析阅读材料的机会；再读则需要间隔几天，但不能间隔时间太长，需要儿童对故事仍然有较清晰的记忆。与由成人评论和提问主导的初读和复读不同的是，再读主要表现为儿童对故事内容的主动分析和理解。

	初读	复读	再读
图书介绍	成人根据需要向儿童呈现封面、封底和环衬页，向儿童简要地介绍阅读内容，以帮助儿童集中注意力，并使朗读过程围绕故事主题展开，使朗读更具"意义"性。通常呈现封面时会介绍图书的作者、绘者，也会根据需要介绍致谢页。	成人通过提问帮助儿童回忆主要人物、情节和矛盾冲突。	成人运用"我们已经读过两次这个故事了，你能说出书名吗？"来帮助儿童回忆图书的名称。请儿童讲述故事的矛盾冲突和最终结局。

---

[1] MCGEE L M, SCHICKEDANZ J A. Repeated interactive read-alouds in preschool and kindergarten [J]. The reading teacher, 2007, 60(8): 742-751.

续表

	初读	复读	再读
大声朗读	成人挑选出 5～10 个重点词汇，在朗读过程中着重强调或进行解释，称为"词汇支持"。选择词汇的标准主要包括两类：词汇对理解阅读内容具有重要作用，或是词汇与其他图书中的某些词汇相关，能够帮助儿童进行横向联系。 （1）朗读中加入对重点词汇的解释，例如"晚宴，就是指大型、很多人一起的晚餐"； （2）文图对应，对词汇进行解释，例如指着图画对词汇进行说明； （3）通过表情和动作来表现某些词语，比如动词或形容词； （4）通过声音和表情，夸张、滑稽地表现语言； （5）根据内容和情节调整语速； …… 成人加入评论和提问，以促进儿童的阅读理解，针对儿童难以感受故事中人物的内心和情绪体验的状态，挑选 4 个左右关键情节，运用"我认为……"句型进行阅读评论，帮助儿童理解主人公的思想、感情和动机，并对故事进行预测。	成人对初读中的重点词汇进行解释，但解释用语应更加书面化。例如，初读中的解释可能更多是通过表情和动作，而复读的解释则是通过语言进行"词典式"的解释。 成人针对主人公以外的其他人物进行评论和提问，帮助儿童全面地理解阅读内容。	成人在朗读前，对连续的故事画面（通常是几页连续表示一个情节）进行"发生了什么？"的提问和追问，并要求儿童澄清或扩展他们的回答。然后进入下一页，并以"后来怎么了呢？"继续进行词汇支持，除通过声音、表情、动作来解释词汇的意思外，主要方式是将故事中的词汇与其他书中的词汇联系起来进行解释。
读后讨论	成人提"为什么"问题，帮助儿童对故事情节进行推论和解释，并在儿童回答后进行追问。 成人运用"我认为"句型回答自己提出的问题，为儿童提供示范。	对故事以外的问题进行提问，比如针对故事中未提及的内容提出假设，"如果……会……"，并进行追问，帮助儿童学习分析。	提出与初读不同的"为什么"问题，并让儿童运用"如果……会……"对故事情节进行假设和预测。

互动式大声朗读吸收了传统大声朗读的优势，在朗读中依然关注语言和句法的感知和学习；同时也对传统大声朗读的弊端进行了修正，吸收了其他阅读方式的优点，关注了儿童阅读中的意义建构，通过成人的评论和提问的方式，帮助儿童理解语词和篇章意义，并改变了传统大声朗读单向语音输入的状态，通过互动式的问答提高了儿童在朗读中的参与性。

分享阅读

分享阅读（Shared Reading）的概念是 20 世纪 60 年代由新西兰教育家赫达维（Holdaway）首先提出的。赫达维从儿童的感受角度区分了"故事时间（story time）"和传统的"阅读时间（reading time）"的区别，指出讲故事是愉悦情绪导向的阅读，而传统阅读则是词汇学习和阅读技能训练导向的阅读。讲故事无论对于成人还是儿童来说都意味着是一段愉快的时光，并不被其他外在目的所左右，是一种纯粹的阅读享受；而传统阅读则往往表现为"读故事"，更具有教育性（instructional），更像是一种程式化的活动，会使儿童感觉枯燥和紧张，最重要的是儿童在活动中缺乏内在动机和兴趣。

	讲故事活动	传统阅读活动
目标	目的是获得愉悦的体验。	学习阅读。
语言学习	并不通过拼读手段来学习单词，但儿童可以自然而然地学习单词。	单词认读是学习阅读的重要步骤，儿童需要认识阅读材料中的所有单词。
动机	成人通过让儿童阅读符合儿童兴趣点的材料，调动他们的内在阅读动机。	成人需要各种外在手段调动儿童的外在动机和兴趣，忽视作品是否能给儿童带来内在愉悦和内在阅读动力。

赫达维认为传统阅读方式最致命的问题在于"目光短浅"和"急功急利"，在他看来阅读和语言学习应该是儿童的主动学习过程，要让儿童感觉有用，从而产生内在动机，但传统阅读却以牺牲儿童兴趣为代价让儿童学习读写，将读写技能和儿童的生活剥离开来，因此会让儿童感觉吃力。这正是很多儿童进入小学后对语文和阅读产生厌烦情绪的根本原因。赫达维对比了幼儿时期和入学以后儿童的阅读和读写，发现儿童最为愉快的阅读体验往往来

自幼年时期"玩儿"的过程中，也就是对读写的稚拙探索过程。基于上述认识，赫达维提出了分享阅读的基本理念：阅读应通过儿童自主选择的、他们所喜爱的、个性化的读物，让儿童以游戏般的情绪状态主动探索图书和书中的文字符号，在愉快的活动氛围下感知文字符号、文字的前后联系、前后页之间的联系以及语言所营造的奇妙世界，进而自然而然地学会阅读。[①]

新西兰儿童也具有较大的文化背景和语言背景差异，例如毛利民族和亚裔，还有诸多岛屿民族，导致学校教育中往往会根据儿童不同的语言背景对儿童进行分层教育。赫达维所倡导的分享阅读理念，则是尝试将早期家庭阅读中的阅读状态和方式推广至小学（5岁以上）集体教育环境之中，致力于为早期读写环境不佳的儿童提供丰富的阅读环境，实现以自然的、更为有效的方式让背景迥异的儿童都能胜任早期读写，避免让儿童在学校读写学习中产生挫败感。

分享阅读对高阅读水平儿童的亲子阅读特征、影响儿童自主阅读技能获得的原因进行了深入研究，认为具有较高阅读技能的婴儿可以拿出自己感兴趣的书来翻看，会主动前后翻页寻找线索，会自言自语假装讲述或者用自己的话主动讲故事。因此如果能够找到影响他们阅读技能获得的原因，就可以使早期阅读方案更加科学和有效。为此，研究团队经过历时十多年的探索，指出成功的早期阅读者的内在心理特征：

- 意义驱动：以获取故事意义为目的进行阅读；
- 预测意识：主动利用背景信息、句子、词义和自身经验进行阅读预测；
- 自我监控：能利用已有的类似经验确认或者修正自己的理解；
- 注意保持：通过自我监控保持阅读注意力，防止外部干扰；
- 冒险精神：愿意使用自我监控等技能去追溯线索或猜测情节。

研究团队还据此设计并提出了集体分享阅读的基本操作步骤，迅速推广至美国等发达国家。

---

① Holdaway D. Shared book experience: teaching reading using favorite books [J]. Theory into practice, children's literature (autumn), 1982, 21(4): 293-300.

环节	内容
热身（Opening warm-up）	材料：儿童喜欢的诗歌、歌谣或歌曲的大书。 内容：儿童学一首诗或歌。
回顾（Old favourite）	材料：儿童听过的、喜欢的、故事的大书。 内容：儿童通过文本学习阅读技巧，加深对故事的理解；进行集体的角色表演或戏剧表现。
字母和语言游戏（Language games, especially alphabet）	材料：字母卡片或材料。 内容：儿童用字母卡片进行字母游戏或韵律活动，在有意义的情境中学习单词和发音，而不是单纯地进行拼音操作和练习。
学习新故事（New story）	材料：故事大书。 内容：引入环节； 儿童以自然分成两段或多段的形式介绍新故事； 通过猜测和印证的方式在故事中学习新词汇。
延伸活动（Output activities）	内容：儿童从自己喜欢的图书中挑选一本进行独立的延伸阅读； 围绕新故事开展艺术活动； 尝试用新故事中的叙事结构进行创编或续写； 小组模拟讲故事，其中有一名幼儿扮演教师。

适用于幼儿园或其他机构进行的集体分享阅读方案有几个重要的实施条件：

- 集体分享阅读的图书必须是儿童真正喜欢的图书，书目应该是由有丰富教学经验的专家型教师精心挑选出来的。
- 集体分享阅读非常注意营造与家庭一对一阅读相同的氛围和效果。"大书（blown-up book / big book）"在其中起到关键性的作用。分享阅读中所有的阅读材料都需要有普通的供儿童放在膝盖上阅读的版本，还要有长30英寸、宽24英寸的放大版。这样一方面确保集体阅读时儿童能够毫无压力地阅读书中的文字，另一方面也能帮助精细动作水平较弱的幼儿清楚地指认图书中的细节。此外还需要配备热身环节材料的录音、投影等材料和设备。
- 重视热身环节。热身不仅可以帮助儿童学习文字符号，提高儿童的语感，同时还具有提高儿童参与性的作用。
- 分享阅读非常重视教师培训，以确保教师能够掌握分享阅读的策略，方案实施过程也能够具有专业性。

分享阅读是在对传统阅读方式批判的基础之上产生的，强调了营造愉快的阅读氛围，并通过精心设计的形式，使儿童在分享阅读中能够逐步具备成功的早期阅读者所具有的内在心理特征。分享阅读虽然在一定程度上弱化了传统阅读中的识字或拼写教育，但从本质上来讲，分享阅读与传统阅读相比，所强调的重点在于儿童阅读中的情感体验，并非是否识字。因而这一阅读方案并不反对识字，而是注重运用愉快的、适合儿童的、自然而然的、游戏的方式进行读写教育，例如热身环节以及字母和语言游戏环节对字母、音韵的重视，以及"大书"的设计，在一定程度上都是为了儿童更好地感知到书中的文字符号。因此分享阅读方案的本质在于鼓励成人为儿童创造轻松愉悦的阅读氛围，并像重视词汇、句法和文字符号知识一样，关注并重视儿童的阅读理解。

在21世纪初分享阅读通过北京师范大学伍新春教授等人被系统地介绍到我国，并在幼儿园和小学低学段进行了低龄化和本土化的实验和研究。通过小学一年级和二年级儿童的实验结果发现，分享阅读相较于传统阅读，对儿童的读写能力具有显著的提高作用，但是否运用"大书"，以及是否使用有彩图的"大书"对提高儿童的成绩并没有显著影响，说明分享阅读影响儿童读写能力发展的关键在于这一方式提高了儿童的阅读量。[①] 但对国内幼儿园阶段儿童阅读能力和读写能力影响的研究并没有准确的研究报告。美国早期阅读小组（National Early Literacy Panel，NELP）在2008年对不同年龄的幼儿园儿童（preschool children）和学前班儿童（kindergarten children）的研究则发现，儿童年龄越小，分享阅读的效果越明显，且分享阅读对口语表达能力的提高作用强于对阅读理解的促进作用。研究认为产生这种结果的一个重要原因在于随着儿童年龄增长，其阅读能力的发展往往超越了口语表达能力和词汇量的提升，表现为儿童具有更高级的阅读归纳和推理等心理能力。研究人员据此建议，幼儿阶段的分享阅读应超越词汇理解和学习，在促进儿童阅读推理和阅读理解监控能力方面进行提高。[②] 这也就是说分享阅读方案在设计理念上虽然关注了儿童的阅读理解监控、预测意识对成功阅读的重要意义，但在其具体的策略中却显得较为乏力。

---

① 李虹，伍新春，张洁，郑秋，朱瑾. 不同形式的阅读干预在儿童读写能力发展中的作用 [J]. 心理与行为研究，2010, 8(4): 263-267.

② SCHICKEDANZ J A, MCGEE L M. The NELP report on shared story reading interventions (Chapter 4): extending the story [J]. Educational researcher, 2010, 39(4): 323-329.

对话阅读

对话阅读方案（Dialogic Reading Program）是由美国纽约州立大学的怀特赫斯特（Grover J. Whitehurst）博士于1988年首次提出的。它在本质上也是一种分享阅读形式，该方案将阅读作为促进儿童语言和认知发展的契机，旨在通过成人与儿童在图画书阅读中的相互作用来促进学前儿童前读写能力的发展。对话阅读最大的特点是成人与儿童角色地位的转换。在对话阅读方案中，儿童是讲述的主角，成人主要是孩子的听众，承担着交谈伙伴和促进者的作用。对话阅读方案以低幼图画书为阅读材料，要求成人在与孩子进行特定材料——图画书阅读的时候，成人通过对儿童语言的反馈、纠正和完善，为孩子的语言发展建立适宜的"支架"，目标是鼓励儿童能够逐渐独立"讲故事"。成人的作用是在遵循维果斯基提出的"最近发展区（zone of the proximal development）"原则的基础上，通过问题来鼓励孩子，扩展孩子的语言表现力，肯定孩子为讲故事所付出的努力，同时告诉孩子书里面出现的物体的名称。成人所提的问题需遵循"最近发展区"原则，从而不断提高儿童的阅读理解力和语言表现力。[1]

对话阅读方案基于美国学前阶段儿童的心理发展特点而设计，因此对于不同年龄的幼儿，阅读重点和支持策略存在一定的差异。对话阅读方案提出，不同年龄阶段的阅读重点是不同的。

1. 婴儿和学步期
   - 感情联结
   - 与书相互作用的兴趣
   - 父母的声音

2. 2～3岁
   - 词汇和概念
   - 关于书的知识
   - 对叙事的理解

3. 4～5岁
   - 文字符号知识

---

[1] 刘晓晔, 孙璐. 对话阅读方案述评[J]. 幼儿教育（教育科学版）, 2013(9): 11-14, 30.

- 语感
- 字母—语音之间的对应
- 书写萌发

这些阶段的目标不是彼此剥离的,每项目标的达成都需经过一个渐进式的发展过程。因此,儿童对书面材料的积极情感,需要从小培养,成人要为儿童营造丰富的阅读环境,从出生就让其开始进行阅读。该方案主要包括2~3岁和4~5岁两个年龄段的成人提问和支持方案。

	2~3岁	4~5岁
主要任务	婴儿的认识基础和语言表达能力有限,成人在阅读中进行提问并进行回应的主要目的在于增加儿童的词汇量,使儿童理解文字符号所表达的意义,并且帮助儿童建立阅读信心。	当儿童的阅读经验逐渐丰富起来以后,成人的提问就应该更具有挑战性。这时候成人就要了解提问的不同类型,学会如何问更有质量的问题,在提问和回应时成人要鼓励儿童命名书中的物体并且谈论故事,要让儿童学会添加词汇,来丰富他们的口语表达。
提问与回应	1. 是什么问题 成人主要让儿童命名图书所画的物体,也问儿童一些关于故事的简单问题,比如,"刚才看到的烟囱,是什么?" 2. 回答后追问 当儿童做出回答后,成人继续追问使之深入。如果儿童能够命名书中的物体,那么成人就可以适当地问一个有关物体特征方面的问题,比如,"烟囱在房子的什么位置?" 3. 重复孩子的话 阅读中儿童会就自己感兴趣的内容表达自己的意见,比如发现了一个"烟囱"。这时候成人要学会重复儿童所说的话,这能够强化儿童的语言表达,让儿童知道他说的是正确的,比如,"对!消防车后面有辆小轿车。"	1. 填充性问题 也就是让儿童能够根据图画填补空白。比如,讲故事的时候成人对照图画说:"企鹅、牛和獾最喜欢一起去_____。" 2. 回忆性的问题 引导儿童回忆阅读材料中的内容。比如,"西卡都喜欢做哪些事情呢?" 3. 开放式问题 鼓励儿童用自己的话来进行讲述,也就是俗称的"看图说话"。比如,可以跟儿童说"你讲讲看,这页说的是什么?",如果儿童觉得有困难,成人就可以进行一些启发,帮助他说一点儿,然后再让他自己顺着说下去。

续表

	2～3岁	4～5岁
提问与回应	**4. 适时帮助** 　　有时候，儿童会难以回答问题，表现得很窘迫或者有些束手无策。这时候成人要学着帮助儿童回答自己提出的问题，可以让他跟着你说一遍。比如，"这是'灯塔'，跟我说'灯——塔——'。" **5. 表扬和鼓励** 　　表扬儿童对试图谈论书的内容所做的努力。泛泛的表扬，比如"很好，很棒！"和具体的表扬，比如"你发音很准！""你说的电车名字很正确！"，对于儿童都是莫大的鼓励。 **6. 追随儿童的兴趣** 　　不要试图让儿童读书中的每一个词或者和儿童谈论书里的每一幅图。如果孩子在故事的某一部分或者某一张图画那里开始表现出专注或者有语言反应，那么成人就应鼓励他们尽量多地"说一说"。如果成人能够很敏感地察觉到儿童的兴趣并且给儿童以回应，那么儿童会更愿意和他一起阅读。 **7. 愉快原则** 　　成人要明确，这一阶段阅读的首要目标是要让阅读变成儿童的一种享受。成人可以用自己读一页、儿童"读"下一页的方式，鼓励儿童的参与，表达对儿童的信任，这样他们就会很乐于和成人一起看书。当儿童表现出疲倦和厌烦的时候，成人就应该连续给儿童读，不要问任何问题，或者是干脆停止，以后再读。	**4. 3W问题** 　　也就是关于是什么（what）、在哪儿（where）、为什么（why）的问题，例如，"这是什么？""为什么小鸟飞走了，他感到既伤心又高兴？" **5. 辉映式问题** 　　也就是让儿童把书以外的生活和书中的内容联系起来的问题，比如，"西卡有很多爱好，你的爱好呢？都有什么？" 　　注意，当儿童做出明显错误的回答时，成人要保护儿童的自尊心，对儿童的更正要有建设性，这样儿童就会更容易接受，也不容易对提问和阅读产生反感： 　　（1）可以给孩子两个答案让其二选一，"是××，还是××？"而不是直接否定他的话，对他说"你说错了"或者"不对"。 　　（2）成人也可以先肯定孩子的答案，但给出更准确的答案，比如，"是，它看起来像匹马，但是我们管这种动物叫驴。你看，和马相比它的身体更矮小，耳朵也不一样。叫声也不一样呢！"或者，"对，消防车也可以灭火，但这本书里消防员是去救人，当有人或者动物被困在高空的时候，消防车就可以去，发大水的时候也需要消防员呢！"再比如，"你说得对，这是恐龙，但是这种特殊的恐龙叫副栉龙。" 　　这样的回应方式既不打击儿童的阅读积极性，也能教给孩子更多的词汇和知识。成人千万不能按照自己预期的"标准答案"要求孩子回答，一言不合就对孩子大加否定。提问的目的不是"考"孩子，而是鼓励儿童大胆表达，丰富他们的词汇和语言。

对话阅读方案中提问与回应时成人应注意以下问题。

- 尽量问开放式问题。在儿童3岁以前,问题可以主要围绕物体名称、物体的特征以及故事中的时间、地点等要素。在儿童3岁以后,成人就应该开始问更多开放式的问题。例如,"你在这一页看到什么了?""你能说说这是怎么了吗?"要对儿童的任何回应都予以鼓励和表扬;当问题难度加大了,儿童感到无助的时候成人要帮他们回答。

- 扩展儿童的语言表达。当儿童开始进行表达以后,哪怕是说出一个字,或者用"啊——啊——"的音节来回应的时候,我们都可以增加一些词汇来重复他们的话,比如说"哦,你说西卡是一头猪啊!"当儿童能够说话以后,成人可以让儿童模仿大人说的。例如,如果儿童说"吃饭",成人就应该说"对,大卫在吃饭!"

- 让阅读成为愉快的事。兴趣是最好的老师,儿童在亲子共读中获得愉悦的情绪体验对于培养他们未来的语言学习兴趣至关重要。所以各种鼓励,以及当儿童具有一定的语言表达能力以后,与其轮流一页一页地讲故事都会让亲子阅读变成更轻松的语言学习,成为更美好的回忆。

对话阅读方案不仅强调了成人作为"有能力的他人"对儿童早期阅读的重要引领和支持作用,同时该方案还将重点放在了如何有效地支持、扩展儿童在阅读中的语言表达上,并针对成人容易在阅读中出现的问题,提出如何既能切实有效地丰富儿童的语言表达,又能尽量避免伤害儿童阅读和表达信心的做法,这些都使方案具有很强的操作和指导性,对家长、早期阅读教师和儿童图书馆员等对儿童早期阅读进行指导的相关人员具有很强的指导意义。而且该方案还设计了一套教授成人对话阅读技术的录像培训方案[1],其中包括教给家长如何和2~3岁的儿童进行对话阅读,以及教授家长和4~5岁儿童的对话阅读技术,教4~5岁儿童的教师如何和孩子进行对话阅读的录像带。每盘录像带都阐明了对话阅读的技术,提供了成人和儿童运用对话阅读技术的范例。学习者可以通过录像培训后的"测验",即对错误应用对话阅读

---

[1] ARNOLD D H, LONIGAN C J, WHITEHURST G J, EPSTEIN J N. Accelerating language development through picture book reading: replication and extension to a video tape training format [J]. Journal of educational psychology, 1994, 86: 235-243.

技术的行为进行纠正来确保培训效果。经过实验检验发现，对话阅读的录像培训由于为成人提供了与儿童进行共同阅读的范例，因而对提高成人与儿童的对话阅读水平具有明显的促进作用。对话阅读方案保留了传统阅读方案中对语言要素的重视，因而在方案中既对词汇等语言要素给予了足够的重视，也重视了儿童的阅读理解，但在提高儿童阅读兴趣和动机等与阅读情感、态度相关的策略方面则略显单薄。

本章小结

随着社会的变革和时代的发展，衡量人才的标准也发生了巨大的变化。人才不再仅仅以个体掌握知识的多寡来衡量，更重要的看个体是否具备迅速更新和获取知识的能力，是否善于进行终身学习。阅读能力是个体终身学习的核心要素，世界范围内的大量研究发现，儿童早期阅读能力对其未来的学业和综合发展具有重要的预测作用，早期阅读成为当今各国基础教育改革中一项极为重要的内容。

我国关于阅读的研究开始较晚，对阅读及其概念的研究主要受西方阅读研究的影响，要真实而全面地理解早期阅读，就必须首先厘清"早期阅读"这一舶来词的内涵。通过对早期阅读概念的词源分析和概念梳理，本研究认为早期阅读是以儿童为主体的阅读活动，它能帮助儿童掌握语言基本知识和技能，提高其阅读理解能力，进而提升其语文素养，为其终身学习与发展服务。从儿童出生开始，围绕各类书面材料开展的、能够促进儿童读写能力发展的活动都是早期阅读活动。

人们对早期阅读的认识并非一开始就如此深入，而是随着心理学、语言学等相关领域研究的不断深入逐步发展和演进的。在经历了元素主义、结构主义、解构主义和建构主义的洗礼后，早期阅读理论的发展从最初的将阅读理解为对语言元素的叠加，扩展为对词汇和句法的认识；并从对阅读行为的听说，发展到解码和意义的解构与意义建构；从以作者和文本为中心过渡为以读者为中心；最后综合了各阶段的理论精华，发展为既包含认知建构，也包含社会建构的建构主义阅读。对早期阅读的认识也逐渐趋向于科学和理性，既关注语言要素，同时又关注意义理解；既重视作者和作品，又重视读者对作品的理解；既承认阅读的个体性，又强调阅读的社会性，重视儿童阅读能力的提高对于国家和社会发展的重要意义。

　　当前国内早期阅读中存在大声朗读、分享阅读和对话阅读等几种较为常见的阅读方法，而其背后则代表着不同的阅读理论，并反映着当前阅读理论的发展与融合。当代早期阅读理论研究认为阅读并非单纯的语言要素学习和解码过程，阅读的核心应是阅读者对阅读材料意义的理解和建构。因此，儿童早期阅读能力的培养必须兼顾儿童的符号识别能力和对意义的理解两种能力，通过成人与儿童在阅读中的互动，以及成人对儿童的支持，使儿童能逐步进行有意义的阅读。本章对当代大声朗读方案的发展、国内外分享阅读和对话阅读方案都进行了较为系统和细致的描述和评析，帮助读者厘清国内外阅读发展的脉络，并尽可能真实地还原和理解这些流行的阅读方案背后的真实含义。

第二章

儿童语言教育及其基本理论

第一节

儿童语言发展的基本阶段

在语言发展的高峰时期，幼儿每小时都会获得新词汇。

——乔姆斯基（Avram Noam Chomsky），美国语言学家

语言是语音、语义、语法和语用的复合体，反映个体语言理解和语言表达两方面能力。语言表达不仅包括口语表达，还包括手势表达、表情表达和书面语表达，例如幼儿通过图画来表达自己的思想，但口语表达是儿童最常用的表达手段，且口语语料相比身体语言等更容易被捕捉和收集，因此儿童语言研究主要是对儿童口语语音、语义、语法和语用的口语表达进行研究，以及对上述过程中儿童所表现出的语言理解能力的研究。语音是指语言的声音，语音与其他声音的根本区别在于它与意义之间的对应关系。

一般情况下，绝大多数儿童的语言发展会表现出明显的阶段性特征，但对汉语语言发生和发展的研究却起步较晚。直至上世纪末，针对汉语儿童语言发展的研究才逐渐受到关注和重视，产生了一批重要的研究成果，例如香港中文大学李行德教授对粤语儿童的词汇和语法习得进行了较为详尽的研究，北京语言大学李宇明教授运用传统研究方法对汉语儿童的语音、语词、句式习得进行了比较系统的研究和整理，并在《儿童语言的发展》（1995年版）一书中对汉语儿童语言发展进行了较为详尽的描述。首都师范大学张云秋教授基于首都师范大学儿童语料库，在CHILDES（儿童主语言数据交流系统）框架下对儿童汉语语音习得、特定词汇、多义词、特定句式习得的规律和特征等方面进行了较为全面和量化的科学研究，并出版了专著《汉语儿童早期语

言的发展》(2014 年版)。此外,教育和心理学领域的专家和学者们也对儿童语言获得和运用问题进行了一些研究。但正如中国社会科学院语言研究所胡建华教授在《汉语儿童早期语言的发展》一书序言中所说:"汉语儿童语言习得的研究总体上仍较为薄弱,具有国际影响力的儿童语言研究成果非常少。"当前对汉语儿童语言发展研究基本是基于西方语言发展阶段和语言获得理论的框架下对儿童特定汉语语音、词汇(尤其是副词、连词、代词)、特定句法(如把字句、被字句、在字句等)的发生和发展特征进行的探索性描述。少部分专家针对儿童语言习得的其他方面进行了研究,如郑荔在《学前儿童修辞特征语言研究》,莫雷、李惠健、李利在《婴幼儿书面语言机能发展研究》等论著中,也都对儿童语言研究中的薄弱环节进行了初步探索。

儿童语言发展的阶段与历程

儿童最初的语言包括口语发音、身体姿势和手势语言,直到 9 个月大左右,儿童才开始有意识地使用词语进行交流。在 1~2 岁这段时间,儿童通过口语学习,逐步掌握本民族语言,而大多数儿童都是到两岁左右才真正地开始运用语言。因此对儿童语言发展的划分通常包括:语言准备期(0~1岁)、口语萌芽期(1~2 岁)、口语掌握期(2~3 岁)三个初始阶段,此后儿童开始逐步掌握其生存环境中最常用的基本语言(4~6 岁),并开始在语音、词汇、语法、口语表达和语言理解方面得到进一步完善和发展。

一、语言准备期

受生理成熟的影响,世界上各个国家和各个语种的儿童早期语音发展基本遵循相同的规律。在语言准备期(pre-linguistic stage),大部分儿童无法真正地说话,但这一阶段却是儿童了解语言意义,倾听和模仿母语语音,通过发声练习掌握母语语音规则的重要时期。李宇明在通过对婴儿发音发展的个案研究分析之后,发现在出生的头三个月,婴儿表现出对语言听觉的偏好,能够区分人类语言和其他声音,具有语音知觉能力(speech perception),并能够发出一些简单的音节;发现 6 个月左右的婴儿的发音已经初步具有母语雏形，元、辅音的发展遵循一定的发生顺序，并且相互影响和作用。他同时也发现滑动音流在促进婴儿声音发展中起到突出的作用，而语调和声调产生的前奏却是流调和节调的分化。① 到第 8 个月左右，婴儿发音能力增强，开始出现辅音和元音的组合，但这些发音仍不具有符号意义，只是自发性的"发音游戏"或者语音探索，在这一阶段婴儿开始表现出运用语音进行交流的倾向；到了 1 岁左右，婴儿开始模仿发音，能够说出有意义的音节和词，比如"妈妈"或"爸爸"。

0~3 个月：语音听觉和单音节发音

实际上早在出生前，胎儿就已经具备了初步的语音辨别和语音记忆能力。实验研究发现，妊娠中后期，胎儿开始具备了听觉记忆能力。给七八个月的胎儿每天朗读同一篇故事，婴儿出生后会明显表现出对在母亲体内时所听到的故事的偏好，出生三天的婴儿就能辨别不同的声音，并对人类语言表现出敏感性。出生后一周，婴儿就能记住自己的"名字"，当母亲呼唤他的时候，他会做出反应。12 天的婴儿当听到特异的声音刺激时，尤其是听到妈妈的声音时就会通过停止吸吮，用目光凝视或停止蹬腿、继续蹬腿等身体行为来表现对声音的关注。婴儿这些能力为其学习人类语言奠定了基础。

新生儿的哭声与儿童口语发声有着密切联系，婴儿通过哭使发音器官得到锻炼。研究发现，一个月左右的新生儿就会运用不同的哭声来表达自己的需求，比如饥饿和表示尿湿了的时候哭声就是不同的，这就是婴儿最初的"表达"。除此以外，这一时期婴儿还开始本能地发出一些元音。

4~8 个月：多音节发音并出现交流倾向

婴儿发音行为明显增多，并在情绪愉快时经常出现自动发音的行为，这是一种有意识的发音行为，婴儿从发音中能获得愉快的感觉。在发音的过程中，婴儿会偶然发出类似于"爸爸"或"妈妈"的声音，这些声音与语音极其类似，因此它们常常会得到成人的肯定和强化，并逐渐稳定下来。与此同时，婴儿还发展出了对语调的辨别能力，大约 6 个月，婴儿能够明显感知成人愉快、害怕等具有强烈情感色彩的语调，并且会受到这些语言的影响产生

---

① 李宇明. 儿童语言的发展 [M]. 武汉：华中师范大学出版社, 2004: 59-63.

相应的情绪反应。

在 8 个月左右，婴儿出现明显的交流意识，常常会在成人发音后进行模仿，见到喜欢的事物或者人的时候，会表现出身体倾斜，会伸出双手表示拥抱，并能够发出有规律的音节，并运用这些音节代表特定的意义。

9~12 个月：开始学话

这一阶段婴儿的语音数量和质量都得到了明显的提高，婴儿开始掌握语调，语言的初步形式形成。儿童的语言理解能力和语言表达能力开始得到发展，大部分婴儿在出生后第一年都能说出一些词语，并开始正式进入说话阶段。有研究选取北京市城区 636 名 8～16 个月正常婴儿，对其语言理解和语言表达进行研究，结果发现，从 8 个月开始，婴儿语言理解能力随月龄增长呈直线上升发展，而语言表达能力则在此期间缓慢发展，从第 14 个月才开始发展迅速。[①] 当然，受遗传、环境等因素的影响，儿童口语的发生具有较大的个体差异，有些婴儿在 9 个月左右开始能够说出有意义的词，而有些婴儿可能需要到 2 岁左右才能真正讲话。但无论是否开口讲话，这一阶段的婴儿都已经具备了语言理解能力。

研究表明，在正常的语言环境下，婴儿从 9 个月左右开始能够理解成人语言，他们可以运用声音、表情、动作对成人的语言做出反应。比如他们能够完成成人提出的"指物任务"，例如大人问"灯在哪儿呢？"，大部分婴儿此时都可以把小手指向灯；他们能够完成成人的简单指令，成人示意表达再见，婴儿会通过挥挥手表示"再见"。

二、口语萌芽期

绝大部分 1～2 岁的儿童已经开始讲话，能说出一些常用的词汇。虽然他们说出的词语有限，主要表现为"单词句"和"双词句"，但是他们却可以理解日常生活中的常用语言，表现出理解能力高于表达能力的语言发展状态。

---

① 郝波，梁卫兰，王爽等. 8～16 个月婴幼儿语言理解和表达水平的影响因素[J]. 中华预防医学杂志，2005, 39(6): 403-405.

单词句阶段（1岁~1岁半）

这一阶段儿童的无意义发音行为减少，开始出现"发音紧缩现象"，一些在母语语音中不常用的语音逐渐减少和消失，儿童的语音越来越接近母语语音。正是基于儿童语言发展中的这种"语音紧缩"，一些早期第二语言学习的支持者认为，1岁以前让儿童接触多种语言，有利于儿童语音保留和固定下来，可以避免儿童发音紧缩后造成语音学习的困难。

"单词句"阶段儿童最典型的特点就是用单独的一个词语表达意义，例如用"球"来表示"我要球/给我球/那有一个球"等意思。但是由于表达较为笼统，缺少限定，而且语音常常不够准确，所以儿童表达的意义也不明确，常常只有亲近的人才能够听懂，表现为意义的泛化和意义的缩小。例如儿童会将所有能扔和能踢的东西都叫作"球"，所以他所说的"球"，很可能是一个米粉罐，这就是意义的泛化。另外，由于受到思维发展限制和经验不足的影响，家人在讲到"球"的时候可能会向儿童呈现家里某个特定的皮球，因此，儿童也很可能用"球"来特指家里的某个球，而并不知道其他的球也是"球"，这就是意义的缩小。再比如，儿童在这个阶段经常把所有颜色的兔子都叫作"小白兔"，原因是日常生活中经常将"小白兔"这一词组连起来使用，并用它来表示小兔子，儿童并不理解"小""白"和"兔"的关系，而是将"小白兔"当成一个用来表示兔子的连续发音。随着经验的扩展和思维水平的提高，儿童这种用词不当的现象会逐渐减少，但研究发现直至3岁，儿童都会出现这种泛化现象。例如，量词的泛化使用，如"个"的滥用，"帮我揪一个纸"；数词的泛化，如汉语"二"和"两"的混用，"二口人"；与英语类似的否定副词泛化，如将"没有尿"说成"不有尿"；结构关系泛化，如"唱阿姨歌""圆方形、正方形、五方形"等。①

儿童此时的语言理解能力也逐渐增强，因此表现得喜欢听故事和儿歌，能够理解故事中简单的人物关系，例如听《小鸭子找妈妈》，能知道小鸭子找妈妈的过程，知道小鸭子的妈妈是谁。

---

① 张云秋. 汉语儿童早期语言的发展 [M]. 北京：商务印书馆，2014: 229-253.

双词句阶段(1岁半~2岁)

这一阶段也是儿童的"词语爆炸"阶段,大部分儿童到1岁2个月左右都会开始走路,伴随着运动能力的增强,儿童的活动范围空前扩大,对周围各种事物表现出强烈的好奇心,常常指着某种物品让成人教他说出名称,对接触到的新词也表现出极高的敏感性,听到新鲜的词汇会表现出好奇和兴奋。伴随着词汇量的迅猛增长,儿童在2岁左右基本可以掌握300多个单词,其中名词、动词最多,也会掌握形容词和常用的数词、代词、感叹词等,语言表达也随之丰富。

进入双词句阶段,儿童的表达更加清楚,他能够将两个词语组合成一个短句来表达意思,这种高度简化的句子因为与电报中常使用的语言类似,所以又叫"电报句"。句子的构成往往是名词加动词,例如用"爸爸踢(皮球)"表达爸爸正在踢皮球,或是要求爸爸踢皮球;或者是名词加名词,如"妈妈帽"表示妈妈的帽子,或是让妈妈戴上帽子,也可能是请求妈妈给他戴上帽子的意思。双词句相比单词句的语义限定更明确,但是由于句子仍然是不完整的,所以要理解儿童的双词句依然需要依赖具体的情境。单词句和双词句都是不完整句。当然,双词句阶段与单词句阶段并非两个断裂的阶段,在双词句阶段,儿童依然会使用单词进行表达,随着年龄的增长,双词句会逐渐替代单词句。

双词句阶段也是儿童声母偏误(deviation)的高发时期,声母偏误是早期汉语儿童语音习得过程中普遍存在并且有规律、成系统的异于成人的声母发音。这一时期由于儿童词汇量开始丰富,语言表达开始增多,同时受到发音器官不成熟,难以控制精细发音等原因,儿童会出现发音不准确的情况,偏误最多的是"后移"和"交叉",如将猴读作"tóu"、难以区分n和l、把"蓝"读成"nán"。1岁5个月到2岁半,是儿童语音偏误的高峰时期。[1]

---

[1] 张云秋.汉语儿童早期语言的发展[M].北京:商务印书馆,2014:44.

表现	案例	分析
开始进入语词爆发期	（1岁6个月）小C开始疯狂冒话。 开始会管姥爷叫"爷爷"；能说出小伙伴的名字"嘟嘟""满满""冉冉"；看到别人离开就会主动再见，并且说"拜拜"； 如果自己要拉尼尼就会说"尼尼"，有时候要放屁也会说"尼尼"，看到地上的脏东西也说是尼尼； 见到小狗就要说"汪汪汪"； 见到小猫会说"小猫"；	意义泛化现象。 用"小猫"表示"这有一只小猫"的意思。
	开始发出了姥姥的音节"yǎo yǎo"。	出现语音偏误。
用不连贯的语句进行表达	（1岁9个月）小C拿着布娃娃，抓着布娃娃的手，对妈妈说："妹妹，脏，洗洗手。" 妈妈给他拿来了水盆。 小C开始给布娃娃洗手，洗了几下之后，自己抓起布娃娃的双手，对着自己作揖，然后自言自语地说："谢谢！"	无法说出完整的句子，用词汇堆叠的方式进行表达。 通过语词表达自己的请求。

三、口语掌握期

两岁以后，儿童的语言能力开始了飞跃式的发展，他们不仅开始掌握日常生活中的常用词汇，同时也受到双词句中语法规则的影响，开始尝试使用简单的句型，对语法规则进行探索，以便更准确地表达自己的思想。这一时期儿童的词汇量急剧增加，到3岁左右，儿童基本能够掌握1000个词汇，词类和句式也逐渐丰富，例如儿童能够清楚地区分"你""我""他"，以及"我们""你们""他们"，会使用疑问句、感叹句和简单的复合句进行表达，婴儿基本能够掌握母语语法规则，开始能够真正地进行对话和交流。这一时期儿童基本掌握了口语，因此这也是诊断儿童语言发展是否落后的重要时期。MacArthur-Bates the Construction of Communicative Development Inventories，MCDI（《沟通发展量表》）是国际上较为通用的8～24个月婴儿语言发展评价量表，我国学者已经建立了中国儿童语言发展的诊断标准，指出儿童24个月词汇量少于30个，30个月男童结构表达量少于3个，女童结构表达量少于5个则为语言发育迟缓。① 这一标准既可以反映出儿童语言早期发展的落后，也对其他疾病，如孤独症、听力障碍、智力障碍等具有预测作用。

　　这一阶段，受日常经验增加以及思维水平提高的影响，儿童的语言理解能力增强，能够理解并说出词的意义，具有初步的概括能力，能够掌握日常生活中表示类别的名词，如"动物""水果""蔬菜"等。到3岁左右，儿童能基本掌握本民族的日常生活语言。同样，这一时期儿童的语言理解水平仍然高于语言表达水平，他们有时候难以在短时间内将自己想要表达的内容组织成连贯的语言，因此儿童在日常表达时常常出现"说不出来"的状态，表现为他们在说话时反复重复，甚至出现在说话时不停地"嗯，嗯"的现象，需要边想边说，甚至出现"口吃"的现象。但是这个时候儿童的"口吃"并非真的"口吃"，只是思维发展超过语言发展的一种表现，随着语言能力的提高，儿童的"口吃"现象会逐渐消失。

表现	案例	分析
对动词用法的探索和总结	（2岁1个月）吃晚饭喝粥的时候，小C自言自语一边端着碗喝，一边说："这是喝粥，不是吃粥。"喝到剩下一丁点儿米粒的时候，他自己拿出勺子说："我用勺子。"然后他总结道："这是吃粥，不是喝粥。"	对动词"吃"与"喝"用法的探索和总结。
对代词的理解和运用	（2岁7个月）小C伸出一根手指，假装要给姥爷"打针"。 姥爷配合着说："我不要打针，我怕，我怕。" 小C笑嘻嘻地对妈妈说："妈妈，你说'你轻点儿给我爸打针'。" 妈妈说："好吧！医生，你轻点儿给我爸打针，你看我爸都哭了！" 小C得意地大笑起来。 妈妈问他："我爸是谁呀？" 他说："是姥爷呀！"	理解家庭成员之间的关系，能够从母亲的角度思考母亲对姥爷的称呼，进而较好地运用"你"和"我"。

---

① 章依文, 金星明, 沈晓明等. 2～3岁儿童语言发育迟缓筛查标准的建立[J]. 中国儿童保健杂志, 2003, 11(5): 308-310.

表现	案例	分析
熟练地使用疑问句型、感叹句型	（2岁3个月）小C在马路上看到一辆吊车，他大声喊："妈妈你看，有一辆吊车！" 妈妈说："嗯，看到了！车头那有吊钩！" 小C问："车头在哪儿？" 妈妈摸着小C的头说："这是你的头，车也有他的头。" 小C一脸疑惑地看着妈妈。 妈妈想确认一下他是否理解了"车头"的意思，就问："车有头吗？" 小C认真地回答："车没有头，车有前面。"	运用感叹句。 运用疑问句。对某些不常用词汇"车头"的理解仍然有一定困难，因此会产生疑问。 理解了"前面"和"头"的对应关系。
复合句和连词的使用	（2岁5个月）小C户外活动回到家后，对姥爷说："我哭了，（因为）小满妹妹抓我了。" （2岁6个月）小C最近发明了一种"喊灯"的游戏，晚上吃完饭到小区里面，挨个楼门喊灯，把声控灯喊亮。这天，吃晚饭的时候，他突然对着餐厅顶上的吸顶灯大喊了一声"哇！"妈妈告诉他："这个不是声控的，需要用开关才能亮。外面走廊里的灯是声控的，才能喊亮。"小C听了之后，表示明白了，低头吃饼、喝汤。 过了一会儿，他突然抬起头来指着餐厅的灯、厨房的灯和窗外院里的灯说："这个（餐厅的）不是声控的，这个（厨房的）也不是声控的，那个（院子里的）就更不是声控的了。"	能够叙述因果关系，但关系词的使用不够熟练。 运用指示代词，"这"和"那"；首次使用连接词"也""更"。
能进行想象，会使用简单的比喻	（2岁7个月）小C在拿着吸管喝酸奶的时候，突然自己扑哧一笑。妈妈问他，"你在笑什么？"他使劲儿吸了一口奶，然后说："牛奶坐电梯！"（他将牛奶被吸进嘴里的过程想象并比喻成了坐电梯。） 妈妈随即补充道："牛奶被你吸进了嘴里，越来越高，越来越高，像坐电梯一样吗？" 他高兴地说："像坐电梯一样！"	根据日常经验进行联想和想象，并能用完整语句表达出来。

表现	案例	分析
对话和交流	（2岁7个月）小C玩儿串珠游戏，并自己主动尝试用串起来的长长的珠子摆数字。 小C："妈妈，你看我摆了一个1和一个0。" 妈妈："哪个是1，哪个是0啊？" 小C："你看，这不是1吗？这不是0吗？" 妈妈："还能摆其他数字吗？" 小C："可以啊，能摆一个8。" 小C："哎？不行！这个得连上（才能摆8）。"随即连成了两个圈，摆在了一起，成了一个8。 小C："我还会摆别的呢，摆个6吧。"（动手摆了一个ρ） 小C："你看，这是6吗？" 妈妈："宝贝儿，你这个6是反的……"	基本能够表达自己的思想并与成人进行对话和交流。

儿童语言发展的规律及影响因素

从儿童语言发展的阶段中可以看出，儿童语言发展具有一定的规律性。首先儿童的语言发展是一个具有一定阶段性特征的连续过程，在不同的年龄阶段，儿童的语言发展会呈现出较为明显的特征；但语言发展是具有个体差异性的，语言发展受到生理、环境、教育等因素的综合影响，会表现出在成熟程度、发展水平和发展速度上的差异；儿童语言发展遵循先听后说、先理解后表达的原则；在儿童的语言表达过程中语言从简单到复杂，从单词句、双词句、简单句向复合句发展；从无修辞逐渐向有修辞过渡。影响儿童语言发展的因素主要包括：生理成熟、环境中语言刺激的数量和质量、语言学习动机和个体经验等。

一、生理成熟和关键期假说

生理成熟对儿童各方面发展都存在必然影响，语言也不例外。生理成熟对儿童语音的影响最为明显和直接。儿童早期语言发展中具有"fis现象"（将fish读成fis，后用来指代语音偏误），即他们虽然能纠正成人发音中的错误现象，但是自己却无法正确发音，造成这种现象的根本原因就在于儿童的发声器官不成熟，难以控制自己准确发音。[①] 我国学者张云秋及其团队就专门针对普通话基础元音的习得和发展进行了声学考察，结果证明生理原因是导致儿童早期语音习得偏误现象的根本原因。

　　生理成熟对儿童语言发展的影响还表现为对语言发展"关键期"假说的认识。关键期假说（Critical Period Hypothesis）产生于1937年劳伦兹（K. Lorenz）在鸭子身上所发现的印刻（imprinting）现象。伦内伯格（Eric H. Lenneberg）所提出的语言发展关键期假说就是建立在劳伦兹的发现基础之上的。受到乔姆斯基所提出的先天语言获得机制的影响，伦内伯格1967年明确提出了语言发展关键期（critical period）假说。该假说认为儿童在早期大脑两个半球都参与语言学习，因此更容易掌握一门语言，随后语言能力就只停留在右半球，发生偏侧化（lateralization）现象，错过了早期语言发展的最佳时期，这将对语言发展造成难以弥补的损失。[②] 在这一假说的基础上，研究者们开展了大量实证研究，试图对这一假说证明或证伪，然而时至今日，理论界依然没有形成共识。首先，一些研究者的研究为这一假说提供了证据，美国康奈尔大学的研究机构在1996年《自然》杂志上发表论文指出：成年人学习外语使用的大脑部位与儿童学习外语使用的部位明显不同，由此导致成年人掌握外语的速度远远没有儿童迅速。研究还发现幼儿在学习外语时，大脑将外语储存在"布洛卡区"，即与母语相同的部位。但是，对"关键期假说"的质疑也从未停止，例如亚韦斯托克（Bialystok）认为："年纪小的人学习语言的优势是存在的，学习成功的可能性大，但是，仅就这一点还不足以表明语言学习有一个敏感时期。"并且他指出关键期假说支持者所倡导的早期第二语言学习并非绝对，提出"母语和第二语言之间语言结构的对应才是影响语言习得的最重要因素"。如果成年学习者像孩子一样，有同样的时间、环境去学语言，有类似儿童学习语言的动力，那么成年人也能像儿童一样成为成功的语言学习者。[③] 虽然关于语言学习关键期的证据仍然比较薄弱，但生理因素对儿童语言发展存在着巨大的影响这一点已经毋庸置疑。

---

① 李宇明. 儿童语言的发展 [M]. 武汉：华中师范大学出版社, 2004: 79-80.

② LENNEBERG E H. Biological foundations of language[J]. Annual review of neuroscience, 1967, 13(68): 283-307.

③ 张海琰. 对语言学习中"关键期假说"理论的评述与思考 [J]. 逻辑学研究, 2005, 25(3): 190-193.

二、环境中语言刺激的数量和质量

儿童的语言能力是一个渐进的发展过程，因此在儿童还没有正式开始阅读或在他们具备阅读能力之前，成人就应该为他们创设丰富的书面语言环境，让儿童有机会接触更多的文字和印刷品。斯诺等人的研究也已经证实，儿童早期接触书面文字材料对预防其未来发生读写困难具有重要影响。图表、符号、标签、日历、地图、食品包装和说明书等都是儿童应该接触的语言学习内容。成人与儿童交流时若能使用丰富的词汇和较复杂的句子，为儿童提供丰富的物质和声音材料，那么将为儿童词汇量、流畅性、阅读理解能力等方面的发展提供有力的支持。[①] 而环境中的语言刺激数量和质量低，则是不利于儿童语言发展的因素。刘晓、金星明、沈晓明对上海 8 个行政区 2794 名 2 岁儿童语言理解和语言表达能力的影响因素研究发现，不常练习表达、默读图书（不经常"看图说话"）、看电视而不讨论、接触图书在 1 岁半以后等，均会影响儿童的语言表达和理解能力；此外影响语言理解能力发展的因素还包括每天看电视时间超过 2 小时，亲子交流少，与玩伴玩耍次数少等。[②] 可见环境中的语言刺激一方面是数量，而另一方面则是质量，例如语言交流中的轮换数及语言表达的广度与深度，都对儿童语言发展具有重要影响。同时这一研究结果还表明，电视、广播、录音等语言的单向传递工具，并不能代替真实的言语交流。由于缺少语言互动，这类语言学习工具对语言学习产生的效果微乎其微，长时间使用它们甚至不利于儿童的语言发展。

三、语言学习动机和知识经验

动机理论的研究发现，学习者的兴趣、自信心、愿望和态度对学习效果具有重要的影响作用，因此从教育设计上提出要为儿童提供能够激发他们学习动机的任务，这些任务应具有一定的挑战性。儿童语言学习过程作为一种独特的学习过程，同样也受到儿童语言学习动机的影响。儿童在出生第一年

[①] DOLLAGHAN C A, CAMPBELL T F, PARADISE J L. Maternal education and measures of early speech andlanguage [J]. Journal of speech language & hearing research, 1999, 42(6): 1432-1443.

[②] 刘晓, 金星明, 沈晓明. 2 岁儿童语言理解和表达能力相关因素的研究 [J]. 中华医学杂志, 2007, 87(38): 2689-2692.

就表现出了明显的社会交往动机，他们会使用手势、声音努力表达自己并与成人进行交流，这也促使他们努力地学习并掌握社会语言，练习母语语音。虽然关于儿童语言学习动机对学习效果的影响主要针对第二语言学习研究，但是无论是对于母语还是二语学习，激发儿童学习、运用语言的动机都十分重要。

除了动机以外，经验也很重要。语言学习就是在语言和概念领域的知识之间建立联系。[1] 因此，个体的知识经验对语言发展产生重要影响。例如儿童在语义理解中，如果缺乏相关经验，就很难理解相应的含义，同时也难以将语义与语言背景结合起来。当成人向儿童讲述一件事情或阅读一个故事时，若事情或故事超越了儿童的知识经验，那么儿童将无法理解。而儿童只有在事件、意义之间建立联系，并和自己头脑中的相关知识经验联系起来的时候，才能够真正地理解语言。因而，当儿童的知识经验较为丰富的时候，他们对语言的理解能力也会相应提高。例如，儿童在具有关于"蜈蚣"的经验之后，才能理解为什么"蜈蚣穿裤子很麻烦"。因此，经验不仅能够帮助儿童认识世界，丰富儿童的日常生活经验，对提高儿童语言能力也同等重要。

---

[1] DAMON W, LERNER R M. 儿童心理学手册：第六版：第二卷：认知、知觉和语言 [M]. 上海：华东师范大学出版社，2007: 340-344.

第二节

儿童语言发展的基本理论

文化，是语言的条件，也是它的产物。

——杜威（John Dewey），美国哲学家、教育家

转换生成语法理论

转换生成语法理论（Transformational-generative Grammar）是欧洲理性主义观念影响下的语言学思想。理性主义认为人的理性存在着不依赖于经验的"天赋观念"，这种先天的理性或直觉是人类认识的基础。美国著名哲学家、语言学家乔姆斯基指出传统语言学和结构主义语言学都没有涉及语言研究的本质，提出语言学的研究对象不是语言符号和语言结构本身，而应关注语法能力（grammatical competence）。1957年，乔姆斯基的《句法结构》（*Syntactic Structures*）一书出版，他在书中提出了转换生成语法的概念，指出传统语言理论和结构分析理论的弊端，认为"不是每个句子都可以简单地描述为某种基本单位构成的有序列，用简单的方式就可以从左到右产生出来的组合"[①]，传统语言学主要通过音位、语素等研究了语音层次的语言，这也是表层结构的语言，而对句法代表的深层次结构则鲜有探究。表层结构决定句子的实际发音，深层结构决定句子的意义。它们之间的关系是由转换规则来实现的。乔姆斯基认为存在能生成无限句子的有限规则系统，也就是句法，通过转换规则描写和分析不同句式之间的内在联系。乔姆斯基的转换生成语法理论将语

---

① 诺姆.句法结构[M].黄长著，林书武，庞秉均，等译.北京：中国社会科学出版社，1979:19.

言学的研究重点从语言形式引入语言能力层次，成为语言学领域中哥白尼式的革命。这一理论包含三个核心概念和问题：语言获得机制、语言能力和普遍语法。

一、转换生成语法理论的核心内容

语言获得机制：乔姆斯基指出虽然儿童接受的语言信息和训练很多都是错误的，但奇怪的是，他们最后都能生成输出标准的语言。据此，乔姆斯基提出人类的语言能力并不是通过简单的语言元素学习或是刺激—反应的强化所习得的，而是天生就有的一种语言机制。儿童之所以能够在生命的最初几年，以极快的速度掌握至少一门语言，就是因为个体具有先天语言获得机制（Language Acquisition Device，简称LAD），即语言天赋。[1] 儿童语言习得的过程就是语言机制激活的过程。

语言能力：乔姆斯基对"语言能力"进行了具体的界定，从语言运用行为和语言能力的区别角度进行了描述，指出语言能力是个体固有的、内化的、稳定的语言知识，语言运用行为则是外在的、变化的，是语言能力的具体运用和表现。

普遍语法：乔姆斯基认为，人类所有语言中存在着一种包含"原则"和"参数"的"普遍语法"。也就是说，虽然人类的语言千差万别，但是它们具有一些普遍规律，例如，在音位方面，一切语言当中都具有闭塞音和摩擦音，而鼻音、滑音、塞擦音也出现在相当一部分语言里；在句法方面，所有语言都有名词、动词，大部分语言中都有形容词、冠词、代词、连词、副词等。而世界上各种语言间的差异，则可以被看作是在普遍语法下的部分变化。普遍语法是存在于儿童认知中初始状态的语言机制，是一切人类语言的准则，是人类语言最基本的东西，对每个人来说都是一样的。转换生成语法就是从各种具体的语言当中探索出语言的普遍规律和准则。儿童可以从周围环境中的语言中获得母语语法规则，创造性地应用语言。

---

① CHOMSKY N. Language and mind [M]. 3rd ed. Cambridge: The MIT Press, 2006: 117-121.

二、转化生成语法理论的贡献

乔姆斯基创造性地提出了普遍语法和转换生成语法，批判了当时占主导地位的刺激—反应观念下的语言学习理论，打破了长期以来的语言研究传统，将语言学研究从描述和研究语言结构，转到解释人的语言能力获得机制和过程上来，并创造了语言研究和语言教育的理想主义框架，开创了当代语言学研究的新纪元。同时乔姆斯基的普遍语法还使心理学研究者对语言学研究产生了浓厚的兴趣，从而推动了认知心理学和认知语言学的诞生。乔姆斯基也因此被誉为"当代认知科学之父""语言学界的爱因斯坦"。

普遍语法将儿童的语言能力看作是内在的结构，认为儿童会根据听到的话语对已有的语言体系做出种种假设，并按照假设来运用语言体系，根据外界的反应来检测其假设的正确性，并决定采纳、改正或是抛弃，逐渐建立起正确的、接近成人的语言系统。因此这一理论在很大程度上肯定了儿童自身的心理过程在语言获得中的重要作用，肯定了儿童的内部力量，从而使语言教育关注儿童这一语言获得的主体。但与之相对，该理论也有另一个弊端，那就是忽视了影响语言获得的外部力量和环境因素，从而弱化了教育对儿童语言发展的作用。

系统功能语言理论

如果要问人生的头三年，儿童获得人生当中哪些重要的东西，那么除了学会行走和身体基本动作以外，最重要的就是掌握母语。对母语的控制能力是儿童这一时期最重要的学习任务之一。儿童母语学习的过程是怎样的呢？为什么儿童能够在很短的时间内迅速地掌握母语？

案例：婴儿运用表情、动作、语音和声调表达意义，实现交流	
午睡起床后，姥爷抱着小C（第9个月，264天），在地上走来走去，看看厨房里的电饭锅、豆浆机，并且将名称读给他听。这时，妈妈走向厨房，打算倒水喝。	
小C看到她走过来，便开始朝她笑，当她走近的时候，小C主动发出"咯咯"的笑声，并突然使劲儿抱住姥爷的脖子，开始使劲儿往姥爷怀里钻。	通过声音吸引妈妈的注意，表示"妈妈，你看看我"。 通过"我要抓住你"这一游戏的典型动作来表示游戏。
停顿了一下后，小C抬起自己的头，看向正在喝水的妈妈，继续微笑，发出"ɑ""ɑ"的声音，目光充满期待。妈妈喝完水，抬头看向小C，然后伸出双手，表情夸张地说"我抓住你！"表示要"抓住他"，小C随即咯咯大笑，然后抱住姥爷，钻进姥爷的怀里……	通过表情、声音和声调表示"妈妈，我想玩儿，跟我玩儿！"。

上面的案例可以清楚地反映出婴儿使用语音、声调和动作来表达自己的需求，向成人发起游戏邀请的过程。虽然他只是发出了"ɑ"这个音，但是却"说出"了"妈妈，跟我玩儿！""跟我玩儿抓住你的游戏！"，成功地实现了交流和互动。这个发音也同时清晰地呈现了婴儿早期的语言——由表情、动作、语音和声调共同构成的意义表达系统，通过这个系统实现了与家庭亲密成员之间的交流和对话——儿童借助最初的语言表达系统帮助自己实现了交流。

一、系统功能语言学角度的语言发生

系统功能语言学（Systemic Functional Linguistics，简称SFL）在我国的传播时间并不长。1977年，方立、胡壮麟和徐克容发表的《谈谈现代英语语法的三大体系和交流语法学》一文中首次介绍了英国当代语言学家、汉语语言学家韩礼德（Michael Alexander Kirkwood Halliday）的系统功能语言学，系统功能语言学由此进入语言学研究的视野。①

系统功能语言学从社会学的角度研究语言的发生与发展，并据此提出语言学理论体系和语言教育的原则。这一理论所探讨的重点是儿童如何在社会环境中，通过社会人际交往发展出语言这套意义系统，如何学会运用语言。在系统功能语言学的创始人韩礼德看来，只有了解了人类语言学习的过程和特点，才能科学、有效地确定语言教育的方法，因此系统功能语言学的研究初衷即具有教育性，主张通过分析儿童的语言获得过程，对儿童进行更有效的语言教育。

韩礼德系统观察并详尽记录了儿子奈杰尔（Nigel）从出生到18个月的表意方式和语言发展过程。他指出儿童的原始母语就具有系统性和功能性的特点，从9个月起儿童开始向母语过渡，形成合成理性（mathetic）功能和实用（pragmatic）功能，进入母语阶段后，原来只包括内容和表达两个层面的幼儿语言系统发展为包括内容、形式和表达三个层面的成人语言系统。②

第一阶段：原始母语

原始母语并非真正意义上的语言，而主要是一种由口头和身体语言构成的表达意义的符号系统。它是由儿童创造的，在儿童与看护人和周围较小意义群体中成员的交流过程中产生的一种原始语言，这种原始语言中包含有表情、动作、语音、声调，但往往没有词汇和语法，它会通过过渡阶段，逐步发展成为母语。在这种原始母语构成的交流中，成人往往会用母语进行回应。原始母语，只有声音和意义，不具备词汇和语法。通常大约9个月以前，婴儿的语音都是原始母语。直到1岁半左右，儿童才开始逐渐接近并开始掌握母语，这期间的一大段时间都是由原始母语通向母语的过渡阶段。

虽然婴儿还不会说话，但就通过这样一个特殊的阶段，儿童掌握了"语言是社会交往的工具"这一语言本质；并且努力控制自己的身体，通过表情

---

① 黄国文.系统功能语言学在中国20年回顾[J].外语与外语教学，2000(5): 50-53.
② 韩礼德.婴幼儿的语言[M].高彦梅，等译.北京：北京大学出版社，2015.

和语调来实现语言情绪，比如通过不同音调的 ā 表达不同的意思。同时儿童也在与成人之间的互动中，掌握了"轮流讲话"的语言交往规则。

发音和声调	可能代表的意义
短促的 ā	我发现这儿有个好玩儿的东西。
较长的 ā	我要这个东西。
升调的 á	你叫我吗？什么？
持续较重的 ā~~ā~~	你们看我，看我呀！我喊你你怎么不理我啊！
降调的 à	玩儿好了，我不想玩儿了。

在运用原始母语进行表达的同时，由于成人母语的不断输入，在这一阶段的末期（通常为 6～9 个月），婴儿开始理解母语中与自己日常生活密切相关的常用单词，如：妈妈、宝宝、灯、车、胳膊、腿、坐、吃、过来、亲亲等。

第二阶段：过渡阶段

在这一阶段，儿童的原始母语与母语同时出现和使用，母语中的单词逐渐取代原始母语中的本能语音。

原始母语既然能实现人际交往功能，为什么儿童还会学习母语呢？其中一个重要原因就在于儿童在发现了"通过发音可以让爸爸妈妈跟我玩儿，可以提出我要玩具或者喝奶的要求……"之后，日益感觉到自己发出的"语音"常常得不到成人的重视和回应，有时还会遭到成人的误解。于是，他们努力地倾听成人的讲话，尤其是成人不断重复的那些语音。所以说，由原始母语向母语的过渡是在与周围讲母语的人之间的互动中协调发展的结果。这一阶段儿童的典型语言表现是出现"单词句"，即通过一个词来表达一整句话的意思。此时的语言仍然带有极大的情境性，必须放在具体的情境中去理解。

例如，"妈妈"可能表达的意思是：

陈述：妈妈在那儿呢。

祈使：妈妈你过来！

妈妈给我拿皮球！

我要吃奶，我要找妈妈！

请求：我要妈妈抱。

情绪：跟妈妈在一起，真高兴呀！

儿童的语言之所以逐渐向母语过渡，一个重要原因就在于他们发现了原始语音的局限性，成人很多时候都无法理解他们的"话"，所以为了更好地进行"交际"，他们不得不学习成人语言。用双胞胎语言发展的例子就能很好地理解这一点。我们通常都知道一种现象——双胞胎的孩子说话一般会稍晚一点儿，而且双胞胎家庭的父母往往可以看到两个孩子之间"叽里呱啦"地聊得特别开心。原因就在于两个孩子可以用原始母语进行较好的交流，他们拥有交际的对象，所以学习成人语言的欲望就低一些，因此"说话"往往稍晚。

通过儿童掌握母语的过程可以看出：语言学习需要让儿童产生运用这种语言的动机，意识到这种语言的作用和意义。这对于语言教育具有重要的参考意义。

第三阶段：开始掌握母语

这个过程一般从一岁半左右开始，持续到儿童三岁左右。这个阶段，儿童发现用一个词表示多个意思，还是容易让成人混淆，尤其是容易让那些看护人以外的人混淆。为了避免对情境的巨大依赖，儿童开始尝试摆脱情境使语言表达更加准确。因此在"单词句"的基础上，他们逐渐学会用两个词语来更准确地表达意思，发明了"双词句"，形成最为精练的"语法"。

双词句	举例	意义	单词句阶段的对应表达
名词+名词	妈妈球	妈妈的球 妈妈，把球递给我。	球或妈妈
名词+动词	爸爸踢	爸爸踢球 爸爸，把球踢给我。	爸爸

随着双词句的不断发展，儿童逐渐开始掌握母语中的基本词汇，并在与成人互动的过程中逐渐模仿并修正语词和语法。在这一阶段，我们可以观察到儿童会出现一种基于模仿的"练习"现象。比如当听到一个新词的时候，儿童会表现出好奇，他会倾听、发出疑问，随机愉快或者兴奋地重复这个词"通通吃光"。当听到一个句式的时候，他会进行练习性重复，比如听到妈妈

说"你真淘气!"的时候,他会学着说"你真淘气!"。(在理解指代关系并掌握相应语法的情况下,有些孩子会转换人称说"我真淘气";有时候这种练习并不即刻发生,但可能在随后几天里的某个时刻突然自言自语地说"我真淘气"。)

到三岁左右,儿童基本具备母语口语交流能力。

案例:2岁4个月5天的小C修正自己的语词和语法	
妈妈刚给小C换了新的牙膏。刷牙的时候,他问妈妈:"这是什么味道?"妈妈告诉他是"覆盆子味儿的",他又问:"什么是'覆盆子'呀?"	对新词汇的敏感和学习。
妈妈说:"就是一种水果,酸酸甜甜的,你没有吃过。"	
小C瞪着眼睛,依然一脸茫然。	
妈妈接着说:"就是和苹果啊,草莓啊,一样,都是水果,好吃的。也叫树莓。"小C问:"鲜果店(家附近的水果店名称)有吗?"妈妈回答说:"没有。"小C略有失望。	关于否定词"不"和"没"用法的混淆、应用尝试和修正过程。
妈妈突然说:"桌子上放着牙膏,牙膏上画了覆盆子的样子。"小C立刻踮起脚尖想去拿牙膏看,但是没够着。他说:"妈妈,我不(bú)够着。"	儿童本想表达的是"我没够着",但是错用成"我不够着"。
妈妈重复道:"你够不(bù)着!"	妈妈用"我够不着"进行修正,使儿童意识到在这句话里这个地方应使用"没"这个词。
小C回应道:"我没够着。"	
……	

3岁左右,绝大多数儿童基本形成与家人相同的语言体系,掌握母语的听说能力和基本语法,至少掌握一门语言的听说和语法规则。在这一过程当中,儿童获得了对语言本质的认识——实现自身与外部世界(包括人、阅读材料等)的交流。

- 通过与成人和同伴就某一问题的讨论，发展出谈话的能力；
- 在描述事件的基础上，学会阐述事件的前因后果，甚至表达自己的看法和观点；
- 能够对某一事物、现象和事件进行描述和解释；
- 会就某一问题展开辩论；
- 在描述的基础上，运用修辞；
- 会根据不同的谈话对象调整语言，比如对耳背的奶奶很大声地说话。

系统功能语言学对儿童语言从原始母语向母语过渡的描述渗透出对儿童语言的基本看法：儿童语言发展就是对语言功能的逐渐掌握。儿童的语言功能范围逐步扩大，在掌握语言的最初阶段，儿童能够表达的意义极其有限，只掌握初级的语言功能。随着儿童不断模仿、探索，以及成人的强化，儿童的语言数量和表意范围迅速扩大，而这种能力又反过来激发了儿童进一步获得语言功能的愿望，从而帮助儿童掌握和获得意义表达的能力，发展出"意义潜势（meaning potential）"。

二、系统功能语言学角度的语言教育

韩礼德是著名的汉语语言学家，其系统功能语言学发端于汉语研究[①]，但实际上其理论研究包括汉语、俄语、英语在内的多种语言系统，这也使得这一理论具有更为普遍性的意义，系统功能语言学既可以用来描述英语，也可以用于描述世界上的其他语言。

系统功能语言学把握语言发生和发展的社会交往视角，强调语言的社会功能，因而该理论并不讨论心理、生理、美学角度的语言认识和语言运用。该理论同时认为语言是一个社会"符号系统"，这也就摆脱了传统将语言分解为语言"元素"的视角，强调语言不是孤立的符号组合，而是一个有意义、有规则的符号系统，韩礼德将其称为"意义潜势"，而语法规则则是从潜势中衍生出来的，通过潜势聚合起来的。语法规则的目的在于表达意义潜势。

---

① 王红阳，陈瑜敏.韩礼德语言思想溯源——来自四份访谈录的启示[J].宁波大学学报（人文科学版），2008，21(1): 56-62.

系统功能语言学认为语言的目的在于实现意义的社会传递和交流，因此语言教育的目的在于帮助儿童运用语言符号系统学会"表意"，发展儿童的"意义潜势"，能够根据语境在这个意义"潜势"中选择适合语境的语言。而意义潜势的获得是基于社会交往环境的，是通过环境和人际互动的过程习得的，因此语言教育中需要重视真实语用环境的营造。无论是语音、写作、语法和词汇这些语言元素还是语言运用，都需要为表达意义和社会交往服务，重视语言实用性和功能性。

认知发展语言理论

认知语言学是认知科学理论的一个重要部分，认知科学诞生于20世纪50年代，主要从认知角度探讨人的思维活动过程及其机制，而认知语言学主要从认知和语言的关系角度来研究语言发展。早期认知科学对语言的研究主要是从信息加工模型角度对语言进行分析，研究的主要内容是人的头脑对语言信息的加工过程，重视对客观语言的分析，是一种认知加工语言理论。而随着瑞士心理学家皮亚杰认知发展阶段理论的广泛传播，认知语言学也随之得到了发展，人们开始关注思维对语言发展的促进作用，重视语义研究和语言的功能研究。[①] 皮亚杰是当代最著名的儿童心理学家，也是认知发展理论（Theory of Cognitive Development）的代表人物，他对儿童认知发展的研究为儿童心理学和儿童教育奠定了重要基础，也使得认知语言学研究呈现出从单纯的信息加工语言研究走向认知发展语言理论。

皮亚杰基于对儿童的临床观察，提出了"认知发展阶段""图式""同化"和"顺应"思维的"自我中心性""泛灵论"等概念，这些概念和内容不仅是当今世界儿童心理发展研究的重要课题，同时也对美国及世界范围内的儿童教育产生了深刻的影响，例如美国学段的划分就依据皮亚杰儿童认知发展理论，将感知运算阶段和前运算阶段（0～8岁）统一看作是早期教育阶段。皮亚杰所创立的认识发展理论致力于探究儿童智力的起源和动力，即智力的发生，所以又被称为发生认识论（genetic epistemology），他认为人的认识发展

---

① 王寅. 认知语言学 [M]. 上海：上海外语教育出版社，2007: 16-24.

是一个连续的过程，因此需要探索人类智力从何时、如何开始发生的，探索智力发展的内在动力是什么，儿童认知发展的普遍规律又是什么，各种不同水平的认知和思维是如何先后出现的。这些问题也就构成了皮亚杰认知发展理论的主要内容。而语言作为人的思维的重要组成部分，也必然遵循了这样的发展规律，因此要想认识儿童语言的发展，必须首先理解人的认知在本质上是如何发展的。

一、皮亚杰认知发展理论的主要内容

（一）认知发展的起源和过程

皮亚杰认为儿童心理既不是起源于先天的成熟，也不是由后天环境所决定的，儿童心理发展是内因和外因相互作用的结果，因此皮亚杰理论又被称为认知发展的相互作用论。儿童通过自己的动作与环境相互作用，达到适应环境的状态，这也是儿童心理发展的本质原因。皮亚杰运用了图式（schemes）、同化（assimilation）、顺应（accommodation）、平衡（equilibrium）、平衡化（equilibration）和运算（operation）等一系列概念来解释儿童的心理发展过程。[①]

1. 图式

图式是皮亚杰关于个体认知结构的基本概念，他认为人的认知是由图式组成的，图式是动作的结构或组织，这种结构或组织具有概括性的特点，它可以从一种情境迁移到另一种情境之中去。个体认知结构中的图式决定了他对外界刺激所做出的反应。个体的图式具有先天遗传的成分，而后经过与环境的不断相互作用，而逐渐得到丰富和发展，逐渐从简单的图式向复杂的图式发展，进而形成个体独一无二的认知结构。

2. 同化

皮亚杰应用生物学概念"同化"来解释个体的心理发展现象，他认为同化是个体将外界刺激有效地整合于自己已有的图式之中，是个体运用头脑中

[①] 皮亚杰. 发生认识论原理 [M]. 王宪钿，等译. 北京：商务印书馆，1995: 15-70.

的认知结构去吸收新经验的过程。同化的结果就是使个体的认知结构得到加强。儿童拥有的图式越多越复杂，他所能同化的事物范围也就越广。同化并不能促使个体头脑中的图式种类增多。因此，为了更好地适应环境，个体必须使用另一种心理发展的机制，即顺应。

3. 顺应

顺应是与同化相对的一个心理概念，指图式受到它所同化的事物的影响而发生改变的过程，是个体改变原有的图式或建立一个新图式的过程，即改变内部图式以适应现实的过程。顺应包括把原有的图式加以改造，使其可以接纳新的事物；或者创造一个新的图式，以接受新的事物。顺应使个体的图式产生质的变化，促进了认识结构的发展。

而个体与环境相互作用的过程就是个体的认知结构发展，适应客观世界的过程。适应就是同化和顺应之间的不断平衡，也就是个体的认知发展。

4. 平衡化

个体对环境的适应必须依赖同化与顺应两种机制。如果只有同化，个体就无法发现差异化的事物，那么就会导致头脑中的图式单一；同样，如果只有顺应，个体就无法发现事物的相似，这会导致其图式数量多却缺乏概括性和抽象性。而只有当同化与顺应交替发生，并处于一种相对平衡的状态时，个体与环境的相互作用才能达到相对稳定和平衡的状态，但是这种平衡是动态的，是不断发展的平衡—不平衡—平衡的循环过程，这种平衡化的过程就是儿童认知发展的本质过程。

（二）认知发展的阶段

皮亚杰通过临床观察和实验，提出了个体认知发展的阶段论，指出个体的认知发展是连续性和阶段性的统一。所有个体的认知发展都会先后经历四个固定的心理发展阶段，各阶段的顺序无法超越和颠倒，前一个阶段是后一个阶段的基础。虽然发展阶段无法超越，但每个个体的发展速度却有可能不同，因此发展阶段论并非根据年龄划分，而是根据心理发展水平来划分的，个体的心理发展水平与年龄之间存在一定的对应关系，但并非绝对，每个发展阶段都不是突然开始或戛然而止的。

1. 感知运动智力阶段（sensorimotor stage）（出生到两三岁）

这一阶段是儿童智慧的萌芽时期，儿童的认知发展主要表现为：通过先天性的条件反射和不断发展的身体动作与外界环境相互作用，从而获得认知图式上的发展。认知发展依赖于动作和环境之间的相互作用。

2. 前运算智力阶段（preoperational stage）（两三岁到六七岁）

前运算阶段又称具体形象思维阶段。这一阶段最大的特点是儿童的外部动作开始内化，形成心理表象，特别是语言的出现和发展，促使儿童日益频繁地用表象符号来代替或重现外界事物，出现了表象思维（imaginal thought），但是此时的思维仍受外在形象和具体动作的影响。皮亚杰又把该阶段划分为两个小阶段：

（1）前概念阶段（两岁到四岁）

这一阶段是儿童符号象征系统飞速发展的阶段，具体表现就是语言的飞速发展，儿童开始使用符号来代替另一事物，如用木棍表示打针的"针"，用语言"我吃饭了"和吃饭的动作进行假装吃饭的游戏。

（2）具体概念阶段（五岁到六七岁）

这一阶段儿童的抽象思维开始萌芽，但是思维仍然在很大程度上受到事物外部特征的影响，在推理和思维过程上仍具有局限性。

3. 具体运算智力阶段（concrete operational stage）（六七岁到十一二岁）

这一阶段儿童的思维发生巨大的变化，思维开始摆脱自我中心性，儿童能够进行多角度思维和逆向思维，开始能够理解抽象思维问题，并获得了守恒概念。

4. 形式运算智力阶段（formal operational stage）（十一二岁以后）

这一阶段，儿童的思维摆脱了具体事物的束缚，能够进行假设和逻辑推理，例如进行因果分析，能够对脱离现实生活的假设性问题做出推论，能够对外界各类信息进行综合分析。

很显然对于0～6岁的学前儿童来说，他们处于认知发展的感知运动智力和前运算智力阶段，他们的思维依赖于与外界真实事物的互动，通过操作来认识事物，思维具有操作化和形象性的特点。

二、皮亚杰对儿童语言发展的解释

皮亚杰和乔姆斯基的很多观念具有一致性，他们反对传统的元素主义语言观，也反对行为主义将语言简单地看作是个体对刺激的反应的看法。然而皮亚杰和乔姆斯基却存在着不可调和的巨大分歧——对儿童语言到底起源于"先天"还是"后天"的不同看法。[①] 乔姆斯基认为个体具有先天的语言获得机制，而皮亚杰的认知语言理论则认为儿童语言的发展与认知发展存在密切关系，语言本就是认知的一个部分，认知能力的发展决定了语言的发展，语言与认知一样都是儿童与环境相互作用的产物。

（一）语言的发生

在皮亚杰看来，语言是一种高级的符号系统，也是儿童表征思维的产物，例如聋哑儿童表现出的手势语言就是典型的具有象征性的符号，而一般儿童所使用的符号则是集体语言体系。语言的发展依赖于儿童早期与环境的相互作用。

在感知运动智力阶段以前，儿童不具备真正的语言能力，儿童有音节语言的出现是在感知运动智力阶段末期。正是儿童在感知运动智力阶段与外界环境的相互作用，才使儿童具备了形成语言的基本条件，这时期儿童开始具有"单词句"。[②] 在感知运动智力阶段，儿童通过与环境的相互作用，逐渐学会区分自我和他人、动作和客体，并逐渐得知动作与动作结果之间的因果关系，这才使得儿童逐渐学会运用"我""你"等指示代词，学会区分主语，并为使用动词短语和名词短语提供了基础，为双词句的出现铺平了道路。同时这一阶段，儿童通过与外界环境的作用，尤其是通过游戏所获得的动作表征能力，例如，成人和儿童一起玩儿"我要抓住你"的"抓"就是一种动作表征，并非真正的"抓"的动作，又为儿童更高级别的符号表征奠定了表征基础。

早期象征性游戏中最为突出的特征就是儿童学会了替代性地表示事物，这是儿童学会运用图画符号和文字符号来表现事物的基础，是心理语言意识（metalinguistic awareness）和对书面语言本质认识（concept of print）的前提。

[①] 匡芳涛. 儿童语言习得相关理论述评 [J]. 学前教育研究, 2010(5): 44-49.
[②] 皮亚杰, 英海尔德. 儿童心理学 [M]. 吴福元, 译. 北京: 商务印书馆, 1980: 64-65.

婴儿的象征性游戏行为对其语言能力，尤其是书面语言能力具有较强的预测作用。有研究者对月龄34～49个月的12名婴儿进行了为期两年的跟踪研究，结果显示象征性游戏与儿童的文字认知、书写和口语发展均高度相关。[1] 另外在感知运动智力阶段，儿童在早期亲子游戏中会获得一种亲子交流模式，感知人际交往中的"轮流"特征[2]，这也为儿童日后掌握语言交流规则提供了一定的基础。

而恰恰就是在儿童两岁左右，在前运算智力阶段的早期，儿童符号表征能力飞速发展，大量具有辩证意味的假想游戏开始出现，与此同时儿童的语言能力也开始急剧爆发，儿童真正的语言能力开始发展。此外，儿童早期语言表现出的运用某些句法来传递语义的方式，与皮亚杰理论的感知运动智力表现具有内在结构上的一致性，例如婴儿通过扔球能够感知到"扔球"这个词的意思，为其获得双词句和以后更为复杂的句子提供了图式基础。上述表现均反映出儿童语言发展与思维发展的密切关系，语言是儿童思维的一个部分，受到思维发展的影响，同时又与思维发展具有同步性。

（二）语言与思维的关系

皮亚杰按照不同的语言机能将儿童的言语分为自我中心（egocentric）语言和社会化（socialized）语言。自我中心语言就是自言自语，例如，一名儿童自言自语地说："哎？我的小板凳呢？怎么找不到了呢？"自我中心语言是处于前运算阶段儿童自我中心思维的直接证据，儿童这种语言指向内部，不具备社会交往功能，而只是伴随活动和感受说出的话语，是个体在"人际交流中失败的尝试"。社会化语言则与自我中心语言相对，是指向外部的。随着认知发展水平的提高，儿童的自我中心语言会逐渐减少，到具体运算阶段将被社会化语言完全取代。因此，语言的发展是伴随着思维的发展而发展的，同时感知运动智力末期和前运算治理阶段初期正式语言的出现又增强了思维

---

[1] PELLEGRINI A D, GALDA L, DRESDEN J, COX S. A longitudinal study of the predictive relations among symbolic play, linguistic verbs, and early literacy [J]. Research in the teaching of English, 1991, 25(2): 219-235.

[2] STERN D. The goal and structure of mother-infant play [J]. Journal of the American Academy of Child Psychiatry, 1974(13): 402-421.

的广度、加快了思维的速度。语言对思维的促进作用表现在三个方面。

首先，语言加快了思维的速度。

通过语言的叙述和回忆，儿童可以迅速地描述一连串动作，这远比感知运动智力依赖动作和事物来进行描述事物要更为快捷。

其次，语言拓宽了思维的广度。

在语言感知运动智力阶段，儿童与环境的相互作用受到时空的局限，但语言可以超越时空，使思维得到扩展。

最后，语言使思维更具系统性和组织性。

在感知运动智力阶段，儿童的思维必须依赖动作逐步完成，而借助于语言，儿童则可能同时表达一个有组织的结构中的所有要素。

语言对思维的促进作用在聋哑儿童与一般儿童逻辑发展的对比研究中就可以得到印证，研究发现聋哑儿童的逻辑思维、守恒概念发生要比一般儿童延迟一两年。

三、认知发展理论下的语言教育

皮亚杰理论对当代学前教育理论与实践产生了重大和深远的影响。认知发展理论认为儿童的发展是具有阶段性的，而各个阶段又是不可逾越的，因此在语言教育中谋求教育与儿童心理发展阶段的配合就显得尤为重要；同时认知发展理论还重视环境的重要作用，由于儿童认知的发展是个体与环境相互作用的结果，那么环境的丰富和刺激程度就对儿童的语言发展具有重要的意义；认知发展理论还认为语言是从内部语言向外部语言发展的过程，外部语言的发展主要依赖于与他人的对话和交流，因此认知发展语言理论主张在儿童语言教育中需要充分重视人际交往对高级语言发展的作用。认知发展理论对儿童语言教育的主要影响主要包括以下几个方面。

第一，语言教育必须尊重儿童的认知发展规律。

超前以及落后于儿童语言发展规律，包括语言发音、理解和运用规律的教育都是有害的。比如在儿童视知觉水平和精细动作水平未能达到时，成人提早让其识字和写字，或者让其阅读超过儿童理解水平的语言材料都是不利于儿童发展的。由此可以得出结论，目前很多培训机构和家长让儿童死记硬背式学习是非常值得反思和商榷的行为。

在语言材料的选择上，成人应为儿童提供与他们年龄特征和理解水平相当的材料，例如日常生活中的文字、符号以及图画书等。

第二，营造丰富的语言教育环境。

语言教育方式需要适应儿童的学习方式和发展规律。儿童的语言发展是在与外界环境的互动中实现的，因此应尽可能地为儿童创设丰富的语言环境，包括口头语言环境和书面语言环境，也包括日常语言交往和对话、讨论等。

第三，重视儿童与他人的语言交往，通过社会交流促进儿童的语言学习。

儿童外部语言的发展主要依赖于其与他人的对话和交流，因此成人应重视与儿童的语言交往，在日常交往和专门的语言活动中，比如读故事过程中，成人需要与儿童展开对话和讨论，在语言交往的过程中，澄清或拓展儿童的语言经验。

社会建构语言理论

认知语言学专注于对儿童语言发展的内部动力和机制的研究，站在儿童个体角度看待发展，强调了儿童内在的生长动力和线性的发展轨迹。然而随着苏联教育心理学家维果斯基的社会文化建构理论被介绍到世界各地，美国心理学家布朗芬布伦纳（U. Bronfenbrenner，1917—2005）的人类发展生态系统理论的广泛传播，研究领域越来越关注影响儿童发展的"社会"和"文化"背景因素以及"重要他人"对儿童发展的影响。人们对儿童发展的认识从此开始跳出个体视角，站在更为宏观和系统的社会角度，强调儿童发展是以特定文化为基础的动态的社会建构过程。美国加州大学心理学院教授鲁戈夫（Barbara Rogoff）在社会文化理论和系统生态理论基础上，对影响儿童发展的因素做出整合，指出儿童发展是一种合作过程，是在与成人、同伴共同参与社会活动过程中所获得的一种未来生活能力，特别强调了"同伴合作"方式和"社会实践"过程对个体发展的意义。[1] 在语言发展中,人们开始关注语言是作为一种社会现象而存在的,语言的功能在于融入社会,语言是在与他人、与社会、与文化互动的过程中建构起来的,是社会互动的结果。

一、社会建构语言理论基本观点

社会建构语言理论的主要代表人物是美国哲学家纳尔逊·古德曼(Nelson Goodman,1906—1998),1984年古德曼出版了专著 Of Mind and Other Matters,并形成了社会建构语言理论的基本思想[2],他挑战传统的语言学理论,指出并不存在独立于语言和人类思维活动之外的"真实"世界(natural world)。"世界"是由大脑通过语言等符号系统的象征性活动而建构的产物,是"构造的世界(social world)"。该理论主要致力于回答语言的社会功能,以及语言意义的生成过程。社会建构语言理论认为语言意义具有模糊性和不确定性,语言是使用者在与他人的交往中,主动地去进行选择和诠释的意义结果。例如,在教育中,教育者常常会要求儿童讲述文章大意,然而在不同的社会背景下和文化背景下,不同的学习者很可能对文本的含义产生不同的解读。

在这一理论之下,社会性成为了语言的重要本质,意义建构是一种与他人互动的社会行为。意义是大家都认可和接受的东西,意义既不存在于现实中,也不存在于头脑里,而是存在于辩论和协商的行为中,意义是人类认知的共享。[3] 社会建构语言理论是基于对传统语言研究中的科学主义和本质主义而提出的,并非唯心主义,主要是从语言层面上凸显个体对世界的理解,主张对世界的理解和把握必须面向语用交流、对话与实践,只有这样才能够实现对世界的认识。[4] 虽然社会建构语言理论认为语言无法被"教会",而只能由儿童自己去探索和建构出来,但与单纯的"解构"不同,社会建构语言理

---

[1] ROGOFF B. Observing sociocultural activity on three planes: participatory appropriation, guided participation, apprenticeship [A]. In WERTSCH J W, ALVAREZ A, RIO P D. eds. Sociocultural studies of mind [M], Cambridge UK: Cambridge University Press.1995. http://people.ucsc.edu/~gwells/Files/Courses_Folder/documents/Rogoff.Part-Appr.pdf

[2] GOODMAN N. Of mind and other matters [M]. Cambridge, Mass: Harvard University Press, 1984.

[3] 成晓光.社会建构主义的语言哲学基础 [J].外语与外语教学,2005(1): 3-7.

[4] 刘伟伟.古德曼"构造世界"的语境认知 [J].自然辩证法研究,2015, 31(7): 15-19.

论强调语言意义的"协商"和"共享",强调儿童语言的学习和发展必须经由社会背景下的人际合作活动实现。该理论区别于其他语言理论的主要观点在于:

- 认为语言的首要功能是交流而不是表征,语言是社会现象;
- 语言的意义产生于社会背景下的真实互动过程,互动既包括人与社会的互动,也包括人与人之间的互动;
- 语言意义是人际互动中集体协商的结果,是被大家共同接受的结果;
- 只有与真实的世界产生关联时,语言才能具有意义;
- 语言的意义具有一定社会性和文化性,是文化约定的结果;
- 语言的意义会随着社会发展和人际交往的变化而发生变化。

二、社会建构语言理论下的语言教育

与传统语言发展理论相比,社会建构语言理论是革命性的。它将语言研究从语言本身,彻底地转向了意义建构上,关注意义建构的主体以及社会成员之间的互动,强调语言与真实生活的微妙关系。

首先,这一理论下的语言学习方式发生了重大改变。

语言是个体在自己经验基础之上的"创造",因此个体在其中发挥着关键性的作用,语言教育和语言学习应成为个体主动"发现"或"创造"意义的过程。

其次,倡导在社会情境下进行语言建构。

语言是人类的共享认知,只有实现共享功能时,语言学习和语言教育才具有意义。因此语言教育应在具有真实有意义的社会情境下展开,通过儿童与社会成员(如成人和同伴)在真实社会任务中的互动来完成。

最后,语言学习需要与儿童的真实生活进行联系。

该理论认为只有与真实的世界产生关联,儿童才会获得语言意义,因此在儿童语言教育和语言学习中,成人需要重视儿童语言学习与生活的紧密联系,将二者有机地结合起来。

第三节

儿童语言教育的思想演进

　　教一个男孩儿如何洗脖子，并不能保证他的脖子是干净的，尽管他懂得如何使用毛巾和肥皂。大家忽略的要点是动机，他知道如何洗脖子，但他并不想洗。直到男孩儿有一天遇到心上人，他的脖子才会干干净净——由此可知，知识与动机必须相互作用。

——吉姆·崔利斯（Jim Trelease），美国阅读研究专家

　　心理语言学对语言学习的主要解释，涵盖了两个大类：将语言看作是"文字—语音的符号反应"和将语言看作是"文字—意义的语义获得"。前者受到以布龙菲尔德（Bloomfield，1887—1949）为代表的结构主义语言学流派影响，将书面文字和符号被翻译成声音的过程等同于语言学习。布龙菲尔德受到行为主义心理学影响，从反对欧洲经验主义哲学的立场出发，强调对语言进行"科学研究"，将语言看作是刺激—反应，阅读则是个体看到视觉符号后读出声音的过程。后者则是受到美国的语言教育家古德曼（Kenneth Goodman）的影响，倾向于将语言学习过程看作是一种语言建构游戏，是读者运用已有的知识经验，学会使用足够的线索去读懂意义。古德曼在其1965年的一项研究①中发现，在有意义的文本阅读中，儿童更容易理解词汇，他由此思考文本背景对儿童识字的意义，并在此基础上提出了语言理解和流畅阅读的基本理论假

---

① GOODMAN K S. A linguistic study of cues and miscues in reading [J]. Elementary English.1965, 42(6): 639-643.

设①，指出无论从生理能力还是必要性上来看，个体在阅读理解中都无须准确地读出每个词，他在文章中以句子"The cow boy rode a ＿＿＿＿."为例来进行说明，指出读者在具备相关知识时就会根据句义进行预测，并且只需要看到单词的首字母 h 就能够准确地读出且读懂，理解牛仔骑的是 horse（马）而不是 pony（小马）。而这一思想正是日后风靡美国和全世界的全语言教育的基础。前者更关注词语识别，而后者更关注意义建构。也就是说成熟的阅读者一定是识字者，因为他必须能够对文字进行识别和解码；而识字者却未必是阅读者，因为即便他认识所有的字，却很可能无法读懂文章的意思。

世界语言教育的发展趋势

受传统行为主义心理学思潮影响，人们将语言看作是书面语言刺激与反应（读出文字）之间的联结，因此自然拼读教学法（也称拼音教学法）一直在美国阅读教育中占据着主流地位。自然拼读强调对语言元素的掌握，将对语言最小部分的自动解码看作理解文本的前提，因此在长期的语言教育中，成人都极为关注儿童的发音、文字—声音匹配、音素组合等基础能力，将语言教育的重点放在了识字上。这一观念对世界范围内的语言教育产生了深刻的影响，并在相当长的一段时间内占据了统治地位，时至今日，仍然有不少追随者。然而，正如美国著名的语言教育研究专家吉姆·崔利斯在《朗读手册》中所说的："教一个男孩儿如何洗脖子，并不能保证他的脖子是干净的，尽管他懂得如何使用毛巾和肥皂。大家忽略的要点是动机，他知道如何洗脖子，但他并不想洗。直到男孩儿有一天遇到心上人，他的脖子才会干干净净——由此可知，知识与动机必须相互作用。"而"发音练习不会产生动机"②，毛巾和肥皂就像语言中的各个语言要素，单纯对语言要素的教育无法使儿童真正学会语言。

直至二十世纪六七十年代，受到进步主义教育思潮和认知发展语言理论、

---

① GOODMAN K S. A psycholinguistic guessing game [J]. Journal of the reading specialist. 1967, 6(1), 126-135.
② 吉姆. 朗读手册 [M]. 沙永珍，麦奇美，麦倩宜，译. 天津：天津教育出版社，2006: 25、26.

社会建构理论的影响，古德曼教授开始倡导全语言教育观念，人们开始反思自然拼读教育的弊端，认为这种语言教育观念不仅忽视了儿童作为学习者的主动性和主体地位，同时还将语言分割成为语音、字母、词汇、语法等结构碎片，不利于儿童完整地把握和理解语言。语言的各个要素是一个整体，语言学习应从整体到局部，学习者应使用完整的语言材料，在上下文和语境中获得语言技能。[①] 这里开始强调语言学习的本质特征应表现为婴幼儿在真实的生活情境中为了真实生活的目的而与书面语言进行互动和主动建构意义的过程。[②] 全语言教育经过近20年的发展，在20世纪80年代后逐步成为了美国语言教育的主流思想。但随着时间的推移和研究者们对其科学性探讨的日益深入，一些研究发现全语言教育的优势是有条件的。[③]

- 全语言教育在幼儿阶段的效果极为明显，但在入学之后，全语言教育对儿童语言能力的促进作用并不明显。
- 全语言教育并非适用于所有儿童，全语言教育方式更适合语言具有优势的儿童，而对社会经济地位较低和学业成绩较差的学生并不产生积极效果。

此外，全语言教育观念在标准化的读写测试中暴露出了巨大弊端。1992年和1995年，全面实施全语言教育的美国加州在两次标准化读写测验中排名跌至末尾。1996年加州政府全面放弃全语言教育思想，传统的自然拼读教育又开始占据上风。

虽然全语言教育遭遇了发展瓶颈，但是它对传统的语言教育形成了重要的影响，推动了语言教育研究的进展，人们开始对语言教育的本质和核心要素进行反思，并在此基础上试图寻求自然拼读和全语言教育的平衡。从20世纪90年代末开始，美国开始投入大量财力、人力，从国家层面开展大范围的读写教育研究。2000年，美国公共健康与社会福利部（US Department of Health and Human Services）下设的美国阅读指导委员会（NRP）发表了研究

---

① PARETTE H P, HOURCADE J, DINELLI J M. Using clicker 5 to enhance emergent literacy in young learners [J]. Early childhood education journal, 2009, 36(4): 355-363.

② GOODMAN K. What's whole in whole language! [M] Portsmouth, NH: Heinemann.1986: 40.

③ PRESSLEY M. Reading instruction that works: the case for balanced teaching [M]. 2nd ed. NY: The Guilford Press, 2002.

报告[1]，该报告认为儿童阅读和语言表现主要体现为文字知识、语言流畅性和阅读理解，并根据时代特点特别提出了电子阅读能力。

　　1. 文字知识（Alphabetics）
　　　（1）音素意识（Phonemic Awareness）
　　　（2）自然拼读（Phonics）
　　2. 语言流畅程度（Oral Reading Fluency）
　　3. 阅读理解（Comprehension）
　　　（1）单词理解（Vocabulary）
　　　（2）段落理解（Text Comprehension）
　　4. 电子阅读（Computer Technology and Reading）

　　美国早期阅读委员会（NELP），就预防儿童早期读写困难等一系列与儿童语言发展相关的问题进行了研究，并在2008年发布报告，提出要让0～8岁儿童通过阅读从印刷材料中获得意义，让儿童有机会理解拼写—语音关系，掌握字母文字的书写方法，知道文字的本质意义，理解口语单词的结构。[2] 从上述认识上的变化中，我们可以看出近年来以美国为代表的发达国家在语言教育领域开始谋求"自然拼读"和"全语言"的融合，并将语言教育和阅读紧密地结合起来，既强调儿童在阅读中主动的意义建构，关注语言的本质，同时也强调拼写—语音间的对应关系以及单词对儿童阅读的重要贡献。

　　美国儿童语言教育领域的研究和变化以及语言理论的发展和交融，对世界范围内儿童语言教育产生了巨大的影响。人们从关注"拼音和识字"中逐渐摆脱出来，开始强调语言学习的真实目的，指出语言发展应植根于儿童的真实生活，成为有意义的活动。受到美国读写障碍研究的影响，当前美国主流的语言教育中相对更为具体地强调了对"文字本质""拼写—读音关系"和"词汇构成"等基本语法结构等问题的关注，但总体而言，世界范围内的语言

---

[1] National Reading Panel.Teaching children to read: an evidence-based assessment of the scientific research literature on reading and its implications for reading instruction [EB/OL]. https://www.nichd.nih.gov/publications/pubs/nrp/Documents/report.pdf.

[2] National Early Literacy Panel. Developing early literacy: executive summary of the national early literacy panel [EB/OL]. https://www.nichd.nih.gov/publications/pubs/Documents/NELPSummary.pdf.

教育都趋向于对"语言要素""语言理解"和"语言运用"三项语言发展关键因素的共同关注。

我国儿童语言教育观念的演变

我国儿童语言教育观念也与世界儿童语言教育经历了类似的发展阶段。新中国成立后，语言一直是我国幼儿园教育中的重要学科和内容。在1993年出版的《学前儿童语言教育》一书中，我国老一辈幼儿语言教育研究者对幼儿语言教育的发展历程进行了回顾和总结，认为学前儿童语言教育经历了"在认识中发展语言"到"专门的语言学习"再到"在社会交往中建构交往能力"的过程①，也就是从结构主义向建构主义过渡，从单纯语言学习向重视语言的社会功能演变的语言教育价值观念。进入21世纪以来，随着我国儿童心理发展研究和儿童教育研究的进展，儿童语言教育观念又发生了新的变化。这些变化主要反映在新中国成立后，我国学前教育的一系列教学纲领性文件之中。

一、1952年《幼儿园暂行教学纲要》

1952年7月，我国教育部首次颁布了《幼儿园暂行教学纲要》(以下简称《教学纲要》)，成为新中国第一个幼儿园教学的指导性文件。《教学纲要》首次提出语言科目，并在"幼儿园和幼儿教育的条件"中指出："有计划地以语言教学等来发展幼儿正确地初步运用语言的能力。例如：注意幼儿语言的内容，领导他们清楚地发音、造句，矫正错误；注意矫治个别幼儿语言器官上的缺陷。"在幼儿教育原则中也进一步明确儿童语言学习的方式："通过谈话、讲故事、各项作业和日常生活等各种活动，训练幼儿说话，发音正确，口齿清楚，喜欢并大胆发表。教师必须随时注意增加语汇，纠正缺点。同时教师自己的说话也必须注意清楚明确，以免影响幼儿。"幼儿园语言教育的目标确定为：

- 培养幼儿运用语言的能力和大胆发言的习惯，并注意其口齿清楚，发音正确；

---

① 赵寄石,楼必胜.学前儿童语言教育[M].北京：人民教育出版社,1993: 21.

- 培养幼儿运用新词句的习惯，以丰富词汇，发展想象力、思考力以及表达能力；
- 培养儿童爱好文学的兴趣，诚实、勇敢以及五爱等优良品质。①

可见这一时期，我国儿童语言教育基本将语言定位于儿童语音、词汇、语句等语言构成要素，重视儿童对字、词、句和发音的掌握，但同时也重视语言学习的兴趣，语言运用、想象、思考和表达能力。《教学纲要》还针对当时盛行的识字教学特别指出："幼儿园幼儿因为思想意识尚未成熟，假若过早地识字，很容易影响幼儿，使他们喜欢安静地钻到读、写的门里去，不喜欢活动，也就容易妨害幼儿的'全面发展'，特别会影响到幼儿的健康。幼儿园以不进行识字教学为原则，但大班的幼儿，由于语言发展的自然要求，从实际中随机地认识一些字，例如自己的名字、用品的名称、幼儿园的园名等，是不妨的。"但由于试验证明在幼儿园大班中，儿童不但可以学会汉语拼音，并且能利用拼音字母学会汉字。因此1960年教育部、全国妇联颁布《关于在幼儿园教学汉语拼音、汉字和算术的通知》，否定了《教学纲要》中关于不识字的规定，并提出"凡是有条件的幼儿园，应该尽可能进行汉语拼音、识字、算术等教学"②，自此，拼音教学开始兴起，并成为了儿童语言教学的主要方式。与此同时，该纲要强调了语言教育对儿童优良品质培养的重要作用，使这一阶段儿童语言教育具有了浓重的爱国主义、集体主义和道德教育色彩，语言教育成为了思想品德教育的重要工具。语言教育呈现出以学科为中心，忽略儿童学习主体地位的基本特征。

二、1981年《幼儿园教育纲要》

伴随着改革开放、社会发展和人们对早期教育认识的加深，教育部于1981年制定并颁布了《幼儿园教育纲要（试行草案）》③（以下简称《教育纲

---

① 中国学前教育研究会. 中华人民共和国幼儿教育重要文献汇编 [M]. 北京：北京师范大学出版社，1999: 567-593.
② 中国学前教育研究会. 中华人民共和国幼儿教育重要文献汇编 [M]. 北京：北京师范大学出版社，1999: 112-113.
③ 教育部普教二司幼教处. 教育部制订的《幼儿园教育纲要（试行草案）》颁发全国试行 [J]. 人民教育，1981(12): 11.

要》)。《教育纲要》首先基于对儿童语言发展规律和特点的基本认识,指出:"幼儿时期是语言迅速发展时期。三四岁的幼儿能够掌握基本语言,随着知识经验的丰富,词汇量日益增多,词汇中实词多(其中以名词、动词最多),虚词少。语句以简单句为主,复合句少。在正确教育下,随着句子的形式和语法结构的掌握,五六岁幼儿连贯性口头语言的表达能力有较大的提高。但是,由于他们的知识和经验不够丰富,认识水平有限,掌握的词汇量不够多,对词义的理解不够准确,不能确切地表达自己的思想,口语中往往出现不少语病。"① 并据此对幼儿语言教育的目标进行了重新修订,提出了三条具体目标:

- 培养幼儿发音清楚、正确,学说普通话;
- 丰富幼儿的词汇,发展幼儿的思维和口头语言表达能力;
- 初步培养幼儿对文学作品的兴趣。

该纲要分别从语音、词汇、日常语言交往、连贯表达、文学作品学习、阅读图书和听广播六个方面分别针对小、中、大班儿童的具体年龄特点,提出了内容和要求。② 例如对小班幼儿提出以下要求:

- 听懂和学说普通话。学习正确发音,培养他们逐步正确发出感到困难和容易发错的音;
- 丰富词汇,学习运用能理解的常用词,主要是名词、动词、人称代词和形容词等;
- 学会听成人和同伴讲话,愿意和别人交谈,能用简短的语言表达自己的请求和愿望;
- 逐步学会用简单句讲出图片的主要内容;
- 喜欢听老师讲述故事和朗诵儿歌。初步懂得作品的主要内容,记住八至十首儿歌。在老师的帮助下,学习复述一两个简短的故事。

《教育纲要》对《教学纲要》进行了继承和完善,一方面继承了其中对语言要素,如语音、字词的重视,并根据语言研究的成果对具体的词汇或词汇类型进行了明确;同时也关注到儿童的语言运用和口语表达能力,让儿童能

---

① 中国学前教育研究会.中华人民共和国幼儿教育重要文献汇编[M].北京:北京师范大学出版社,1999: 170.
② 楼必生.我国幼儿语言教育纲要的变革与评述[J].学前教育研究,1995(2): 23-25.

够学会使用语言表达自己的请求和愿望。《教育纲要》还强调了普通话学习的重要意义，并试图扭转长期影响占据统治地位的识字教学和道德训诫工具式的语言教育倾向。然而在实际教学中，关注普通话教学就必然导致教师关注并强调字词的发音，因而在教学实践中拼音教学、识字教学的地位并未受到撼动。

三、2001年《幼儿园教育指导纲要（试行）》

为进一步贯彻第三次全国教育工作会议和全国基础教育工作会议提出的"以全面实施素质教育为核心，提高基础教育的质量和水平"的精神，推进幼儿园实施素质教育，提高幼儿园教育质量，教育部颁布了《幼儿园教育指导纲要（试行）》(以下简称《纲要》)。《纲要》首次提出了幼儿教育和终身教育之间的关系，指出"幼儿园教育是基础教育的重要组成部分，是我国学校教育和终身教育的奠基阶段"，并提出"尊重幼儿身心发展的规律和学习特点，以游戏为基本活动，保教并重，关注个别差异，促进每个幼儿富有个性的发展"的基本原则，这就使得《纲要》从理念上脱离了学科思维，从以学科和知识为中心转向了以儿童为中心，重视活动形式和活动内容对儿童发展的影响，强调生活化、社会化以及整合和渗透的语言教育。《纲要》首次从儿童经验和能力的角度，而不是教师教学的角度提出了语言教育的目标：

- 乐意与人谈话，讲话礼貌；
- 注意倾听对方讲话，能理解日常用语；
- 能清楚地说出自己想说的事；
- 喜欢听故事、看图书；
- 能听懂和会说普通话。

《纲要》同时对语言教育的"内容与要求"进行了较为细致的规定：

- 创造一个自由、宽松的语言交往环境，支持、鼓励、吸引幼儿与教师、同伴或其他人交谈，体验语言交流的乐趣，学习使用适当的、礼貌的语言交往；
- 养成幼儿注意倾听的习惯，发展其语言理解能力；
- 鼓励幼儿大胆、清楚地表达自己的想法和感受，尝试说明、描述简单的事物或过程，发展幼儿的语言表达能力和思维能力；
- 引导幼儿接触优秀的儿童文学作品，使之感受语言的丰富和优美，并通过多种活动帮助幼儿加深对作品的体验和理解；
- 培养幼儿对生活中常见的简单标记和文字符号的兴趣；
- 利用图书、绘画和其他多种方式，引发幼儿对书籍、阅读和书写的兴趣，培养前阅读和前书写技能；
- 提供普通话的语言环境，帮助幼儿熟悉、听懂并学说普通话，少数民族地区还应帮助幼儿学习本民族语言。

《纲要》中的语言教育观发生了根本性的改变，从传统重视语言元素的教育，发展成为重视语言理解和语言应用的教育。《纲要》还拓展了语言教育的内涵，在语言表达的基础上指明了语言表达的多种类型，提出应让幼儿"尝试说明、描述简单的事物或过程"，首次提出营造语言环境，尤其是宽松的心理环境的重要意义。《纲要》还对语言教育材料进行了较为具体的描述，它不仅包括"优秀的儿童文学作品"，还包括"图书、绘画、生活中的简单标记和文字符号"。此外，《纲要》还首次在幼儿语言教育中提出"前阅读""前书写"技能的概念，将幼儿语言教育与中小学的语言教育进行了明确的区分，彻底转变了传统幼儿园教学中的"拼音"和"识字"语言观。

然而罗马并非一日建成。我国语言教育观念的转变主要发生于20世纪90年代，此前识字和拼音教学在我国幼儿语言教育中长期占据主导地位，即便当下仍对儿童语言教育发挥着重要影响。以"儿童语言"为关键词搜索进入当当、亚马逊、淘宝等网络图书商城，首先映入眼帘的仍是大量以"拼音""识字"为内容的儿童图书和练习册。因而，扭转狭隘的语言教育观念，提倡通过早期阅读及日常生活中的活动进行语言教育，让儿童在自然而然的条件下，在真实的生活情境中建构对日常语言的理解和运用能力，促进儿童的思维发展和终身学习能力的发展，仍是当前儿童语言教育中的重要任务。

第四节

儿童语言发展领域的核心经验

对语言美的敏感,是促使孩子精神世界高尚的巨大力量。这种敏感性,是人类文明的源泉所在。

——苏霍姆林斯基(Василий Александрович Сухомлинский),苏联教育家

核心经验的研究与发展背景

随着心理学理论和教育学理论研究的深化和推进,"成人是儿童发展的重要引领者"已经是毋庸置疑的事实。然而成人到底该如何引领和促进儿童的发展,也就是如何进行教育却一直是困扰教育学研究的重要难题。人们在教育实践中发现,有丰富教育策略的教师教育效果并非就一定好,学科知识水平高的教育者教育效果也无法绝对保证。为此,教育学领域中提出以提高教育实践水平为目标的理论与实践研究,具体到儿童语言发展,就是探索到底哪些因素影响了教育者的语言教育水平。斯坦福大学舒尔曼(Lee S. Shulman)教授关于教师专业知识的研究成为影响世界各国教育发展的重要里程碑,舒尔曼指出教师专业知识影响着教育的水平和效果,而教师专业知识又有独特的构成部分,正是这些成分之间的互动影响着教育的水平。

1983年,舒尔曼教授指出在美国教育研究中存在着一个"缺失的范式"。在奥斯汀大学的演讲中,舒尔曼把这种"缺失的范式"形象地说成"学科内容知识与教育学之间缺少的互动"[1]。舒尔曼强调教师需要掌握的专业知识包括

---

[1] 马敏. PCK论——中美科学教师学科教学知识比较研究[D]. 上海:华东师范大学,2012.

两个方面：一是学科知识，即有关教师所教授学科的知识与技能；二是把学科知识转化为学生能够理解的学科教学知识（Pedagogical Content Knowledge，简称PCK）。1986年舒尔曼在Those who understand：Knowledge growth in teaching一文中详细地将"教师头脑中的知识"分为三种：一是学科内容知识（Subject Matter Knowledge，简称SMK），即当前所强调的学科领域的核心经验；二是学科教学知识，它高于学科内容知识本身，是学科内容知识与教育专业知识的混合物；三是课程知识（Curriculum Knowledge，简称CK），指为教某一学科或特定水平的主题而设计的一些活动、与活动相关的多种教学材料、使用课程或活动资料的指导说明等。[1] 随后，舒尔曼又于1987年提出了构成教学知识基础的七类知识：（1）学科内容知识；（2）一般教学法知识（General Pedagogical Knowledge），指超过学科内容之外的关于课堂组织与管理的主要原则和策略；（3）课程知识，指掌握适用于教师作为"职业工具"的材料和程序；（4）学科教学知识，指学科内容知识与教育专业知识的混合物；（5）关于学生及其特征的知识（Knowledge of Learners and Their Characteristics）；（6）教育情境知识（Knowledge of Educational Context），包括班级或小组的运转、学区的管理和财政状况，以及社区和文化特点；（7）教育目的知识（Knowledge of Educational Goals and Objectives），指教育目标、价值以及它们的哲学和历史背景。随着研究的不断深入，舒尔曼对学科教学知识构成要素的认识也逐渐加深，而毋庸置疑的是他也日益认识到学科内容知识是构成学科教学知识的重要基础，它决定着成人以何种方式向儿童呈现知识。[2] 而相关研究也证实学科内容知识是教育者专业知识的核心要素，影响着教学的质量和水平。[3] 各学科领域具有相对的独立性，因此关于各领域关

---

[1] SHULMAN L S. Those who understand: knowledge growth in teaching [J]. Educational researcher, 1986, 15(1): 4-14.

[2] GARBETT D. Science education in early childhood teacher education: putting forward a case to enhance student teachers' confidence and competence [J]. Research in science education, 2003 (33): 467-481.

[3] JÜTTNER M, BOONE W, PARK S, et al. Development and use of a test instrument to measure biology teachers' content knowledge (CK) and pedagogical content knowledge (PCK) [J]. Educational assessment, evaluation and accountability, 2013, 25(1): 45-67.

键经验（Key Experience）的研究开始兴起，美国儿童教育的高瞻课程（High Scope Curriculum）提出了对儿童各领域发展具有关键作用的经验，并将之命名为"核心经验"，核心经验选取的作用就在于可以帮助儿童在主动获取这些关键经验的过程中获得发展。① 近年来美国埃里克森儿童发展研究院（Erikson Institute）和北京师范大学、华东师范大学学前教育的研究团队，对学前儿童各领域的关键经验进行了研究与总结，而这些相关研究也对我国学前儿童语言教育理论与实践产生了重要影响。

儿童语言领域的核心经验及其价值

华东师范大学周兢教授和中华女子学院余珍有教授率先开展了幼儿语言领域核心经验的研究，进行了本土化的理论探索和实践尝试。学前儿童语言领域核心经验包含对口头语言、书面语言和文学语言三方面语言的学习与运用。

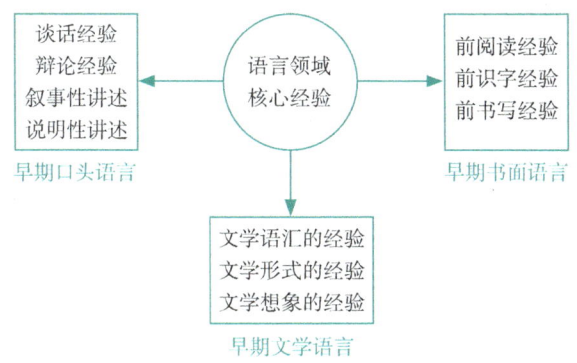

图 2-1　幼儿语言学习与发展核心经验框架 ②

核心经验是儿童各领域发展的基础，因此成人对儿童语言发展核心经验的认识程度，直接影响着他们的语言教育行为，决定着成人能否为儿童选择适宜的语言学习内容，使用恰当的教育方法，进而影响儿童语言的发展。从

---

① PALENZUELA S M. Measuring pre-kindergarten teacher's perceptions: compliance with the high scope program [J]. Journal of research in childhood education, 2004, 18(4): 321-333.
② 周兢. 学前儿童语言学习与发展核心经验 [M]. 南京：南京师范大学出版社, 2015: 13.

这一意义上来讲，成人认识儿童语言发展的核心经验，是开展儿童语言教育的前提，可以有效地避免语言教育的随意性和盲目性，提高教育的有效性。

首先，了解儿童语言发展的核心经验，有利于成人摆脱语言教育中的不均衡现象。

长期以来，受到传统语言教育观念的影响，识字、学词和句型学习一直在我国儿童的语言教育中发挥着强大的影响力，即便在现今的幼儿园语言教育中，教师仍然会常常将一个文学作品欣赏活动的主要目标设定为掌握某个作品中反复出现的句型，而忽视文学作品学习对儿童语言发展的本质意义。在语言教育中强调字、词、句过多，而对叙事结构、谈话、辩论、说明性讲述以及文学经验的关注不足。

其次，掌握儿童语言发展的核心经验，可以帮助成人选择教育素材、内容和形式。

在促进儿童语言发展的过程中，由于缺乏相应的"教材"或"大纲"，家长和教师往往在语言学习材料的选择上较多地依赖个人经验进行判断，根据自己的猜测去判断"适合"或"不适合"儿童。语言教育材料的选择随意较大，缺乏系统性和科学根据。而了解并掌握儿童语言发展的三方面核心经验，可以在一定程度上帮助成人选择教育素材、内容，并确定教育形式。例如，通过谈话活动和讨论活动形式发展儿童的谈话、辩论等关键经验，或者在文学作品的学习中向儿童渗透相应的经验。同时，成人应在材料选择上关照儿童的前阅读、前识字、前书写、说明性讲述经验，并培养其了解不同文学形式，发展其文学语汇和文学想象等经验。

最后，以儿童语言发展的核心经验为中心，有利于促进儿童发展。

儿童语言发展的核心经验是人在儿童期所应获得的最重要的经验之一，这些经验的掌握情况直接影响并决定着儿童未来在语言领域的发展。因此了解儿童语言发展的核心经验，有利于摆脱以成人为中心的语言教育状态，使语言教育始终围绕"语言经验"和"儿童发展"两大主题，并寻求二者的和谐，以更有效地促进儿童语言发展。

本章小结

儿童语言发展是一个具有相对阶段性的连续发展过程。在生命的最初一年，儿童通过多样化的发声表达，逐渐开始说出母语，并能够有意识地进行交流。到两岁左右，绝大多数儿童都开始运用语言与外界进行沟通。儿童早期语言的发展可以相对地划分为语言准备期（0～1岁）、口语萌芽期（1～2岁）、口语掌握期（2～3岁），此后儿童开始逐步掌握较为复杂的语法，开始从学习简单句向复合句发展。环境中语言刺激的数量和质量以及儿童自身的语言学习动机和知识经验基础都对儿童语言发展有至关重要的影响作用。除此以外，生物因素对儿童语言发展也具有制约作用，儿童很早就能够理解成人语言系统所表达的意思，但是受到生理因素的制约，他们的表达往往落后于理解。另外，由于儿童语言发展能力惊人，人们提出了关于语言发展"关键期"的假说，但直至今日，这一假说并未得到完全有力的证据支持，人类对于儿童语言发展机制的探寻也因此从未停止。

不同理论研究者基于不同的理论视角，都试图探寻儿童语言发展的内在规律和动力。1957年乔姆斯基的《句法结构》一书出版，该书提出了语言获得机制、语言能力和普遍语法的概念，将语言学的研究重点从语言形式转向语言能力，成为语言学领域中哥白尼式的革命。韩礼德所倡导的系统功能语言学则从社会学的角度研究语言的发生与发展，探讨的重点在于儿童如何在社会环境中，通过社会人际交往发展出语言意义，如何学会运用语言。该理论指出语言的社会交往功能是儿童语言发生与发展的根本动力。皮亚杰的认知语言理论认为儿童语言的发展与认知发展存在密切关系，语言是一种高级的符号系统，是儿童表征思维的产物。语言的获得也必须遵从认知发展的规律，在儿童与环境相互作用的过程中产生和发展，认知能力的发展决定语言的发展，语言与认知一样都是儿童与环境相互作用的产物。纳尔逊·古德曼所创立的社会建构语言理论则主要致力于解释语言的社会功能和语言意义的产生过程。在古德曼看来，语言是使用者在与他人的交往中，主动地去进行选择和诠释意义的结果，语言是构造世界的符号系统，只有与真实的世界产生关联时，语言才能具有意义。

这些理论分别从不同的角度对语言及语言的功能进行了阐释，无论侧重的角度如何，基本上都反映出对语言符号系统的关注和对意义建构的关注，或者在二者之间寻求平衡的价值倾向。因此世界范围内的语言教育发展，都经历了从关注语言要素向关注语言意义建构，再到寻求语言要素与意义生成二者和谐发展的几个阶段，强调在真实的生活情境中支持儿童获得包括字、词、句在内的基本语言知识，建构儿童的语言理解和运用能力。

儿童语言的发展是在社会互动的过程中实现的，而教育正是最为重要的社会互动形式。为了确保对儿童语言知识、语言理解和语言运用的有效支持，教育研究领域开始关注儿童语言领域的核心经验。儿童语言领域的核心经验主要包括对口头语言、书面语言和文学语言三方面学习与运用的语言经验。核心经验是儿童语言发展的关键内容和基础，成人对儿童语言发展核心经验的认知和理解，直接影响着成人的语言教育行为和效果。

第三章

早期阅读促进儿童语言发展的途径

第一节

早期阅读是儿童语言教育的重要途径

> 幼儿读文学作品，不只是了解其内容，而且欣赏其语言艺术。
> ——鲁兵，中国儿童文学作家

早期阅读与儿童语言教育的关系

早期阅读是通过以儿童为主体的阅读活动，帮助儿童掌握语言基本知识和技能，提高阅读理解能力，进而提升语文素养，服务其终身学习与发展的活动。一切能够促进儿童阅读和读写能力提升的活动都是早期阅读活动。语言教育则是成人通过真实生活中有意义的语言活动，帮助儿童掌握语言要素，建构语言理解，形成语言运用能力的教育活动。当前儿童语言教育的一项重要任务就是摆脱狭隘的语言教育观念，提倡通过早期阅读及日常生活中的活动进行语言教育，让儿童在自然而然的条件下，在真实、有意义的情境中提升语言理解和语言运用能力，促进儿童的思维发展和终身学习能力的提高。由此可以看出，早期阅读与语言教育虽并不完全相同，但二者在内容上具有内在的一致性，二者都服务于儿童的终身发展。

首先，早期阅读和儿童语言教育都强调对语言构成要素的认识，这是儿童理解语言和进行表达的前提和基础。但是早期阅读并不仅仅限于对语言构成要素的阅读，还表现为阅读的流畅性和认识语言的本质，即理解语音、文字和意义之间的对应关系，建立对文字符号本质的认识。因此，早期阅读虽然不主张识字，但却可以为儿童在自然条件下的识字奠定基础，例如，早期阅读活动会诱发儿童表现出"假装读字"的"前识字"状态。

其次，早期阅读和儿童语言教育都强调语词理解和篇章理解的重要性。但早期阅读主要是对书面材料的阅读，因而更多指向对书面语言的理解，而语言教育则包括对口头语言和书面语言两个方面的理解，而且口头语言还包括语调、身体语言等其他语言形式。

再次，儿童语言教育对语言运用能力具有明确的要求，包括口头运用语词、句子等，也包括"前书写"，即文字、符号的书面运用。早期阅读的要求虽然并未强调语言运用，但语言教育倡导语用能力，就是将早期阅读以及其他语言活动中所获得的语言经验运用于儿童实际生活。因此早期阅读是服务于语言教育的。

最后，儿童语言教育的内容和目标更多地忠诚于儿童语言基本知识和技能的发展。早期阅读则由于阅读素材多样，所涵盖的内容十分广泛，因而更有利于为儿童提供多方面的经验，不仅为儿童的语言理解奠定经验基础，而且可以使儿童"言之有物"，从而真正促进儿童语文素养的提升。

因此，早期阅读成为儿童语言教育的途径具有前提基础。语言教育则应实现"阅读"与"运用"之间的转换，为儿童提供各种机会和环境，使儿童能够将早期阅读中所获得的语言经验运用于日常生活。

早期阅读和儿童语言教育的内涵比较

早期阅读	儿童语言教育
1.语言知识和技能 （1）语音和语感、词汇、语法、句子等 （2）流畅阅读 （3）文字/符号意识：语音—文字—意义的对应关系	1.语言要素 （1）语音和语感、词汇、语法、句子等
2.阅读理解 （1）书面语言（文字和符号） （2）词汇理解 （3）篇章理解	2.语言理解 （1）口头语言（语调、身体姿势语言等）和书面语言（文字和符号） （2）词汇理解 （3）篇章理解
3.语文素养	3.语言运用 （1）口头语言运用 （2）书面语言运用（前书写）

我国幼儿语言教育对早期阅读的定位

一、早期阅读是儿童语言教育的重要途径

2012年教育部颁布的《3～6岁儿童学习与发展指南》（以下简称《指南》）是当前我国学前儿童教育的指导性文件。《指南》是根据儿童学习与发展的规律以及社会对下一代的期望，对儿童应该知道什么、能做什么、大致可以达到什么发展水平做出的合理期望，《指南》指明了幼儿学习与发展的具体方向。语言和健康、科学、社会、艺术一样，是《指南》的一个重要组成部分，是儿童重要的学习和发展领域。该文件虽然并未包含0～3岁婴儿部分，但却基本反映出了当前儿童语言教育的基本价值判断，并明确提出"幼儿期是语言发展，特别是口语发展的重要时期"，指出幼儿语言发展的核心目标是"倾听与表达"以及"阅读与书写准备"。

目标	（一）倾听与表达	（二）阅读与书写准备
具体内容	1. 认真听并能听懂常用语言 2. 愿意讲话并能清楚地表达 3. 具有文明的语言习惯	1. 喜欢听故事、看图书 2. 具有初步的阅读理解能力 3. 具有书面表达的愿望和初步技能

《指南》反映出对儿童语言发展和儿童语言教育的基本价值判断：

- "语言是交流和思维的工具"，语言学习的目的在于运用语言进行交流和思维；
- 指出"倾听与表达""阅读与书写准备"本质上都是要让幼儿具有运用语言的能力，并提出"幼儿的语言能力是在交流和运用的过程中发展起来的"；
- 重视语言环境对儿童语言发展的重要作用，因此，"应为幼儿创设自由、宽松的语言交往环境，鼓励和支持幼儿与成人、同伴交流，让幼儿想说、敢说、喜欢说并能得到积极回应。"
- 特别强调了早期阅读对儿童语言发展的积极贡献，指出早期阅读不仅丰富儿童语言表达，同时也拓展了儿童的学习经验。"为幼儿提供丰富、适宜的低幼读物，经常和幼儿一起看图书、讲故事，丰富其语言表达

能力，培养阅读兴趣和良好的阅读习惯，进一步拓展学习经验。"

- 认为语言是儿童获取信息和促进其他领域学习和发展的重要影响因素，提出"通过语言获取信息，幼儿的学习逐步超越个体的直接感知"；
- 强调语言学习是一种社会互动的过程，"幼儿的语言学习需要相应的社会经验支持，应通过多种活动扩展幼儿的生活经验，丰富语言的内容，增强理解和表达能力。"
- 认为"应在生活情境和阅读活动中引导幼儿自然而然地产生对文字的兴趣"，反对"用机械记忆和强化训练的方式让幼儿过早识字"。

《指南》还针对儿童语言发展目标，以及教育实践中的常见误区，提出了符合儿童发展规律的、有针对性的教育建议，以合理、有效地促进幼儿的语言发展。而无论是在发展"倾听与表达"能力还是发展"阅读与书写准备"能力的教育建议中，我们都可以看到早期阅读的身影。

例如在"倾听与表达"部分的针对"认真听并能听懂常用语言"的教育建议中，提出"多给幼儿提供倾听和交谈的机会，如经常和幼儿一起谈论他感兴趣的话题，或一起看图书、讲故事"；针对"愿意讲话并能清楚地表达"，提出"对幼儿讲话时，注意结合情境使用丰富的语言，以便于幼儿理解，如讲故事时，尽量把故事人物高兴、悲伤的心情用不同的语气、语调表现出来"。只有让幼儿"具有文明的语言习惯"这一条内容的教育建议中未直接提出运用早期阅读的方法。但是所提出的具体教育建议，如"结合情境提醒幼儿一些必要的交流礼节，如对长辈说话要有礼貌，客人来访时要打招呼，得到帮助时要说谢谢等""提醒幼儿注意公共场所的语言文明，如不大声喧哗"等不仅可以通过幼儿的真实生活来进行，也可以通过让幼儿阅读相应的幼儿读物来实现。例如《图书馆狮子》（河北少儿出版社）、《你好》（21世纪出版社）等很多图书都源于儿童的生活，并意在帮助儿童理解和掌握日常生活中的礼貌用语和语言使用规则。一些教育建议虽然并未直接谈到早期阅读，但是早期阅读的性质，阅读中的讲述、讨论以及所采用的阅读形式，也可以"为幼儿创造说话的机会并体验语言交往的乐趣"。而"阅读与书写准备"的三方面内容"喜欢听故事、看图书""具有初步的阅读理解能力""具有书面表达的愿望和初步技能"，就更为直接地表现出与早期阅读活动的内在联系。可见，与日常生活中的语言和交往一样，早期阅读是实现儿童语言教育目标的一条重要途径。

二、儿童语言教育对早期阅读的基本要求

早期阅读是儿童语言教育的重要途径，就要遵循儿童语言教育的基本要求，使其能够促进儿童对语言要素的把握，提高儿童的语言理解能力和语言运用能力，进而为儿童的终身学习和发展奠定基础。因此我们需要对《指南》中所提出的"教育建议"进行分析，在儿童语言教育框架下全面认识早期阅读，理解语言教育目标对早期阅读的具体要求，只有这样才能真正使早期阅读有利于儿童的语言发展，并最终实现促进儿童终身发展的目的。

（一）倾听与表达

这是幼儿语言教育和儿童语言发展的第一条目标，该目标包含三项子内容，每项内容后都针对成人提出了语言教育的"教育建议"。

1. "认真听并能听懂常用语言"的教育建议

   （1）多给幼儿提供倾听和交谈的机会，如：
   - 经常和幼儿一起谈论他感兴趣的话题，或一起看图书、讲故事。

   （2）引导幼儿学会认真倾听，如：
   - 成人要耐心倾听别人（包括幼儿）的讲话，等别人讲完再表达自己的观点；
   - 与幼儿交谈时，要用幼儿能听得懂的语言；
   - 对幼儿提要求和布置任务时要求他注意听，鼓励他主动提问。

   （3）对幼儿讲话时，注意结合情境使用丰富的语言，以便于幼儿理解，如：
   - 说话时注意语气、语调，让幼儿感受语气、语调的作用，如对幼儿的不合理要求以比较坚定的语气表示不同意；讲故事时，尽量把故事人物高兴、悲伤的心情用不同的语气、语调表现出来；
   - 根据幼儿的理解水平，有意识地使用一些反映因果、假设、条件等关系的句子。

第一，兴趣是儿童学习与发展的动力机制。语言教育中强调要与儿童谈论他感兴趣的话题，**同样早期阅读中也需要以儿童的兴趣为出发点，关注儿童感兴趣的话题**，只有以儿童的兴趣为出发点的阅读才能真正激发儿童的阅读动机，使儿童真正地"注意听"。因此在阅读材料的形式和内容选择上，成人就需要关注特定年龄、特定儿童群体以及儿童个体的兴趣，**以儿童兴趣作为出发点选择阅读素材和图书内容**。此外，成人还要注意所选择阅读材料的语言复杂程度，尤其在文学作品的选择上，成人要为儿童**提供适合于他们理解力的作品**，确保儿童能够"听得懂"。成人可以通过对故事情节进行讨论等形式，引导幼儿有意识地关注故事中所反映出的因果、假设和条件关系，从而使幼儿在倾听、理解的基础上模仿图书中的语言使用一些反映因果、假设、条件等关系的句子，使儿童的语言表达更为丰富，思维得到发展。

第二，在早期阅读活动中，**成人要注意讲述方式，要通过讲述营造阅读的情境和氛围**，注意讲述中肢体语言和表情语言的运用，并能够将人物的情绪状态用不同语气和语调表现出来，以提高儿童的语言理解力和语言表现力。另外成人要关注儿童的阅读反应，鼓励儿童主动提问，增强阅读过程的互动性。

2."愿意讲话并能清楚地表达"的教育建议

（1）为幼儿创造说话的机会并让其体验语言交往的乐趣，如：
- 每天有足够的时间与幼儿交谈，如谈论他感兴趣的话题，询问和听取他对自己事情的意见等；
- 尊重和接纳幼儿的说话方式，无论幼儿的表达水平如何，成人**都应认真地倾听并给予积极的回应**；
- 鼓励和支持幼儿与同伴一起玩耍、交谈，**相互讲述见闻、趣事或看过的图书、动画片等**；
- 方言和少数民族地区应积极为幼儿创设用普通话交流的语言环境。

（2）引导幼儿清楚地表达，如：
- 和幼儿讲话时，成人自身的语言要清楚、简洁；
- 当幼儿因为急于表达而说不清楚的时候，成人应提醒他不要着急，慢慢说，同时要耐心倾听，给予必要的补充，帮助他厘清思路并清晰地说出来。

认知发展语言理论和社会建构语言理论均强调语言能力是在社会交流和交往过程中获得的。儿童的语言学习过程具有社会性，成人必须结合真实的生活帮助儿童学习语言。**早期阅读活动的内容，同样应具有社会性和互动性。**因此，一方面，早期阅读活动中应有机地融入儿童对见闻趣事的讲述或运用图画符号进行表达；另一方面，在早期阅读中当儿童表达不清楚、不贴切，或难以表达时，成人要给予宽容和理解，并能给予有效的回应，通过回应扩展和完善他们的表达，为儿童提供语言范例，帮助他们梳理语言思路和逻辑，提高儿童的语言表达水平。

3. "具有文明的语言习惯"的教育建议

（1）成人注意语言文明，为幼儿做出表率，如：
- 与他人交谈时，认真倾听，使用礼貌用语；
- 在公共场合不大声说话，不说脏话、粗话；
- 幼儿表达意见时，成人可蹲下来，眼睛平视幼儿，耐心听他把话说完。

（2）帮助幼儿养成良好的语言行为习惯，如：
- 结合情境提醒幼儿一些必要的交流礼节，如对长辈说话要有礼貌，客人来访时要打招呼，得到帮助时要说谢谢等；
- 提醒幼儿遵守集体生活的语言规则，如轮流发言，不随意打断别人讲话等；
- 提醒幼儿注意公共场所的语言文明，如不大声喧哗。

儿童文明的语言习惯是通过日常生活的点点滴滴习得的。**在早期阅读活动中，成人同样也在为儿童提供语言运用习惯的示范，**因此早期阅读活动中成人要耐心倾听儿童的意见，并给予积极回应，不要随意打断儿童的讲话，努力倾听儿童的表达，理解他所表达的意思，并给予丰富和完善。

（二）阅读与书写准备

这是幼儿语言教育和儿童语言发展的第二条目标，该目标同样包含三项子内容，且与早期阅读有更直接的联系，表现为通过早期阅读活动促进儿童阅读兴趣、阅读理解能力和前书写能力三方面的发展。

1. "喜欢听故事，看图书"的教育建议

   （1）为幼儿提供良好的阅读环境和条件，如：
   - 提供一定数量、符合幼儿年龄特点、富有童趣的图画书；
   - 提供相对安静的地方，尽量减少干扰，保证幼儿自主阅读。

   （2）激发幼儿的阅读兴趣，培养阅读习惯，如：
   - 经常抽时间与幼儿一起看图书、讲故事；
   - 提供童谣、故事和诗歌等不同体裁的儿童文学作品，让幼儿自主选择和阅读；
   - 当幼儿遇到感兴趣的事物或问题时，和他一起查阅图书资料，让他感受图书的作用，体会通过阅读获取信息的乐趣。

   （3）引导幼儿体会标识、文字符号的用途，如：
   - 向幼儿介绍医院、公用电话等生活中的常见标识，让他知道标识可以代表具体事物；
   - 结合生活实际，帮助幼儿体会文字的用途，如买来新玩具时，把说明书上的文字念给幼儿听，让他了解玩具的玩法。

首先，上述建议渗透出了对早期阅读的认识——**自主阅读、成人与儿童的共读，都应成为早期阅读的重要形式**。成人在抽时间与儿童进行共读的同时，还应为儿童自主阅读提供支持，创设相应的物质环境，尊重儿童个性化的阅读兴趣，并帮助他们获得愉悦的阅读体验。

其次，**儿童早期阅读的材料范围相当广泛，其中最主要的是图画书，此外还包括与儿童日常生活紧密联系的常见标识、说明书等**。标识和说明书等材料有利于儿童体会文字和符号的意义，建立文字意识，理解文字的用途。而图画书的范围并不仅限于故事类图画书，还应包括童谣、诗歌、知识类图画书等不同体裁和形式的文本。

非常重要的一点是，**早期阅读应该让儿童意识到图书和各类阅读材料的价值，应让儿童意识到并且学会运用图书资料获取信息，学会使用图书这一学习工具**。要做到这一点，就必然要求成人为儿童早期阅读所选择的阅读素材与儿童感兴趣的问题、事物有内在的联系。日常生活中，成人应有意识地帮助儿童在早期阅读材料和真实生活之间建立联系，例如，讲《小猫》一类的故事后，成人应引导儿童有意识地观察一下小猫，将书中的内容扩展到现实生活中，同时还应在儿童对某些事物、现象产生兴趣和疑问时，及时地通过提供阅读材料或进行共读来帮助儿童答疑解惑。通过与生活有密切联系的早期阅读活动，成人可以帮助儿童理解语言文字的意义和用途，从而使儿童学会使用各类阅读材料获得信息。而这样的阅读过程，又会反过来激发和促使儿童生成内在的阅读兴趣，使儿童成为真正的阅读者。

2. "具有初步的阅读理解能力"的教育建议

（1）经常和幼儿一起阅读，引导他以自己的经验为基础理解图书的内容，如：

- 引导幼儿仔细观察画面，结合画面讨论故事内容，学习建立画面与故事内容的联系；
- 和幼儿一起讨论或回忆书中的故事情节，引导他有条理地说出故事的大致内容；
- 在给幼儿读书或讲故事时，可先不告诉名字，让幼儿听完后自己命名，并说出这样命名的理由；
- 鼓励幼儿自主阅读，并与他人讨论自己在阅读中的发现、体会和想法。

（2）在阅读中发展幼儿的想象和创造能力，如：

- 鼓励幼儿依据画面线索讲述故事，大胆推测、想象故事情节的发展，改编故事部分情节或续编故事结尾；
- 鼓励幼儿用故事表演、绘画等不同的方式表达自己对图书和故事的理解；
- 鼓励和支持幼儿自编故事，并为自编的故事配上图画，制成图画书。

（3）引导幼儿感受文学作品的美，如：

- 有意识地引导幼儿欣赏或模仿文学作品的语言节奏和韵律；
- 给幼儿读书时，通过表情、动作和抑扬顿挫的声音传达书中的情绪情感，让幼儿体会作品的感染力和表现力。

这部分内容主要从阅读理解维度展开论述，并从三个方面对早期阅读提出了要求。首先，**早期阅读应是图文结合的阅读**。图画书阅读是早期阅读的重要形式，而图文结合向读者传递信息则是图画书最大的特色，图画中的背景、人物表情、动作以及其他各类线索均有助于儿童的阅读理解。因此成人在图画书讲述过程中要意识到图画语言也是儿童语言的重要部分，做到图文结合进行讲述，并且有意识地引导儿童关注画面信息，利用画面信息帮助儿童理解阅读内容，并结合画面信息对阅读内容进行讨论。

其次，**早期阅读不仅应让儿童感知语言要素，还应加深儿童的阅读理解**。早期阅读中儿童会感受到语音、韵律、词汇、句法、篇章等各种语言信息。例如，文学作品阅读的重要作用之一在于为儿童提供优美的文学语言，呈现文学表达的特有方式。成人在早期阅读中有意识地引导儿童欣赏和模仿文学作品的语言，包括语言节奏、韵律等，可以让儿童在感受美的同时，学习用"美"的方式进行表达。但早期阅读的目的和重点并非停留在对各类语言要素的认知和掌握上，而是让儿童通过感受语言元素去理解图书所传递的信息——"故事情节"和"故事的主要内容"。阅读中成人切忌陷入细枝末节之中，从而使阅读偏离阅读材料所表达的主旨。

最后，**早期阅读中还应注意培养儿童的高级语言运用能力和思维能力**，例如推理、预测、概括、分析、说明等。成人可以充分利用低幼儿童文学作品所特有的叙事结构和叙事方式，让儿童寻找画面线索，看图讲述；也可以鼓励幼儿对故事情节进行大胆预测和想象；尝试改编故事部分情节或进行续编和仿编；还可以引导儿童通过封面进行故事内容预测，或在故事结束后请儿童运用自己的经验和理解，对故事主题进行概括，给故事命名并阐述命名理由。

3. "具有书面表达的愿望和初步技能"的教育建议

   (1) 让幼儿在写写画画的过程中体验文字符号的功能，培养其书写兴趣，如：

   - 准备供幼儿随时取放的纸、笔等材料，也可利用沙地、树枝等自然材料，满足幼儿自由涂画的需要；
   - 鼓励幼儿将自己感兴趣的事情或故事画下来并讲给别人听，让幼儿体会写写画画的方式可以表达自己的想法和情感；
   - 把幼儿讲过的事情用文字记录下来，并念给他听，使幼儿知道说的话可以用文字记录下来，从中体会文字的用途。

（2）在绘画和游戏中做必要的书写准备，如：
- 通过把虚线画出的图形轮廓连成实线等游戏，促进幼儿手眼协调，同时帮助幼儿学习由上至下、由左至右的运笔技能；
- 鼓励幼儿学习书写自己的名字；
- 提醒幼儿写、画时保持正确姿势。

前书写是语言教育的重要内容和目标，也是早期阅读的重要内容。首先，早期阅读中成人需要认识到儿童是具有前书写意识和意愿的个体，成人应该顺应、尊重并且支持儿童的前书写活动，通过为其提供各类材料满足"幼儿自由涂画的需要"。支持的方式，除为其提供工具材料以外，更应将"前书写"与儿童的情绪情感和兴趣需要结合起来，为其提供和创造机会将自己感兴趣的事情或故事"画"出来，让其体验文字对个体情绪情感表达和对社会交往的意义，从而从根本上激发儿童的内在动机，调动他对"前书写"活动的热情。

其次，要建立文字意识，成人应通过各种活动让儿童理解并体验文字符号的功能，感受语言和文字符号之间的对应关系。成人既可以让儿童将自己想要表达的事物或者自己理解的事物用书面语言的形式呈现出来，也可以将儿童的口头表达转换成文字符号，从而让儿童深刻地意识到"语音—文字/符号—意义"之间的对应关系。

最后，还需要树立"大"语言教育观。成人应意识到一切能促进儿童手眼协调能力和书写能力的活动都是语言活动，都在为儿童的语言发展，尤其是前书写能力的培养服务。例如涂涂画画、连线、绘制轮廓、学习正确的坐姿和握笔姿势等都是语言活动。成人应重视学前儿童最基本的前书写能力——会写自己的名字。

儿童语言发展视野下的早期阅读

阅读方式	阅读内容和材料选择	共读的互动方式和策略	内容和要求	发展目标
1. 成人与儿童共读	1. 有助于儿童体会语言韵律美的诗歌、儿歌、童谣等	1. 图文并茂地讲述 ◆ 成人讲述	☆ 运用语气、语调、肢体语言等，提高语言生动性	1. 培养儿童阅读和语言学习的兴趣并激发学习动机

续表

阅读方式	阅读内容和材料选择	共读的互动方式和策略	内容和要求	发展目标
2. 独自阅读	2. 儿童感兴趣的、符合其认知水平的图画书 ◆ 说明性图画书 ◆ 叙事性图画书 3. 日常生活中常见的标识、符号、说明书等	◆ 共同讲述（儿童讲述）	☆ 引导儿童预测图书的主题、内容、情节等 ☆ 进行续编、仿编、改编、概括故事主题和命名 ☆ 讲述生活中的见闻趣事、图书情节等	2. 建立文字/符号意识并学习通过图书获取自己感兴趣的信息 3. 感知并学习基本语言元素 4. 发展语言理解能力和推测、概括等语言思维能力 5. 发展口语表达和前书写等语言表达技能
		2. 讨论	☆ 讨论要针对内容和情节 ☆ 帮助儿童梳理阅读内容和语言逻辑 ☆ 成人尊重并倾听儿童的表达，予以丰富和完善 ☆ 成人为儿童提供语言运用和语言礼貌等示范	
		3. 提问 ◆ 儿童提问	☆ 鼓励儿童对阅读内容进行提问 ☆ 成人要认真倾听儿童，并积极回应	
		◆ 成人提问	☆ 提问针对内容和情节 ☆ 有意识地引导儿童关注图画语言（线索、背景、表情、动作等） ☆ 有意识地引导儿童关注故事的前后逻辑，理解因果、假设和条件关系	
		4. 儿童表达 ◆ 口头表达 （亦表现在讨论中）	☆ 鼓励儿童讲述日常生活中的逸闻趣事 ☆ 鼓励儿童将阅读材料中感兴趣的内容、情节、事件表达出来 ☆ 鼓励儿童自编故事	
		◆ 前书写	☆ 鼓励儿童涂涂画画 ☆ 鼓励儿童将感兴趣的事件或图书中的情节画出来 ☆ 鼓励幼儿为创编的故事配上图画，并制成图画书	

第二节

早期阅读促进儿童语言发展的途径

> 我周围的成年人没有用什么方法教我语言，是我自己学会的语言。
> ——奥古斯丁（Saint Aurelius Augustinus）

语言的发展包括听、说、读、写四个方面。随着对儿童语言发展和语言教育规律认识的加深，人们意识到孤立地学习语言要素的效果是极其有限的。[①] 语言学习过程并非语言技能和各种语言元素的简单叠加，而是需要寻找一种有效的方法，帮助儿童将听、说、读、写以及语言元素的运用整合起来，早期阅读正是这样一种有效的途径。早期阅读活动不仅涵盖了听、说、读、写各类经验和各类语言构成要素，同时还为儿童提供了感知、理解和应用上述经验和要素的背景信息和情节，因此成人可以有效地整合语言信息，将之与生活世界联系起来，更有利于实现儿童语言和其他各领域的发展。

通过早期阅读激发儿童语言学习动机

语言学习和教育过程，对儿童来说都不应仅仅是学习，更应是富于趣味的活动。早在儿童学会说话以前，他们就已经开始进行语音游戏。研究发现，4～8个月的婴儿会表现出浓厚的发音兴趣，发出重复连续音节或者拖长尾

---

① HIEBERT E H. The role of literacy experiences in early childhood programs [J]. The elementary school journal, 1988, 89(2): 160-171.

音，且不同的发音常常与不同的情境相联系。① 这种早期的语音游戏能够带给婴儿愉悦的情绪反应。可见，儿童的语言学习从最初开始就带有愉悦性，婴儿具有内在的学习语音的动机，并通过反复进行的语音游戏不断练习发音技巧并接近母语语音。研究发现，5个月的婴儿就能够感知到语音中的不同情绪，7个月就能辨别人脸所传递的不同情绪。② 这就使早期阅读活动具备了生理和心理基础。尽早利用儿童的听觉和视觉发展，开展早期阅读活动，而不是单纯进行语音练习，更有利于保持并激发儿童的早期语言学习动机，有利于儿童的语音知觉和语言感受能力的发展。

依据儿童语言和心理发展规律，婴儿喜欢通过语音游戏学习和掌握母语语音。在这一阶段，成人为婴儿选择适宜的早期阅读材料，可以很好地刺激儿童的语音知觉，帮助儿童掌握语音并获得语感发展。早期和儿童一起阅读图文并茂的儿歌图书，可以通过儿歌和谐的音韵和整齐的节奏，刺激儿童语音听觉的发育，增强儿童语音分辨能力和语音听觉准确性。成人还可以让儿童感觉到语言韵律上的趣味和幽默感，激发其语言学习动机。此外，成人应结合儿童日常生活，选择贴近儿童生活内容的儿歌，比如关于洗澡的儿歌"小船跑，大船叫，宝宝洗澡好热闹"，这样一些情景性较强、短小精悍的儿歌也可以帮助儿童学习和掌握生活中的常用词汇，刺激婴儿早期词汇的发展。

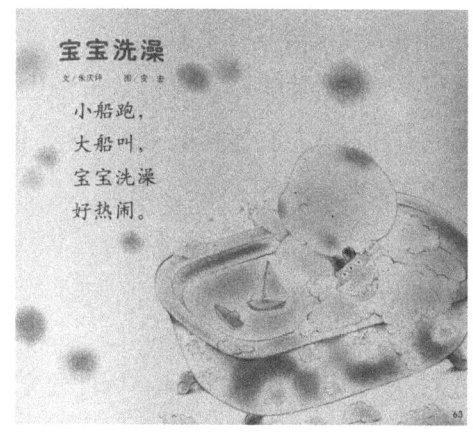

图 3-1 儿歌《洗澡》(摘自《婴儿画报（精品儿歌书）》，中国少年儿童出版社，2011)

---

① 曹碧华，李红. 0～18个月婴儿言语发展的个案分析 [J]. 学前教育研究，2009(11): 32-36.
② FLOM R, BAHRICK L E. The development of infant discrimination of affect in multimodal and unimodal stimulation: the role of intersensory redundancy [J]. Dev Psychol, 2007, 43(1): 238-252.

总体而言，早期阅读对儿童语言学习动机的促进作用一方面来源于阅读形式，例如，为儿童提供"形式多样、富有吸引力的阅读材料"和"与儿童开展形式多样的延伸活动和趣味阅读活动"，以及提供"富有幽默感的语言材料"；另一方面则来源于对于儿童内在语言学习动机的激发，成人应让儿童意识到阅读材料与自己生活之间的联系，产生通过阅读了解自己感兴趣事物的愿望。这就要求阅读材料符合儿童的认知范围和认知兴趣，能够满足儿童内在的心理需求，从本质上激发儿童的内在阅读动机。

丰富多样的阅读形式对于处于感知运动智力和前运算智力阶段的幼儿来说具有十分重要的意义，因此是早期阅读的重要条件。而能否激发儿童稳定、长久的内在动机才是决定早期阅读质量的根本，这也就意味着成人必须对儿童心理特点和发展需求具有一定的了解，才能为他们选择适宜的早期阅读材料，并在早期阅读和儿童的社会生活之间形成互动，才能使儿童意识到早期阅读的重要价值，从根本上爱上阅读。例如，同样讲《小蝌蚪找妈妈》，成人如果只是照本宣科或有感情地讲述，儿童对故事的兴趣可能表现一般，也难以建立深层次的阅读动机。但若成人和儿童一同去小溪里观察蝌蚪，甚至养几只蝌蚪，观察蝌蚪的变化，这样的做法不仅会让儿童加深对阅读材料的理解，认识"蝌蚪"和"青蛙"的关系，理解小蝌蚪找妈妈为什么那么困难，而且可以让儿童意识到图书和生活是有联系的，在后续的阅读中可能会主动建构这种联系，并很可能激发他们进一步寻找关于"蝌蚪"或"青蛙"的图书来看。这样的阅读更有利于儿童整体和全面的发展，也才能够真正让早期阅读和儿童语言教育服务于儿童的终身学习与发展。

早期阅读有利于儿童掌握语言要素

西方文字是拼音文字，具有语音拼写规则，因此西方儿童对语音意识[①]的掌握程度直接影响儿童的阅读水平。国外大量研究都致力于揭示语音意识对

---

① 语音意识通常指对单词、音素、音节以及首尾音的检测和处理能力。音素意识（phonemic awareness）则是对语言的声音结构或顺序的意识，是语音意识的一个方面，其中包括了音素隔离、音素鉴别、音素分类、音素混合、音素分割、音素删除、音素操作、押韵等方面的认知和意识。

儿童阅读水平的重要影响作用。然而汉语是象形文字，因此对于汉语儿童语音意识，尤其是对低龄幼儿这方面意识的研究相对较少。有研究发现中国香港一年级儿童在押韵判断（rhyme detection）中的成绩与其形声字的认知之间高度相关。[①] 研究者虽然大多认为语音意识对儿童的汉语阅读能力培养举足轻重，但由于缺乏对语音意识与阅读能力发展之间影响机制的研究，对其是否会进一步影响儿童的阅读水平多持较为谨慎的解释态度。[②] 但无论如何，阅读朗朗上口的儿歌，确实有助于儿童获得语音，尤其是获得对语言韵律的认识和感觉，增强语感。

相较于语音意识，研究者对于汉语儿童的语素意识（morphological awareness）对其阅读和语言发展水平的影响则较为确定。英语等拼音语言的语素意识主要表现为派生词，如"es""er"等前后缀的派生；汉语中词汇水平的语素意识主要表现为词素意识（又称复合语素意识）。有研究以幼儿园小班和中班的幼儿为研究对象，经过追踪研究发现，儿童的语素意识在其接受正规学校教育前就已经出现，词素意识对儿童阅读和语言发展具有预测作用，词素意识好的儿童可能会更好地对生词进行语素结构分析，在借助语境信息的情况下合理推测其含义，从而理解其意义。[③] 现实生活中，儿童早在入学前也确实开始具有词素意识并主动运用其帮助自己理解语言。早期阅读正是由于提供了丰富的语言刺激，从而为儿童发现和感知语素提供了基础。

案例：词素知觉与语义猜测	
（1岁9个月）小C从书架上拿下《我妈妈》，让妈妈给他讲，这是他第一次听这个故事。当他听到"我妈妈是了不起的厨师"的时候，他拉起妈妈的手，使劲儿往另外一个房间走，并且用手指另一个房间里的"除湿机"。	已经能够察觉同音词素。

---

① HO C S-H, LAW T P-S, NG P M. The phonological deficit hypothesis in Chinese developmental dyslexia [J]. Reading and writing, 2000, 13(1-2): 57-79.
② 王燕. 汉语儿童阅读能力发展中的语音加工技能研究 [J]. 心理科学进展, 2004, 12(4): 489-499.
③ 董琼, 李虹, 伍新春, 饶夏溦, 朱瑾. 语素意识对学前儿童言语技能发展的预测作用：追踪研究的证据 [J]. 心理发展与教育, 2013(2): 147-151.

续表

（2岁2个月）小C从外面捡了一张塞到门缝里的小广告（是介绍宽带的）拿了回来，让妈妈给他讲。 　　妈妈就拿起小广告开始读上面的文字和图画。当妈妈读到"××课堂+10M/年"的时候，他反复要求妈妈再读一遍。突然他抬头问妈妈："课堂是好吃的吗？"	已经建立了文字意识，理解了印刷品和带有文字的东西是可以"讲"的。 　　儿童觉察了相同的语素，并努力运用自己头脑中已有信息和词汇（"小熊糖"的"糖"）去理解新词"课堂"。
（2岁4个月）小C在大学家属院里路过一个酒糟堆，忽然听姥姥说"这味道不好"，他问是什么的味道。姥姥告诉他是"酒糟"。这是一个他从未接触过的词汇。随即他问道："是喝啤酒的酒吗？"姥姥告诉他是，并对着实物给他解释酒糟和酒的关系。	通过对词素"酒"进行"联想—猜测—确认"，进而理解和掌握新词汇"酒糟"。事实上小C家的人都不饮酒，他关于"啤酒"的概念来源于图画书《老虎来喝下午茶》中"喝光了爸爸的啤酒"。
（2岁6个月）吃晚饭的时候，小C忽然对着盘子里的菜感慨了一番："这个豆，和那个豆，不是一个豆。"原来当天吃的一盘菜是豆腐，一盘菜是豆角。	开始初步感觉到"同音词素"可能是不同意义的。但知觉受到其认知经验的限制和影响。
（2岁7个月）小C看到桌子上有好吃的肉，非常高兴。妈妈对他说，今天有牛肉还有猪肉。他高兴地回应妈妈说："牛肉就是牛身上的肉。猪肉就是猪身上的肉。" 　　妈妈说："哦？你知道的很多嘛！那马肉呢？"由于从来没有听过这个词，小C尴尬地笑了笑说："马肉就是……嗯……" 　　妈妈又说："那鸡肉和鱼肉呢？" 　　小C回应道："鸡肉就是小鸡的肉，鱼肉就是鱼的肉。"随即他无比自豪地补充道："马肉就是马身上的肉！"	对词汇的熟悉程度会影响儿童的判断。但经过成人的暗示，儿童可以发现"肉"这一词素在词汇中所代表的共同意义，进而合理地解释自己从未听过的词"马肉"。

而且通过早期阅读，儿童的词汇量会增大，对词汇的理解可以得到丰富和加深。通过故事的语境和成人的引导，儿童可以对阅读材料中的生词、较为抽象的概念的意义进行推测。例如有研究发现，通过阅读大班幼儿能够猜测出较为生僻的词语"凉棚"是"像伞一样的东西，能挡雨"。施瓦兹（Schwartz）和拉斐尔（Raphael）提出了通过词汇概念图（word maps）帮助儿童理解阅读中的生僻名词，杜费尔迈尔（Duffelmeyer）和班沃特（Banwart）又将其应用范围扩展至形容词和动词，该图通过分析词汇所属的类别或者所描述的现象是什么，举例说明词汇的用法或用处，用其他相似的词汇进行解释，以帮助儿童更深刻地在一定的语境中理解词语的含义。

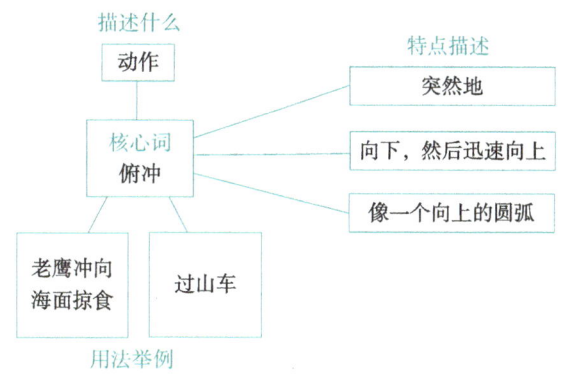

图 3-2　动词概念图（Frederick A. Duffelmeyer and Beth Husman Banwart, 1993）

但是单纯的词素学习和词汇学习对儿童语言发展的贡献是极为有限的，儿童的语言学习需要建立在意义理解的基础之上，需要儿童与阅读材料和外部世界形成互动，在有意义的语言互动中获得语音、词汇、句法等方面的发展。阅读正是这样一种有利于儿童在有意义的阅读中获得各类语言元素，并使语言元素认知能力、语言理解能力和语言运用能力综合协调发展的有效途径。语言的学习必须建立在对意义理解的基础之上，儿童虽然在不理解词义的情况下可以说出某些词语和句子，但那并不是真正的词句，而只是一些无意义的语音。

通过早期阅读帮助儿童掌握语言要素的优势就在于：

首先，阅读材料是具有意义和情境的，儿童可以在背景中体会和猜测语音、词汇的意义,并且通过阅读材料内容上的关联,在词汇和词汇之间建立联系,从而增加自己的词汇量,并对相同语素、同音语素产生基本的感知。

其次,阅读创造了丰富的语言背景和语言经验,而知识经验越丰富的儿童,越容易感知到环境中的新词汇,也更容易理解新词汇的意思。比如一个从来没有听说过"冰棍"和"冰淇淋"等词语的孩子,相比有较多"冷饮"经验的孩子来说,对"冰糕""雪糕"的理解就会相对困难,成人也无法用之前经验中的词汇对其进行解释和说明。因此阅读所提供的大量背景经验对儿童理解和学习词汇、句子等语言要素具有重要意义。

此外早期阅读具有社会互动性,成人经常参与儿童的阅读活动,并通过对话对儿童的语词、句子理解和运用形成支持。例如在本节前面的案例中,儿童在学习并询问"酒糟"的含义时,得到了来自成人的支持与回应,这是促使其掌握这一生词的重要前提。在阅读中儿童经常会就不理解的词汇和句子进行提问,例如当在听故事过程中首次听说"通通吃光"这一说法的时候,儿童可能会询问"通通是什么意思?",成人则通过对儿童的回应和解释帮助其理解相应的词汇和句子。因此,阅读能帮助儿童超越原有的语言水平,获得新的语言发展。

早期阅读对儿童语言理解和高级思维能力的影响

语言要素是阅读理解的基础,但语言要素本身并无法形成儿童的阅读理解。也就是说,在缺乏意义理解的情况下,儿童可以将语言元素罗列起来,并创造出"语句",但是却无法创造出有意义和连贯的表达。因此在世界范围内,语言教育都经历了从关注语言要素向关注语言意义建构,再到寻求语言要素与意义生成二者和谐发展的阶段,强调在真实的生活情境中支持儿童获得包括字、词、句在内的基本语言知识,建构儿童的语言理解和语言运用能力。

儿童早期阅读的材料包括图画书、诗歌、儿歌和童谣以及日常生活中常见的文字和符号。首先,作为早期阅读最重要的材料,图画书阅读就是以理解为主的活动。① 而诗歌、儿歌和童谣往往也具有一定的事件背景，多取材于儿童的日常生活，因此儿童阅读诗歌类材料也必然会提高其语言理解能力。日常生活中常见的文字和符号本身就代表着一定的事件，具有某种指示意义，例如在河边出现的"禁止游泳"的指示牌上面往往会绘制相应的形象化的符号，以便于儿童理解。

早期阅读的作用远远不止于儿童语言本身的发展，语言理解能力的发展往往同时伴随着儿童高级思维能力的发展。学会有效利用语言工具去表达自我、进行交流、获取有用的信息也是早期阅读的重要意义所在。从国际上具有代表性的儿童阅读能力评估中，我们可以发现并认识"阅读理解"和"思维发展"在阅读中的关系及重要意义。

- Program for International Student Assessment（国际学生评估项目，PISA）

阅读能力是对书写文本的理解、运用和反思，对阅读活动的情感和行为投入，其目的在于实现个人目标，发展知识和潜能，参与社会生活。

- National Assessment of Educational Program（美国国家教育评估项目，NAEP）

阅读是积极复杂的过程，包括理解书面文本、发展和阐释意义、应用意义满足特定目的和语境的需求。

- Progress of International Reading Literacy Studies（国际阅读素养进步研究，PIRLS）

阅读能力是儿童理解和使用书面语言形式的能力。儿童可从阅读文本中建构意义。他们以阅读为手段学会学习，参与校内外的读书社团活动，享受阅读的乐趣。

从上述对阅读能力的基本描述中我们就可以看出，国际性政策文件中均强调阅读需要实现儿童、文本和生活环境三者之间的互动，阅读是通过互动建构个体对世界的认识和理解的过程，同时也是个体语言思维得到发展的过程。那么儿童在早期阅读中的阅读理解过程是如何促进其思维发展的呢？这种发展主要表现为早期阅读理解策略的运用，正是在运用策略的过程中，儿

---

① 周兢. 幼儿园语言文学教育活动 [M]. 北京：中国广播电视出版社，1992：112.

童的高级思维能力得到了促进和发展。儿童在早期阅读活动中使用的阅读理解策略主要表现为以下三类。

1. 预测。儿童要掌握预测策略必须学会利用三类信息，第一类是封面、书名信息，第二类是图文线索，第三类则是"故事语法（story grammar）"。同时在大多数的预测中，儿童都会调动自身经验，例如结合自身经验认为《逃家小兔》封面上画的是兔子妈妈和兔子宝宝，认为《大卫，不可以》中妈妈会批评大卫是因为他往嘴里放了太多食物。

预测所依据的信息	预测内容	举例
封面和书名	主人公和事件	看到封面上的大兔子和小兔子，猜测是讲兔子妈妈和兔子宝宝的故事书。（《逃家小兔》）
图文线索	情节发展	根据画面上大卫鼓起的腮帮子，预测后面妈妈会批评他吃得太多。（《大卫，不可以》）
故事语法	循环结构	根据"棕色的熊，棕色的熊你看见了什么，我看见一只红色的鸟在看我"，以及画面上的线索，预测后面的故事语言。（《棕色的熊，棕色的熊，你看见了什么？》）

如果说儿童通过语音、词汇等语言要素形成的阅读理解能力是"自下而上"推动的理解，那么"故事语法"就是儿童"自上而下"进行理解的一种能力。曼德勒（Mandler）和鲁墨哈特（Rumelhart）根据对故事的分析设计了一套故事语法规则结构[1]，其核心思想是指故事一般都具有某种叙事结构，它独立于故事的具体内容，任何故事都是对这种叙事结构的详细说明。故事语法认为故事是由背景和一个或一个以上的情节组成的，一旦人物和背景确定，故事便表现为一个"解决问题"的过程，往往以时间为线索，包含起因、冲突、过程和结果等几个部分。[2] 实证研究发现，掌握故事语法有助于儿童对故事进行理解和回忆，便于儿童掌握故事中的主要结构，降低细节信息对整个故事理解的干扰，也能使儿童对故事的理解和叙述更为完整。[3] 对于某些低幼

---

[1] 杨宁. 故事叙述与幼儿心智的成长 [J]. 华南师范大学学报（社会科学版），2002(2): 117-123.

[2] 张必隐. 阅读心理学 [M]. 北京：北京大学出版社，2004: 166-168.

[3] VIEIRO P. The development of children's story telling skills [R]. Paper presented at the European conference on the quality of early childhood education(5th), Paris, France, September 7-9, 1995. Available on line at http://files.eric.ed.gov/fulltext/ED390553.pdf.

阅读材料，这种故事语法表现为不断重复的可预测结构，这些图书也被称为可预测图书（predictable books）。

2. 组织。主要指儿童观察图画书的画面信息，并寻找画面之间的内在联系。表现为儿童在理解图书内容时，往往会前后翻页或者对全书进行浏览，然后将个别图画或全部图画联系起来进行解释。[①] 其中动作特征、情绪特征会特别引起儿童的关注。儿童对画面信息的理解往往依赖于他们自身的生活经验和认知水平，低龄儿童生活经验较为匮乏，往往对情绪等内隐信息的察觉能力很弱，因此儿童年龄越小，对故事的理解水平也就越低。同时，组织策略中还包括对情节的概括和推理，例如对整个故事内容的回顾就是对信息的概括过程，运用各类信息对情节进行预测实际上就是儿童的推理过程。

3. 想象。想象是指儿童在早期阅读中通过创造视觉、听觉和其他心理表征，来反映故事中人物的表现、事件的发展、故事的结局等信息，从而创造出对故事个性化的理解。想象使儿童能够沉浸在阅读过程中，例如儿童在看到大卫把自己打扮成超人腾空而起又落在床上的静态画面时，会结合自身的经验，创造出一个"大卫在床上蹦来蹦去，高声尖叫"的视觉表现；当听到儿歌"小蚱蜢，学跳高，一跳跳上狗尾草。腿一弹，脚一翘，哪个有我跳得高。草一溜，摔一跤，头上跌个大青包"的时候，会结合自身经验，创造出一只骄傲的小蚱蜢的视觉形象；当儿童能够在心理想象出"头上跌了一个大青包"的滑稽样子时，他就会理解儿歌中的幽默，产生愉悦的情绪。早期阅读依赖于儿童经验和想象能力，同时也促进着儿童想象能力的发展。

由此可见，早期阅读过程中的高级思维策略贯穿于幼儿整个阅读理解过程之中。儿童阅读理解的过程，就是思维的发展过程。早期阅读对提高儿童的阅读理解能力和高级思维能力的发展具有重要作用。

早期阅读通过丰富儿童认知经验影响语言发展

语言是一个符号系统，不仅表现为语音，更是对具体事物的表征。因此语言的发展以及语言水平的高低，绝不仅仅是看语音是否标准，表达是否

[①] 翁丽绮. 幼儿建构故事之研究 [D]. 中国台北：台湾师范大学，1998.

流畅。影响儿童语言发展的另外一个重要因素是语言内容，即是否"言之有物"。在儿童的阅读理解部分已经谈到，儿童对阅读材料的理解往往与其知识经验有关，如缺乏相关背景知识，儿童就无法很好地理解阅读内容。同样，当儿童进行语言表达时，若缺乏或无法形成对事物的认识和经验，他就无法进行表达。儿童的认识经验对其语言发展具有重要的制约作用。

首先，早期阅读依赖儿童的认知经验。同样一本书，不同儿童的阅读反应和表现可能截然不同，有的孩子求知若渴地阅读，有的孩子却可能觉得没意思。其中一个很重要的原因就是孩子是否具有相关的知识经验。[1] 如果读物的内容是孩子经验范围之外的事物，他们很难产生兴趣。当孩子阅读但理解不了材料的意义时，他们就感觉到自己无法理解，从而丧失兴趣。所以，在为儿童提供早期读物时，成人需要理解儿童的阅读心理和认知水平，把握住儿童心理发展的特点和需求，为儿童提供符合他们心理发展阶段和认知发展需求的"汽车书""动物书""公主书"和关于"挖洞洞""抠鼻子""怕黑和胆小"的书等。

反之，早期阅读又在丰富儿童的认知经验。儿童乐于进行阅读的本质原因就在于阅读可以让他们获得认知经验和意义。早期阅读的一个重要任务和功能就是扩展儿童的认知经验，将日常生活中难以观察和捕捉到的，同时又是儿童感兴趣和想要了解的事物和现象介绍给他们。我国学者康长运认为，儿童通过阅读可以获得大量自己生活中原本不具备的知识经验，比如通过阅读作品可以获得对"马戏""小丑""海盗"的认识，了解画面上"戴眼罩"人物所具有的特定意义。[2] 当儿童通过阅读了解的知识和经验越多的时候，他们就越会对阅读感到得心应手。钱伯斯认为"阅读理解"就是在"个人经验"和"阅读文本"之间寻找"关联性"，依赖读者运用个人熟悉的语言和生活经验理解作品的意义和所指。[3] 因此这也就意味着，儿童头脑中的经验越丰富，就越容易建立关联，其阅读理解水平就会越好。

---

[1] MCLANE J B, MCNAMEE G D. Early literacy [M]. Cambridge, MA: Harvard University Press, 1990.

[2] 康长运. 幼儿图画故事书阅读过程研究 [M]. 北京：教育科学出版社, 2007: 102.

[3] 艾登. 打造儿童阅读环境 [M]. 许慧贞, 译. 海口：南海出版公司, 2007: 91-92.

案例：干果也是水果吗？经验对理解的作用	
很早的时候，小 C 就开始读一些认物的图片书，其中有一本书讲的是各种各样的水果，里面有香蕉、苹果、阳桃、猕猴桃、火龙果等常见的水果。	
随着认知范围的扩大和活动能力的增强，小 C 开始和成人一起逛超市和水果店采购食品，经常在家门口的一个大型水果店买瓜子、松子、核桃等他喜欢吃的干果。由于水果店分了干果区和水果区，成人就给他介绍哪些是水果，哪些是干果。	婴儿期的阅读和语言延伸活动帮助儿童建立了"水果"和"坚果"的概念。
2 岁半的小 C 在读一本翻译的图画书时，突然对妈妈说："核桃是干果！"妈妈并没有领会他的意思，重复道："嗯，核桃是干果！"	
小 C 翻了翻封面，指着书名让妈妈念一遍，妈妈念道："这是什么水果呢？"小 C 于是又接着回答妈妈："核桃是干果。"	
妈妈突然明白了小 C 的意思。由于经常逛水果店，日常建立了水果和干果的概念和经验，他就能够敏锐地察觉到翻译问题所造成的混淆。书名叫作"水果"，但是内文中出现干果和水果两类内容。	儿童由于具有相关经验，对图书内容和词汇形成了理解，并在理解的基础上提出了问题，与成人之间形成对话和互动。儿童的经验推动了他的阅读理解和语言表达。

阅读还可以丰富儿童对世界的认识，影响儿童的口语表达和书面语言表达。例如，2 岁 5 个月的小 C 在和妈妈一起读过故事《纳豆妹妹，我爱你》后，突然问妈妈要画笔和纸，说自己要画画。妈妈给了他笔和纸后，他开始一边画，一边嘴里一个字一个字地说："小 M 妹妹，我爱你。"幼儿的绘画作品虽然只是一些杂乱的线条，但是却被赋予了特定意义，展现了儿童对"书写意义"的理解。7 岁的小 Z 小朋友则在此前一段时期内对埃及故事极为着迷，在阅读了大量的与埃及有关的图书后，他将自己对埃及的理解表现在了画作上。

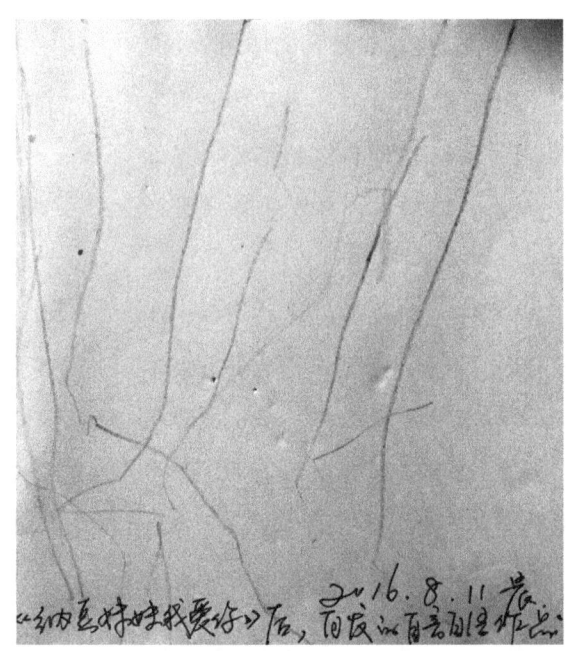

图 3-3　2 岁 5 个月婴儿阅读后的前书写作品《小 M 妹妹，我爱你》

图 3-4　小 Z 大量阅读与埃及有关的图书后的画作

早期阅读对语言领域核心经验的贡献

语言发展核心经验是从儿童发展与教育的角度对语言和语言学习内容进行分析。它实际上与前面从语言本身角度（语言要素、语义理解、语言运用）分析具有内在的一致性，儿童语言发展与教育的目的必然表现为对语言的掌握。二者所表现的差异，主要是分析对象的不同造成的，语言发展核心经验的分析对象是儿童的语言经验，后者的分析对象则是阅读材料中的语言现象。早期阅读对儿童早期书面语言（前阅读、前识字和前书写）发展的贡献在前文已经进行了一定的说明，早期阅读有助于推动儿童的读写经验发展。对文学语言（包括词汇、文学形式、文学想象）的贡献，也在很大程度上体现为对阅读理解中的词汇理解、故事语法理解以及想象策略的运用。早期阅读对儿童早期口头语言经验（谈话、辩论、叙事性和说明性讲述）发展的影响，主要体现在阅读材料的选取及阅读过程的具体互动方式中（参见本章第一节"儿童语言发展视野下的早期阅读"一表）。因此，此处主要针对早期阅读对儿童口头语言发展的积极作用进行分析和说明。

首先，早期阅读提供丰富、多元的阅读材料，有利于儿童掌握叙事和说明两种主要的语言经验。 图画书是早期阅读中最重要的一种阅读材料，研究者从内容角度对图画书的类别进行了分析。例如我国学者周兢提出，根据内容，将图画书分为故事型和知识型两类。故事类图画书的目的是通过文字或图画讲述故事，叙事性是故事类图画书的本质特征。知识类图画书的主要目的是说明自然界以及人类社会的事物、现象，传递的是一种知识信息，说明性是其本质特征。但周兢教授并不排除知识类图画书的故事性，指出根据儿童的阅读需要，知识类图画书也会有虚构的情节，但其语言总体而言是在说明事物或现象。[①] 柯南将图画书分为文学类(包括故事、童话、儿歌、诗、景物素描、幽默小品等文学内容)和知识类(包括人体、动植物、衣食住行、天文、地理、数学等知识内容)两类。[②] 虽然学者们的分类略有不同，但我们可以看出叙事性和说明性语言基本与故事类图画书和知识类图画书相对应。长

---

① 冷杰.幼儿园知识类绘本阅读教学研究 [D].济南：山东师范大学,2014.
② 柯南.图画书：幼儿文学的现代形式 [J].浙江师大学报（社会科学版）,1994(6): 7-10.

期以来，人们较为重视儿童故事图画书的阅读，重视帮助儿童掌握故事叙述的要素——故事背景（人物、地点、事件）和以时间为线索的事件（起因、冲突、过程和结局），即故事语法，但对儿童说明性语言经验的关注和研究相对较少。知识类图画书不仅运用大量说明性语言，而且所展现的内容往往与幼儿生活联系密切，成人在阅读知识图画书时与儿童进行语言互动，比如说明事物的类别、属性和归类，或者与生活中的其他事物来进行类比，这些都会帮助儿童理解并学会用说明性语言进行表达。① 除图书阅读外，日常生活中成人就一些事件、图画、符号等信息进行的说明，成人引导儿童关注日常生活中的符号标识并解释给儿童听，阅读说明书等行为，均有利于儿童说明性语言的发展。

其次，早期阅读活动中成人不同的互动方式和互动内容，对儿童掌握谈话和辩论的经验与规则具有重要的影响作用。早期阅读的一个突出特点为成人对儿童阅读的支持和影响。著名图画书出版家、早期阅读研究者松居直认为："与孩子一起阅读的人把自身的内涵与图画书结为一体，将书中的真谛和自己的感受传给孩子，这种言语的体验和心理的、心灵的沟通，是幼儿自己看书时无法体验的。"② 成人在与儿童共读的过程中，会通过不同互动和支持方式，给儿童提供不同的语言示范和语言发展机会。近年来，纽约大学梅尔齐教授（Gigliana Melzi）及其团队对3岁和5岁中产家庭的幼儿亲子共读过程，以及共读过程中母亲支持行为对儿童语言经验的影响进行了较为系统的研究。根据成人支持和参与讲述的不同内容以及语言的不同目的，他们将成人在早期阅读中的语言分为四种类型：要求儿童说明和讲述、进行细节补充和说明、讨论和澄清、与故事无关的叙述和评论。③

- 要求儿童说明和讲述，就是成人通过提开放式、封闭式和"是否"的选择性问题、填充式问题等来扩展与儿童之间的谈话，比如问儿童

---

① GELMAN S A, RAMAN L. Preschool children use linguistic form classand pragmatic cues to interpret generics [J]. Child Development, 2003, 74(1): 308-325.

② 松居直. 幸福的种子：亲子共读图画书 [M]. 刘涤昭，译. 南昌：二十一世纪出版社，2013: 72.

③ MELZI G, SCHICK A R, KENNEDY J L. Narrative elaboration and participation: two dimensions of maternal elicitation style [J]. Child development, 2011, 82(4):1282-1296.

"你感觉好玩儿吗？"或者"我们去哪儿玩儿了？""你也喜欢待在那儿，是不是？"等。

- 进行细节补充和说明，是通过陈述延续与儿童之间的谈话，比如"你叔叔也去了"。
- 讨论和澄清，是对之前儿童所表述的全部或部分内容进行重复或确认，通过这种方式确保谈话能够流畅地继续下去。
- 与讨论内容无关的问题，是指与之前讨论的事件毫无关系的问题或陈述，比如询问儿童打算"你以后会这样做吗？"，或者是对谈话的一般性评论"你应该说对不起"。

根据成人主导的不同互动内容和方式，阅读中成人的支持可分为支持型和建构型。支持型是指成人在早期阅读中将主体定位为儿童，将自己放置在听众的位置，其语言的目的是让儿童尽可能多地进行说明和表达，确保阅读中的谈话能够流畅地继续下去。成人提供的信息较少，也较少联系儿童的生活讨论相关事件。建构型是指成人力求在阅读中能够与儿童寻求和谐，他们虽然也会要求儿童进行说明和讲述，但要求的数量低于支持型，其目的是寻求成人与儿童之间的平等对话，确保对话的延续性，在阅读中一般向儿童提供较多信息，也会和儿童谈论生活中与故事内容相关的事件。这两种互动方式中成人都通过示范，向儿童展示如何与他人就某一问题或故事进行谈话，传授确保谈话能够延续的策略。同时支持型的互动对儿童掌握说明性语言、获得信息都有较大帮助，建构型的互动方式则更有利于儿童学会如何在谈话中积极回应他人。

同样，早期阅读也有利于儿童辩论性语言经验的发展，这种影响尤其在集体教育环境中表现更为突出，儿童通过就某一问题的讨论，形成自己的观点，发现他人观点中的疏漏并提出合理依据进行反驳，在相互尊重的基础上提升理解水平。例如，在阅读《鳄鱼怕怕，牙医怕怕》时，儿童就画面内容形成了激烈的辩论。

案例：幼儿就图画内容展开的猜测和辩论	
大班幼儿天天、乐乐和小鱼在教师的引导下阅读《鳄鱼怕怕，牙医怕怕》。他们首先一起看封面，并在成人的引导下，借助封面图画和文字展开了想象。教师首先给孩子们看了图画书的封面。	儿童根据图画就可以猜测出一定的内容，大胆地进行推理和预测，从而创造性地进行表达。
教师：今天咱们要讲一个故事，你们猜猜这个故事是讲什么的？	
天天：鳄鱼。	
乐乐：不是！是医生！你看那个不是医生吗？	儿童提出质疑和质疑的依据。
教师：嗯，你说是鳄鱼，你说是医生……	
天天：（抢话）鳄鱼张着大嘴要吃医生。	
教师：哈哈……	
乐乐：什么呀，什么吃医生呀！那个是鳄鱼，那个是医生，讲他们两个的故事。	
教师：哦，乐乐觉得是讲他们两个人的故事……（被打断）	在教师的提示下，提出自己的观点。
小鱼：对，这本书是鳄鱼和人。	
教师：那他们两个在做什么呢？鳄鱼和人的什么故事呢？	
……	
教师：（指书名文字）这本书叫《鳄鱼怕怕，牙医怕怕》。	
小鱼：那个是牙医吗？帮鳄鱼拔牙吗？	
天天：嗯，最后鳄鱼把牙医吃了！	天天依然坚持自己的判断。
乐乐：啊？	
小鱼：啊？	

	续表
教师：嗯，鳄鱼平时很凶，是吧，所以你觉得故事里鳄鱼会把那个牙医吃掉，对吗？（天天点头） 乐乐：（小声说）不会吃掉。鳄鱼害怕拔牙，会逃跑。 教师：啊！你觉得鳄鱼害怕牙医，它会逃跑，不让牙医给他拔牙，是吧！他们两个都害怕，那故事到底会怎么样呢？我们一起来读一读。 天天：（抢话）我知道！牙医害怕鳄鱼吃掉他！牙医逃跑了！ 教师：嗯，你们猜的都有道理。我们一起读读看……	形成自己的预测，并提出与同伴不同的观点。

第三节

通过早期阅读进行儿童语言教育

>我们用耳朵听声音，但要用头脑去听内容。
>
>——伽曼（Michael Garman），英国心理语言学家

语言教育是儿童早期教育的重要组成部分，是实现儿童语言发展和终身学习能力的重要途径，对促进儿童其他领域的发展也起到至关重要的作用。早期阅读首先服务于儿童的语言发展，在实现促进儿童语言发展任务的同时，也通过阅读材料中所承载的多学科、多领域的内容，为儿童终身和全面发展服务。早期阅读对儿童的发展既具有本体价值，也具有工具价值。促进儿童语言（包括文学语言）的发展就是早期阅读的本体价值所在，而通过阅读内容所实现的其他领域的发展则是早期阅读的工具价值。

通过第一章对"早期阅读"内涵的梳理，我们可以清晰地发现国外早期阅读的研究大部分都是基于儿童语言发展的早期阅读研究，可见早期阅读是促进儿童读写能力和语文素养发展的重要途径。国内研究者也分别从不同的角度，阐述了相似的观点，将儿童的语言发展和审美愉悦作为早期阅读，尤其是图画书阅读最重要的价值。他们认为儿童图画书是儿童文学的一种表现形式，是基于"儿童本位"的视角。儿童图画书以审美的方式描述人类童年生命的存在，它的价值在于让儿童通过感受文学作品来解放和守护心性，给儿童带来"快乐"。[①] 儿童在早期阅读中的状态是自由、快乐、充满想象力和

---

① 龚文燕. 儿童精神家园的回归与守望——论"儿童本位"视野下的快乐阅读[D]. 武汉：华中师范大学，2003.

创造性的，而不应因为有认知任务而承担外在的压力。① 北京师范大学康长运博士则更为明确地指出图画书阅读的本体价值，认为阅读图画书的意义在于通过成人的支持提高幼儿语言和交流能力、阅读理解能力，以及审美、想象和思维能力，进而为幼儿的发展创造基础和条件。② 因此，通过早期阅读进行语言教育是早期阅读本体性功能的重要体现，也是早期阅读最重要、最基本的价值所在。早期阅读同样也具有许多工具价值，例如可以提高儿童的表达和沟通能力，促进儿童的情绪认知，进而提高儿童的社会交往能力；早期科学和数学读物的阅读可以提高儿童的科学认知；甚至人们可以通过早期阅读活动对情绪困扰儿童进行干预和治疗。③ 现实生活中，很多成人也因为儿童对早期阅读的兴趣而将其作为实现"智力开发""美术教育"的工具，忽略甚至全然不顾阅读对儿童语言发展的本体价值，忽略这些工具性价值的实现都必须通过语言中介来完成，必须建立在儿童对阅读材料的理解基础之上。离开对儿童语言发展的促进作用，早期阅读的工具价值只能是缺乏支撑的空中楼阁。

早期阅读中的意义生成过程探析

建立在对接受主义的批判基础之上，现代阅读理论认为阅读文本的意义是由作者、文本和读者三者在阅读过程中共同建构的。文本不是意义的终点，而是读者阅读的起点。读者的阅读是与在文本和作者对话的过程中建构意义的过程。阅读同时建立在作品和读者个人的生活经验基础之上，在对作品中的"空白"进行理解、填充和建构的过程中建构自己对作品的独特理解。在这一理论框架下，康长运在其著作中建立了图画书阅读中意义建构的生态图，特别强调了"阅读者"是包括儿童、成人和同伴在内的复合体，但对成人和同伴在儿童早期阅读中的作用和作用途径并未过多探讨。随着社会建构理论和生态系统理论的不断发展，美国加州大学心理学院教授鲁戈夫对影响儿童

---

① 陈英姿.回归儿童本位的幼儿绘本阅读教学实践[J].江苏教育研究,2015（5）:55-58.
② 康长运.幼儿图画故事书阅读过程研究[M].北京：教育科学出版社,2007:151-157.
③ 陈康康.治疗取向的班级艺术活动对情绪困扰幼儿的影响研究[D].北京：北京师范大学,2008.

发展的因素做出整合，指出儿童发展是一种合作过程，是在与成人、同伴共同参与社会活动过程中所获得的一种未来生活能力，特别强调了"同伴合作"方式和"社会实践"过程对个体发展的意义。随着对儿童发展认识的加深，人们越来越意识到儿童发展是个体、同伴、成人在参与社会实践的过程中多方互动的结果。早期阅读过程中儿童的发展也离不开上述因素的共同影响和作用。阅读不仅是儿童的独自阅读，还表现为成人支持下的亲子共读和机构教育中的儿童集体阅读；不仅表现为文本阅读，还表现为儿童或成人有意识地将阅读材料与真实生活之间建立联系。因此，独自阅读和成人支持下的共读，在阅读方式和意义的建构上都具有明显的差异。

在独自阅读中，儿童与作者、作品之间相互作用，共同完成意义的建构。而阅读材料与儿童的经验之间必须存在交叉范围，也就是说只有阅读材料中的部分或全部内容与儿童的已有经验，也就是儿童的生活之间存在某种联系的时候，儿童才能够在独自阅读的情况下建构起自己的理解。独自阅读中的阅读材料要比成人支持下的共读阅读材料更贴近幼儿的生活，看起来"更简单"。

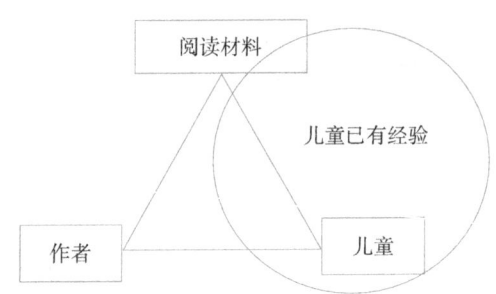

图 3-5 独自阅读中的个体意义建构

在有成人支持的共读中，阅读意义的生成过程则更为复杂。首先成人也是阅读者，也会基于自身、作者和阅读材料之间的关系形成特定的意义理解（图示外环）。儿童也是阅读者，同样也会形成儿童、作者、阅读材料的独特理解（图示内环）。成人与儿童都存在一个独立的阅读理解和意义建构过程。在各自独立的意义建构基础上，成人又与儿童之间形成互动，协助儿童形成新的意义理解。因此意义建构的过程表现为一个意义"带"，而这个带的形成，一方面取决于成人对阅读材料的理解，成人对阅读材料的理解不同，与儿童之间互动的内容和方式也就不同；另一方面，成人对儿童及其已有经验越了解，就会为儿童的意义建构过程提供越充分和适宜的支持，即成人的阅读支持只有以儿童为中心，才会最大限度地支持儿童的意义建构过程，越偏离儿童，则越无益。在这一意义建构过程中，儿童自身的经验可能与阅读材料之间存在或不存在联系，而最终的联系是通过成人的支持产生的。当参与阅读的儿童越多的时候，这种意义互动带就会更多，表现得更为复杂，从而实现阅读意义的社会建构过程。

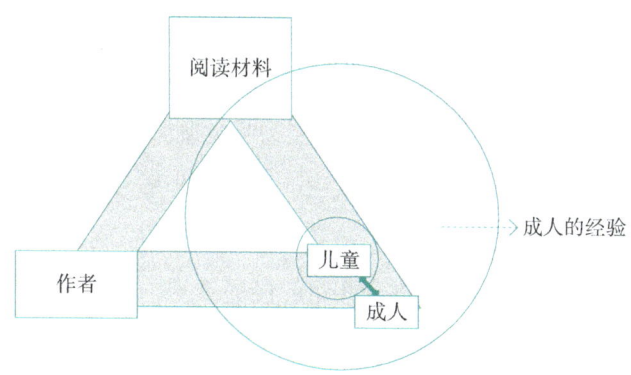

图 3-6　成人支持下的早期阅读中阅读意义的建构

影响早期阅读质量的重要因素分析

基于对早期阅读中意义的建构过程的分析，我们可以将影响儿童早期阅读质量的因素归为以下几类：

一、对儿童作为阅读主体的理解和重视程度

1. 儿童是文本意义的建构者，意义取决于儿童。

这也就意味着，无论是阅读材料本身，还是作者以及作为教育者的成人都不能独自决定"教"给儿童什么，或者让儿童"学习"什么。儿童对于阅读材料意义的感知是有群体性和个体倾向性的。例如在道德训诫和故事幽默之间，儿童可能会选择幽默；在故事意义和阅读的情绪愉悦之间，儿童可能选择内心的愉悦。因此，成人的"教育"必须遵从儿童的兴趣和需求才能实

现。从作者和作品上来讲，那些广受儿童喜爱的读物往往都具有某些共性特征，取材于儿童家庭生活和幼儿园日常生活，选取儿童感兴趣的事物和事件作为素材；故事形象多为儿童生活中常见的、平易近人的小动物形象；阅读材料的画面、形象和颜色丰富程度需要符合儿童的审美判断和需求等。从成人的教育上来看，教育目标的设定和实现过程也必须符合儿童对意义的需求，例如自上而下的道德训诫往往会遭遇儿童的排斥和反感，从而变得没有意义，必须通过儿童在阅读过程中内心的情感体验来感受和实现。

2. 儿童的已有经验水平，影响阅读的进程、速度和效果。

早期阅读中儿童的头脑不是"白板"，即便是刚出生的婴儿也具有一定的心理能力和遗传特征，在胎儿时期所接受的听觉刺激和语言刺激也存在差异，大部分儿童的早期阅读不是刺激—反应的过程，儿童会通过自己的经验对阅读材料进行加工，生成新的意义。儿童是阅读进程的实际控制者。那些由成人控制进程的阅读，如果不能符合儿童的经验水平、阅读方式和速度，往往会被儿童拒绝和抛弃，起不到真正的效果。所以，成人想要施加于儿童的教育目标并不一定能够实现，尤其是脱离儿童学习方式和经验水平的目标。而且，儿童在脑中生成意义可能是即时的，也可能是延迟的，需要经过一段时间才能表现出来。因此早期阅读不是一次"课"和一次活动，而应成为儿童生活和教育中的惯常行为和生活方式。早期阅读不能"急功急利"，其效果只有通过一段时间的积累才能逐渐显现出来。

儿童已有的语言经验和认知经验，会影响阅读进程、速度和阅读效果。因此有效的早期阅读必须建立在对儿童语言发展规律、阶段和认知经验把握的基础之上。超越儿童已有经验水平的阅读会让儿童感觉"一头雾水"，从而丧失意义；低于儿童经验水平的阅读则会让儿童感觉"索然无味"。研究发现，关注儿童需要和兴趣的家长在亲子阅读中的互动质量更好，互动方式也更丰富。[1]因此早期阅读的前提是成人要了解儿童语言和认知发展阶段和规律，并且能得到最熟悉儿童发展状态的家长和教师的支持，例如提供适宜的阅读

---

[1] 刘晓晔, 孙璐. 儿童绘本的畅销因素分析——基于当当网客户匿名评论的研究 [J]. 出版广角, 2016(3): 57-59.

材料，设计适宜的阅读内容，进行适宜和有效的阅读互动，帮助儿童在原有经验基础上获得发展。

二、对成人角色、作用的认识和定位

1. 成人对作品的认识和理解影响早期阅读的效果和进程。

成人是儿童早期阅读的重要支持者，一方面体现在为儿童提供阅读材料，支持儿童的独自阅读，另一方面也体现在共度过程中通过与儿童的互动实现阅读支持。成人对阅读素材的认识和理解都会影响阅读的效果和进程。例如成人若意识不到日常生活中的文字和符号对儿童的意义时，也就不会为儿童提供认识的机会，更不会有意识地支持儿童认识生活中的文字和符号。成人对阅读材料的看法，包括对内容、文字、图画的看法会影响其为儿童选择图书，对作品的主题和意义的认识就会对早期阅读有更大的影响，例如有些家长并未读懂一些儿童文学作品中渗透的意义，对《大卫，不可以》内容和画面的看法就存在理解上的错误。

主角长得尖牙利齿的，我都怕宝宝看了这个做噩梦！……这么吓人的图片，不是起到反作用吗？

第一页就教育孩子：不要在房间里玩儿！不在房间里玩儿，那在哪里玩儿呢？现在城市里的小朋友主要活动范围就是家里、幼儿园、小区、公园……而最主要的就是家里，孩子不在家里玩儿，难道还乖乖地整天坐在椅子上看电视吗？这是一本你买了会有撕掉冲动的书……

家长的这些认识，直接决定了他们早期阅读行为。在很多成人的眼中，一个阅读作品的意义和价值就在于"字多""是否告诉了孩子一个道理"，他们忽视对作品审美情趣、绘画风格、语言幽默等众多内容的分析和理解，自然也就无从就这些内容与儿童展开互动。

2. 成人是儿童阅读和语言学习的榜样。

观察学习是儿童重要的学习方式，成人自身的阅读习惯和阅读行为，在早期阅读活动中的表现为儿童树立了最直接的榜样。因此，早期阅读和语言教育才特别强调成人应成为好的倾听者，学会倾听儿童，因为他们倾听的过程，就是在向儿童示范如何在语言交往中进行倾听和表达。大量宏观的关于家庭文化资本，以及微观的家长阅读习惯、阅读和互动行为对儿童早期阅读能力影响的研究，都在一定程度上揭示了成人榜样的重要作用。成人在阅读中用流畅、丰富的词汇来进行表达，能够有感情、使用语气、声情并茂地讲述故事，都是在为儿童提供语言表达的范例，这直接影响着儿童的语言表达能力和语言运用能力的发展。

成人还要具有延伸和扩展儿童语言的意识和能力。在阅读过程中，当儿童的表达不够完整或确切时，成人要能够通过有效的回应和提示，为儿童提供词汇、语句、篇章结构的表达范例；帮助儿童学会恰当地使用词汇，完整地进行表达，并学会运用时间线索和故事元素来表达事件的发生和发展，学会运用说明性语言和举例方式对事物加以说明。

3. 成人是儿童语言和思维发展的促进者。

阅读中意义的建构过程也是思维的过程。成人在其中起着重要的支持作用。那么就需要成人成为思维的引领者，帮助儿童学会有条理、有顺序地分析、概括、整理和表达对阅读材料的认识。例如平行式和偏离式的共读过程[①]都无法起到推动儿童语言发展和思维发展的作用，有时甚至起到破坏作用。例如，当成人在与儿童阅读一本关于"蚂蚁"如何在秋天搬运植物种子的图画书时，成人纠结于"蚂蚁有几条腿"，并且让儿童一遍一遍、一只蚂蚁一只蚂蚁地点数，最终经过将近7分钟的时间确认了"蚂蚁有六条腿"；又让儿童观察画面上不同的植物，说出植物的花的大小、颜色和名称。这样的共读过程就是陷入细枝末节，而忽略阅读材料所要传递的主要信息，而这样的示范和支持同样也会导致儿童在阅读中"只见树木，不见森林"，无法感受和体会阅读材料的主旨，这对于理解篇章结构和抓取主要信息十分不利。其反映的首先就是成人对自身在亲子共读中角色、作用定位的不清晰，进而导致互动过程和互动内容漫无目的，而且十分随意。

---

① 周兢. 早期阅读发展与教育研究 [M]. 北京：教育科学出版社，2007: 161-168.

三、早期阅读经验的丰富性与质量

1. 阅读材料的丰富性和质量。

阅读材料是阅读的基础。儿童处于认知、语言、情感和社会性发展的重要阶段，因此阅读材料必须服务于儿童的全面发展，具有丰富性。从形式上来说，要让儿童积累接触多种形式语言的经验，包括诗歌、儿歌、故事、传记、说明性内容等；从表现方式上来说，也要让儿童接触以文字为主、图文并茂和纯图画的读物，让儿童理解"叙事"和"表达"方法的多样；从内容上说，阅读材料所表现的事物应与儿童的真实生活具有某种内在联系，体现真正的、多领域内容相互融合的生活世界；从材料所具有的文化和时代特征来看，阅读材料既要保证儿童接触本民族优秀的文化，又要能够扩展儿童的视野，让其了解更为广阔和多元的世界；阅读材料既要有传统和历史内容，也要与儿童的现代生活相接轨。成人既不应该将识字和拼音材料等同于早期阅读，也切不可走入另外一个极端，将图画书阅读当作儿童早期阅读的全部。无论从形式、内容还是表现方式上，成人都应该力求丰富和均衡，避免儿童"偏食"。

阅读材料是通过语言表现出来的，衡量该材料质量的一个首要标准就是语言的质量，看语言是否优美，是否符合儿童的审美和语言接受能力，叙事结构是否清晰；其次，是看阅读材料的取材范围是否与儿童现实生活具有内在联系，是否能够反应幼儿生活中所关心和感兴趣的事物、现象和内容，材料是否以儿童读者为写作视角，能否引起儿童的心理共鸣。例如《大卫，不可以》取材于儿童日常生活中的亲子交往，通过典型事件、画面细节和装帧设计中对"NO"的大篇幅运用，来突出成人与儿童之间的对抗、冲突和温情。这虽然并不是所有成人都喜欢的画风，但这部作品却能够引起儿童读者的共鸣，获得他们的喜爱。让儿童忍俊不禁的成人叉腰形象、对母亲形象的留白化处理，都反映出作者对儿童读者阅读再造过程的重视，也体现了对儿童阅读者阅读主体性的充分信任和尊重。

2. 阅读互动的质量。

儿童在阅读中主体地位的实现在很大程度上取决于阅读过程中成人与儿

童的互动内容和互动方式。互动内容上表现为成人应关注儿童的阅读兴趣，包括儿童对阅读中某些词汇、画面、细节、情节的兴趣，并将之与促进儿童语言发展的目标结合起来，通过描述、提问、回应等方式，拓展儿童的兴趣。

互动方式上首先表现为，互动中成人应摆正自己的位置，避免高高在上式的教导，退居幕后，将思考和表达的机会留给儿童，倾听儿童的表达并进行有效的丰富和扩展。成人应在自然而然的过程中，帮助儿童感受语言要素，促进儿童的阅读理解和语言应用，而不是自上而下地将词汇、语法和句式等语言信息强加给儿童，甚至刻板地要求儿童在读过一个作品后立即学会使用某个如"如果……那么……"之类的句式并进行创编。

互动方式其次表现在成人能够通过有效的提问或评论，将阅读内容与儿童生活经验进行有效的联结，帮助儿童理解并推动儿童将阅读中的语言和其他经验应用于生活。此外在互动方式上，成人应能够围绕阅读的本体价值，深入挖掘阅读材料的价值，为儿童设计适宜的延伸活动，促进儿童的深层理解和语言应用，真正将"阅读与语言发展"放在阅读活动设计的首位，强化阅读应有的本体性价值；而不是打着"阅读"的幌子，将阅读活动作为成人展示"表演"和"艺术"技能、进行"智力开发"和"知识灌输"的舞台，以"调动阅读兴趣"为名，行"成人控制"之实。

本章小结

早期阅读是儿童语言教育的重要途径。早期阅读通过以儿童为主体的阅读活动，帮助儿童掌握语言基本知识和技能，提高阅读理解能力，进而提升语文素养，服务其终身学习与发展。语言教育则是通过真实生活中有意义的语言活动，帮助儿童掌握语言要素，建构语言理解，形成语言运用能力。首先，早期阅读和儿童语言教育中都强调了对语言构成要素的感性认识，这是儿童理解语言和进行表达的前提和基础。其次，早期阅读和儿童语言教育都强调语词理解和篇章理解的重要性。早期阅读通过多样化的阅读素材意图让儿童不仅会说，还要"言之有物"。因此早期阅读是语言教育的重要组成部分，也是儿童语言教育的重要途径，语言教育则应实现"阅读"与"运用"

之间的转换，为儿童提供各种机会和环境，使儿童能够将早期阅读中获得的语言经验运用于日常生活。二者的目标都服务于儿童的终身发展。

在我国现行的语言教育政策性文件中，早期阅读也占有重要的地位。2012年教育部颁布的《3～6岁儿童学习与发展指南》（以下简称《指南》）是当前我国学前儿童教育的指导性文件。《指南》根据儿童学习与发展的规律以及社会对下一代的期望，指明了幼儿学习与发展的具体方向。《指南》明确提出"幼儿期是语言发展，特别是口语发展的重要时期"，指出幼儿语言发展的核心目标是"倾听与表达"以及"阅读与书写准备"，并针对儿童语言发展的两大核心目标，以及教育实践中的常见误区，提出了符合儿童发展规律的、有针对性的教育建议。而无论是在发展"倾听与表达"能力还是发展"阅读与书写准备"能力的教育建议中，我们都可以看到早期阅读的身影。《指南》还特别强调了早期阅读对儿童语言发展的积极贡献，指出要"为幼儿提供丰富、适宜的低幼读物，经常和幼儿一起看图书、讲故事，丰富其语言表达能力，培养其阅读兴趣和良好的阅读习惯，进一步拓展其学习经验"。《指南》确立了早期阅读是儿童语言发展重要途径的地位。

为什么早期阅读在儿童语言教育中所占的地位如此重要？原因就在于，早期阅读不仅涵盖了听、说、读、写各类经验和各类语言构成要素，同时还为儿童提供了感知、理解和应用上述经验和要素的背景信息和情节，因此可以有效地整合语言信息，将之与生活世界联系起来，这样就更有利于实现儿童语言和其他各领域的发展。首先，早期阅读不仅通过趣味化的形式、多样化的阅读材料激发儿童语言和认知学习的动机，而且通过让儿童感受阅读材料与自己生活之间的联系，使儿童产生通过阅读了解自己感兴趣事物的愿望，这就从本质上激发了儿童的内在阅读动机。其次，早期阅读为儿童提供了有意义和情境化的阅读理解环境。儿童可以在背景信息中体会和猜测语音、词汇的意义，并且通过阅读材料内容上的关联，在词汇和词汇之间建立联系，从而增加儿童的词汇量，并对语素、语法等语言要素产生基本的感知。再次，早期阅读还能推动儿童的语言理解和高级思维能力的发展。早期阅读中成人会引导儿童学习和运用"预测""组织""想象"等理解策略，帮助儿童掌握"故事语法"，从而推动儿童高级思维能力的发展。最后，早期阅读还能扩展儿童的认知经验，使他们在阅读中表现得越来越得心应手。此外，早期阅读的素材十分广泛，有利于儿童掌握叙事和说明两种主要的语言表达方式。广泛的素材配以与成人的互动，丰富了儿童的谈话和辩论经验。早期阅读正是通过上述多个方面，促进着儿童语言领域核心经验的发展，实现着儿童语言教育的目标。

　　通过早期阅读进行语言教育是早期阅读本体性功能的重要体现，也是早期阅读最重要、最基本的价值所在。其促进儿童多方面发展的工具价值必须通过本体价值才能得到实现。因此早期阅读活动必须以促进儿童语言发展和意义建构为核心目标，通过成人的有效支持，形成独特的意义建构过程。我们必须重视并贯彻落实儿童的阅读主体地位，重视儿童的已有经验，分析阅读意义的生成过程；必须准确定位成人在儿童早期阅读中的角色和作用，重视成人阅读理解对儿童早期阅读活动的影响作用，重视成人作为语言运用榜样和语言学习支持者对儿童的重要影响。成人必须保证早期阅读经验的数量与质量，重视语言形式、表现方式、内容以及时代和文化特征，避免儿童"偏食"，还要重视阅读材料的语言质量及其与儿童现实生活的内在关联。

第四章 早期阅读与儿童语言教育的现状与困境

儿童教育，常常被用来特指学校教育，即幼儿园和小学低年级的学段教育。然而事实上，儿童教育是包括家庭教育、社会教育和学校教育的综合性工程。2001年，教育部颁布的《幼儿园教育指导纲要（试行）》明确提出了家庭和社会在儿童教育中所担负的重要责任，指出"幼儿园应与家庭、社区密切合作，与小学相互链接，综合利用各种教育资源，共同为幼儿的发展创造良好的条件"。2015年10月，教育部颁布了《教育部关于加强家庭教育工作的指导意见》（以下简称《家庭教育意见》，教基一[2015]10号），首次从国家政策的高度明确了家长在儿童教育中的主体责任，要求家长严格遵循儿童的成长规律，提升家庭教育水平，家庭教育的重要性得以在官方层面得到确认和强调。国际上的已有研究已经证明，家庭教育对儿童认知发展的影响最大，远超学校教育的影响力。1966年美国约翰·霍布金斯大学教授科尔曼（James S. Coleman，1926—1995）及其他成员收集4000所学校60万儿童的数据，撰写的《关于教育机会平等性的报告》（Equality of Educational Opportunity），对全球范围内的教育产生了重大影响。报告通过翔实的数据揭示家庭是儿童学业成绩的主要影响因素，家庭教育对儿童的学校教育发挥着巨大的影响作用，并最终决定着儿童的发展。[①]《家庭教育意见》在很大程度上弥补了我国家庭教育政策的缺失，反映出党和政府对儿童成长规律的重视，体现出国家全面提升儿童教育水平和质量的决心。《家庭教育意见》同时还强调了家庭教育和社区教育的相互融合，指出要"加快形成家庭教育社会支持网络，构建家庭教育社区支持体系，积极引导多元社会主体参与家庭教育指导服务，培育形成家庭教育社会支持体系"。学前儿童社区教育主要是由社区组织、在社区中加以实施的，它是指家庭和专门教育机构以外的非正式教育。社区中一些具有一定教育功能的文化、娱乐机构，如儿童影剧院、儿童游乐室、儿童科技馆、儿童图书馆等非专门教育机构是学前社区教育的主要场所和组织力量。[②] 由于归属教育部管辖，幼儿园的早期阅读和语言教育实践能

---

① COLEMAN J S, et al. Equality of educational opportunity [R]. Washington, DC: U.S. Department of Health, Education and Welfare. 1966. Available on line at http://files.eric.ed.gov/fulltext/ED012275.pdf.

② 虞永平,王春燕.学前教育学 [M].北京：高等教育出版社,2012: 2-3.

够以教育部颁布的上述文件为指导，能够得到各级教师培训系统的支持，因此教育实践较为正规。而教育部门颁布的相关文件、政策在家庭和社会教育机构的普及率相对较低，尤其是以绘本馆为代表的社会教育机构往往由个体创办，其规模和人员素质既无法满足图书馆行业准入的门槛要求，又不具备教育机构的资质，往往以私营企业的形式提供图书馆服务和教育服务，游走于政策的夹缝之中以回避行业监管。因此本章主要从家庭和社会教育的视角，对当前家庭和以绘本馆为代表的社区教育中的儿童早期阅读和语言教育现状进行调查，以此从家庭和社会的视角看待当前早期阅读和儿童语言教育理论与实践的现状和存在的典型问题，以更好地落实《家庭教育意见》精神，使家庭和社会儿童早期阅读和语言教育指导工作能够把握问题、针对重点。

第一节

家庭早期阅读和儿童语言教育

家庭是社会的基本单位，因此应得到加强。家庭有权利得到广泛的保护和支持。儿童的保护、养育和发展的首要责任在于家庭。

——联合国大会第二十七届特别会议

家庭早期阅读与语言教育概况

家庭早期阅读与语言教育现状调查主要通过两项研究共同完成。第一项研究为问卷调查研究，以城市家庭为例，在北京市城区分别选取示范性公立幼儿园、企业幼儿园、部队幼儿园、大型民营幼儿园、私立双语幼儿园各一所，对家庭早期阅读和语言教育状况进行调查与回溯，以获取家庭早期阅读与语言教育的基本情况。该项调查每所幼儿园发放问卷30份，小、中、大班各10份，共投放问卷150份，回收有效问卷132份，回收率为88%。问卷分布如下：

表 4-1　家庭早期阅读调查问卷分布

园所	小班（n）	中班（n）	大班（n）	总数（n）
公立幼儿园	10	9	10	29
企业幼儿园	10	8	7	25
部队幼儿园	6	9	10	25
大型民营幼儿园	10	10	6	26
私立双语幼儿园	10	10	7	27
合计	46	46	40	132

其中参与家长的学历分布为：高中以下的 7 人，大专学历 24 人，大学本科学历为 83 人，18 位家长具有研究生学历。儿童性别分布为，男孩儿 79 人，女孩儿 53 人。研究采用自编问卷进行调查。调查前以预调查的方式，在上述 5 所幼儿园中各随机选取 6 人，共计 30 人进行口头访谈，对问卷的维度和选项进行了调整。第二项研究则以自愿为原则，邀请上述参与调查的大班儿童家庭参与"共读一本书"活动，共邀请 30 个家庭参与活动。结果获得 24 个（其中男孩儿 17 人，女孩儿 7 人）家庭的有效记录。该研究通过对记录进行分析，更为具体地呈现亲子共读的现状。

一、早期阅读是重要的亲子相处方式

3～6 岁是儿童身体发育的黄金时期，调查结果显示家庭亲子相处的最主要方式是锻炼身体和外出游玩。但有 21.97% 的家庭家长陪伴孩子的主要方式是进行亲子阅读，可见亲子阅读已经成为家庭生活中的重要内容，这反映了当前家长对儿童早期阅读的重视程度正在逐日提高，早期阅读日益成为亲子相处的一种重要形式。

表 4-2　家庭亲子相处的主要方式和内容

家庭中最主要的亲子活动	数量（n）	百分比（%）
外出游玩、进行身体锻炼	62	46.97
与孩子一起看书、讲故事	29	21.97
看电视	9	6.82
共同学习	8	6.06
下棋、玩牌等安静游戏	7	5.30
走亲访友	1	0.76
其他	16	12.12
合计	132	100

孩子的性别、家长的文化程度对家长最经常选择的活动类型并没有显著影响。半数以上家庭开始进行早期阅读活动的时间是在孩子两岁以后，但也有一大部分家庭在一岁以后就已经开始进行早期阅读了。此外在一岁以内，甚至是半岁内进行早期阅读的家庭已经占据 10.61%。

表 4-3　早期阅读开始的时间

开始时间	数量（n）	百分比（%）
0~6 个月	14	10.61
7~12 个月	14	10.61
1~2 岁	27	20.45
3~3 岁	74	56.06
3 岁以后	3	2.27
合计	132	100

大部分儿童用于阅读的时间为 1～3 小时／周，3～5 小时／周也比较多，其次是每周 1 小时以下，每周读书时间多于 5 小时的很少，能做到平均每天 1 小时以上的家庭极少。不同性别儿童的周阅读时间存在明显差异（$r=0.201^*$，$p<0.05$），总体而言，每周亲子阅读时间并不多，女孩儿的每周阅读时间明显高于男孩儿。

表 4-4　儿童在家庭中的周阅读总时间

总时间／周	数量（n）	百分比（%）
1 小时以下	23	17.42
1~3 小时	48	36.36
3~5 小时	38	28.79
5~7 小时	15	11.36
7 小时以上	8	6.06
合计	132	100

能够坚持每天进行亲子阅读的家庭并不多。在亲子阅读的频率上选择"有时"的家长为 30 人，占总人数的 22.73%；选择"经常"的家长 67 人，占比 50.76%；能够坚持每天进行阅读的家长有 35 人，占 26.52%。可见大部分家庭并未形成固定的亲子阅读习惯和阅读常规。

二、家庭早期阅读材料数量丰富、类型单一

被调查家庭中，52.27% 的家庭幼儿读物的数量在 51～100 本，而且值得关注的是，有 10.61% 的家庭幼儿读物在 101～200 本，9.85% 的家庭幼儿读物极为丰富，达到 200 本以上。相较于读物数量在 20 本以下的家庭来说，大

部分家庭的幼儿读物数量都较多。家庭中幼儿读物的数量丰富，在一定程度上也反映出家长对早期阅读较为重视。

表 4-5　家庭中早期读物数量

数量	数量（n）	百分比（%）
20 本以下	7	5.30
21~50 本	29	21.97
51~100 本	69	52.27
101~200 本	14	10.61
200 本以上	13	9.85
合计	132	100

我们按照预访谈结果将家庭中主要的幼儿读物划分为故事，科普，练习册，历史、人物传记和儿歌、童谣五大类后，请家长选出占总体读物数量 1/5 以上的读物类型。结果显示，所有家庭中都有大量的故事类读物，科普读物较多的家庭占全部被调查家庭的 31.81%，此外家庭中较多的读物是与教学有关的各种练习册，而绝大部分家庭中的历史、人物传记和儿歌、童谣书都非常少。可见当前大部分家庭中的幼儿读物数量虽然较为丰富，但类型却较为单一，尤其是对历史、人物传记和儿歌、童谣的重视不足。

表 4-6　家庭中较为丰富的读物类型

数量	男	女	数量（n）	百分比（%）
故事	79	53	132	100
科普	35	7	42	31.81
练习册	8	20	28	21.21
历史、人物传记	6	0	6	4.55
儿歌、童谣	2	2	4	3.03

而家长在亲子阅读时所选择的幼儿读物类型与幼儿家中主要的读物类型高度相关（$r=0.556^{**}$, $p<0.01$）。可见当前家庭儿童读物数量较为丰富，早期阅读中更偏重于故事类图书的阅读，故事类和科普类是家庭早期阅读中两种主要的读物类型，而其他类型的读物相对较少，儿童的早期阅读内容呈现出不均衡的状态。

三、家长学历、孩子性别对家庭早期阅读存在影响

1. 高学历家庭和男孩儿家庭更重视科普阅读。

统计发现,家长的文化程度只对家庭中科普读物的数量存在影响,与其他读物的数量均不存在相关。在家长学历为高中以下的文化程度的 7 个家庭和大专学历的 24 个家庭中,科普读物数量均较少(在本调查中认为不足全部读物数量的 1/5 即为较少),只有 4 个家庭的科普读物数量较多;在大学文化程度的 83 个家庭中有 29 个家庭科普读物数量较多,也就是每 10 个家庭就有超过 3 个家庭有较多的科普读物,占比 34.94%;而在研究生文化程度的 18 个家庭中则每两个家庭就有一个家庭的科普读物数量较多。

表 4-7 科普读物较多的 42 个家庭的学历分布

	高中及以下	大学专科	大学本科	研究生	合计
科普读物	0	4	29	9	42

2. 男孩儿家庭更重视科普和历史、人物传记的阅读,女孩儿家庭更重视孩子的学业知识。

虽然参与调查家庭的儿童在性别数量上不完全对等,但通过表 4-6 的统计结果仍可以明显地看出,不同性别儿童的家庭藏书类型存在一定的差异。首先,男孩儿家庭的科普读物更多,一半以上的男孩儿家庭中有较多的科普读物,但女孩儿家庭则明显较少。其次,总体而言,家庭中的历史、人物传记类图书都很少,统计中只有 6 个家庭表示这类图书占家庭图书的 1/5 以上,且 6 个家庭均为男孩儿家庭。与之相反,女孩儿家庭总体图书数量虽然较少,但在练习册较多的家庭中却占绝对优势,只有 1/10 的男孩儿家庭练习册较多,但接近一半的女孩儿家庭有较多的练习册。

儿童发展是社会文化塑造的结果,这种社会文化塑造首先表现在家长期望上,并通过家长期望影响儿童的性格、成就动机、行为习惯,甚至智力发展。[①] 从儿童出生开始,家长就通过给孩子起名字、买衣服、买玩具等中介行为隐性地传递对不同性别子女未来发展的期望。而本调查则发现,家长的性别期

---

① 王烈,姚江,才淑阁.学龄儿童智力发展影响因素的研究[J].中国医科大学学报,2000,29(S1): 27-28.

望同样也渗透在他们为儿童所选择的图书里。从图书种类的选择来看，男孩儿家长会期望孩子具有更强的探索精神，了解更多的历史和英雄人物，而女孩儿的家长似乎则更希望孩子能够静下心来，专注学业。

四、日常交往和早期阅读是家庭语言教育的主要途径

家长在日常生活中对儿童进行语言教育最重要的五种途径依次为：通过日常交往和对话渗透语言教育，通过早期阅读活动进行语言教育，通过给孩子报朗诵或口才班，进行拼音和识字活动，以及有意识地进行发音练习。早期阅读已经成为家庭开展儿童语言教育的重要途径。

表4-8 家庭语言教育的最重要途径

途径	数量（n）	百分比（%）
日常交往和对话	50	37.88
早期阅读活动	43	32.58
朗诵和口才班	19	14.39
拼音和识字活动	11	8.33
有意识的发音练习	9	6.82
合计	132	100

家长对早期阅读与语言教育关系的看法

一、家长重视通过早期阅读促进儿童语言能力的发展

家长对早期阅读的价值认识依次主要包括：提高儿童的阅读理解力和想象力、提高儿童语言表达能力、提高儿童注意力和观察力、带给儿童愉悦体验、培养儿童阅读技能和习惯、丰富儿童的各方面知识并扩展儿童视野、丰富儿童的词汇和句式知识、教会儿童识字和增进亲子感情。早期阅读的上述价值均得到了半数以上家长的认同。我们可以看出家长能够意识到早期阅读所具有的多元价值，并认为早期阅读的核心价值在于促进儿童语言领域的发展，重视阅读对儿童阅读理解力、想象力和语言表达能力有重要促进作用。

早期阅读对儿童语言发展的重要价值已经得到家长的普遍认可，虽然大部分家长能够意识到早期阅读的目的并非单纯的识字，但仍有56.06%的家长希望通过早期阅读让儿童识字。本研究结果显示，不同文化水平的家长对早期阅读价值的认识并没有明显差异。

表4-9 家长对早期阅读核心价值的看法

价值	数量（n）	百分比（%）
提高阅读理解力和想象力	112	84.85
提高语言表达能力	101	76.52
提高注意力和观察力	92	69.70
带给儿童愉悦体验	90	68.18
培养阅读技能和习惯	87	65.91
丰富知识、扩展视野	85	64.39
丰富儿童的词汇和句式	75	56.82
教会儿童识字	74	56.06
增进亲子感情	70	53.03
学会叙述事情	43	32.58
学会说明事物	37	28.03
培养儿童具备谈话能力	21	15.91
提高儿童语感	20	15.15
培养儿童掌握普通话发音	12	9.09
培养儿童学习分析篇章结构	2	1.52
培养儿童具备辩论的能力	0	0

二、家长对儿童语言能力及其获得途径缺乏基本认识

通过表4-9可以看出，大部分家长虽然都认为通过早期阅读可以提高儿童的阅读理解能力和想象力，提高语言表达能力，发展儿童的阅读技能，但却对于这些能力的内涵及其实现途径和方法缺乏最基本的了解。调查结果显示，家长对"理解力""想象力""表达能力""阅读技能"的认识，更像是对一些字眼儿和"概念"的死记硬背和简单认识，而对这些词汇到底意味着什么并不了解。例如，大多数家长虽然都认同早期阅读有利于提高儿童的语言表

达能力，但是对通过早期阅读帮助儿童学会"叙述""说明""谈话"的认同度并不高，也就意味着家长并未理解"叙述""说明""谈话"就是儿童的语言表达，并不理解儿童语言表达能力的内涵是什么。这就必然会导致早期阅读活动中，家长难以有针对性地与儿童展开卓有成效的互动，难以对儿童阅读形成有效支持，从而真正地促进儿童语言理解力、想象力、表达能力和阅读技能的发展。早期阅读中亲子互动质量的提升需要家长真正理解儿童语言理解能力、想象力、表达能力、运用能力的内涵，从而有针对性地对儿童进行支持，这样才能真正改善"先进的阅读理念，糟糕的阅读实践"的状况。

表4-9中，家长对阅读能"丰富知识、扩展视野""丰富儿童的词汇和句式""识字"的认同度，明显高于对阅读能帮助儿童掌握"叙述""说明""谈话""辩论"的认同度。其原因可能在于家长更关注阅读材料自身所携带的信息，比如知识和字、词、句等语言信息的价值，而并未意识到阅读中的亲子互动过程作为"讲述""交谈""解释说明""观点交换"对儿童语言和思维发展的重要价值。此外，极少有家长能够意识到"文章结构"对儿童语言理解、叙述、表达发展的重要意义，可见绝大部分家长缺少对"文章结构"与"阅读理解和表达"之间关系的认识，在早期阅读中难以引导儿童关注篇章的叙述结构和叙述方式，对早期阅读到底"读什么"和"怎么读"缺少较为深入的剖析和解释。

三、大部分家长认可亲子阅读形式，但缺乏科学的讲读方法

受学龄前儿童身心发展特点的影响，大部分儿童无法进行独立阅读，他们喜欢听成人讲故事，阅读的过程需要家长的支持和陪伴。调查发现，绝大部分家庭中儿童的阅读都主要是在成人的陪伴下进行的（107人，占比81.06%），但值得注意的是，我们发现"孩子一个人看书"的情况也相当普遍（25人，占全部被调查的18.94%），也就是说有近1/5的孩子的早期阅读并非亲子共读，孩子经常是自己一个人看书。大部分家长认为孩子对阅读比较有兴趣（84人，63.64%），部分家长认为孩子对阅读的兴趣一般（25人，18.94%），也有不少家长感觉到孩子缺乏阅读兴趣（23人，17.42%）。儿童的阅读兴趣与家长学历及阅读方法之间不存在相关。

家长认为吸引孩子读书的因素主要包括五类。其中大部分家长认为主要是图书内容吸引孩子，其次是孩子受到家人的熏陶和感染，有部分家长认为有趣的讲读方式会让孩子喜欢上阅读，也有家长认为孩子缺乏自控能力，因此若想让他们喜欢上阅读需要依靠外在的"强制性的要求"，还有极少数家长表示，如果缺乏其他有趣的活动，孩子自然就会喜欢看书了，如果玩儿得太多，孩子的心就很难静下来。

表 4-10　家长认为哪些途径能够引起幼儿的阅读兴趣

让孩子喜欢阅读的途径	数量（n）	百分比（%）
有趣的图书	106	80.30
家人熏陶	11	8.33
趣味阅读方式	9	6.82
强制和要求	3	2.27
减少娱乐活动	3	2.27
合计	132	100

这样的结果也就能够解释当前的一些现象，为何网络上的各种"推荐书单"层出不穷，家长对各类"推荐"趋之若鹜。原因就在于绝大部分家长认为"书"的质量是决定孩子是否喜欢阅读的根本原因。而大部分家长都忽视家庭读书氛围的营造、早期阅读方式对儿童阅读兴趣所起到的关键作用，只有6.82%的家长认为孩子喜欢阅读的原因是因为饶有趣味的阅读方式。甚至有家长认为儿童读书要依靠成人的强制和要求，甚至以牺牲儿童多种多样的娱乐活动为代价让孩子读书。因此这部分家长很可能为了让孩子读书，而采用高压或剥夺孩子正当游戏权利的手段，而这种方式实际上不仅极度不利于儿童阅读兴趣的培养和阅读能力的提高，同时还很可能会对儿童的心理造成严重的负面影响。可见家长虽然重视早期阅读，但对阅读方法的认识和理解极为有限，缺乏为儿童组织有趣的阅读活动的意识与能力，这也就使得很多家长无法意识到阅读方法的不同会影响儿童的阅读兴趣。

家长日常采用的亲子阅读形式主要包括五种，家长在亲子阅读中占据绝对主导地位，86.36%的亲子阅读采用家长讲述的形式进行，其中67.42%的家长单纯按照文字讲述，而只有18.94%的家长能够图文结合地进行讲述。不同学历水平的家长讲述方式不存在显著差异。

表 4-11 家庭主要的亲子阅读方式

亲子阅读方式	数量（n）	百分比（%）
家长按文字讲述	89	67.42
家长图文结合讲述	25	18.94
家长和孩子一起讲述	5	3.79
让孩子读字讲述	3	2.27
让孩子图文结合自由讲述	10	7.58
合计	132	100

在指导重点上，家长更为侧重让儿童理解故事情节和内容，但将指导重点放在"知识"传递和"道德"训诫的家长亦不占少数。总体而言，大部分家长在亲子阅读指导中忽视对图画信息的指导。

表 4-12 亲子共读中家长的指导重点

家长的指导重点	数量（n）	百分比（%）
图画信息	7	5.30
文字信息	18	13.64
故事情节和内容	56	42.42
故事里的相关知识	25	18.94
故事所传达的道理	26	19.70
合计	132	100

家长早期阅读和语言教育知识的获取渠道

调查中家长有关早期阅读和儿童语言教育知识的主要来源有：幼儿园和教师、书籍杂志、绘本馆和早教机构、互联网以及亲朋好友。其中大部分知识来源于幼儿园和幼儿教师，一方面显示了幼儿教育机构对家庭教育的重要影响作用，同时也暴露出这种影响的表面化。幼儿园作为专业的教育机构只是从观念上对家长形成了影响，但并未针对早期阅读和语言教育的方法、策略给予家长足够的引导和支持。

表 4-13 家长早期阅读和语言教育知识最主要的获取渠道

获取渠道	数量（n）	百分比（%）
幼儿园和幼儿教师	40	30.30
书籍和杂志	27	20.45
绘本馆和早教机构	25	18.94
互联网	24	18.18
亲朋好友	16	12.12
合计	132	100

此外，绘本馆、早教机构和互联网等社会教育方式对家庭教育造成的影响也不容小觑。以上述方式获取早期阅读和儿童语言教育信息的家庭，几乎与通过传统书籍和杂志获取信息的家庭数量相当，且这些渠道的数量总和超过了专业教育机构"幼儿园"的数量。社会舆情，尤其是互联网教育类信息的传播对家庭教育的影响作用需要引起广泛重视。因为研究显示家长上网频率和上网时间，与其育儿知识知晓程度间存在显著负相关。家长上网频率越低、上网时间越短，其对育儿知识的知晓程度反而越高；社会经济地位越低，家长会更频繁地移动上网，且单次上网时间更短，移动互联使用的"碎片化"特征更加明显。[①] 同时这一结果亦显示出专业教育机构对家庭早期阅读和语言教育的影响力亟须扩大，我们需根据家庭早期阅读和语言教育的薄弱环节进一步落实《家庭教育意见》所提倡的"强化学校家庭教育工作指导"和"丰富学校指导服务内容"，真正发挥幼儿园等专业教育机构"在家庭教育中的重要作用"和对科学的家庭教育的有效指导作用。

家庭亲子共读中的互动状况

为了进一步深入了解家庭亲子阅读的实际过程，调查小组邀请参与"共读一本书"活动的家长录制一份自然状态下，自己在家里和孩子一起首次共读《几粒种子变成了什么》（接力出版社，2014 年）的视频，允许家长对阅读

[①] 薛可，董燕.知沟假说视角下移动互联时代学前儿童家长育儿知识差距影响因素分析[J].学前教育研究，2016(4): 35-43.

活动进行扩展和延伸，如果有相关的扩展和延伸也一并录制下或用书面形式写出来。研究共获得 24 个家庭的有效亲子共读视频记录，全部家庭均是首次接触这一图画书，选择《几粒种子变成了什么》的原因有以下几点。

第一，该阅读文本为科普文本，同时又兼具故事性，是叙事性科普，既可以为儿童提供叙事性经验，也可以为儿童提供说明性语言经验。第二，该文本表现的主要内容是牵牛花的生长过程，贴近儿童的日常生活经验。其主题为植物的生长，从而可以避免因男孩儿喜爱"恐龙""汽车"等元素，女孩儿喜爱"公主""动物"等元素所造成的性别偏好。第三，该图画书为近年出版，且成套销售，因此读过这一图画书的儿童不多，可以有效地避免儿童因之前读过产生重复阅读效应。

一、亲子共读中家长对儿童关注不足

亲子单次平均阅读时间为 745.17 秒（12 分钟多），其中阅读时间最长的是 2475 秒（41 分钟多），最短的只有 230 秒（不到 4 分钟）。结果发现在阅读时间最短的家庭，家长只是低头照着书"念文字"，全程除了问儿童一个问题的时候看了一下儿童，其他时间都没有关注孩子对图书的反应。而在阅读时间最长的家庭，家长则是从头到尾一直在问孩子问题，整个过程共问了 64 个问题，将阅读过程变成了一场关于各种知识的测验和考试。

表 4-14　阅读时长

	数量（n）	最小值	最大值	均值	标准差
纸质书阅读总时间	24	230	2475	745.17	451.70
Valid N (listwise)	24				

研究对亲子共读中家长对儿童的关注度给予了五点评分。亲子阅读过程中，如果家长能够关注孩子的阅读兴趣，根据孩子的提问进行讲述，或者观察孩子对图书中哪一部分感兴趣，该研究就将关注度定为 5 分；若家长忽略儿童的个别问题，但基本仍能关注孩子的阅读兴趣点，则定为 4 分；若家长忽略儿童的大部分问题和兴趣，只对个别提问进行回答和讲解，则定为 3 分；若家长偶尔抬头看看孩子的阅读反应，则定为 2 分；若家长完全不关注儿童，只顾自己讲述，则定为 1 分。结果发现，亲子共读过程中家长对儿童关注程

度的平均分为 3.13 分。其中 8 位家长能够非常好地关注孩子，根据孩子的反应进行讲述；但是得分在 3 分及 3 分以下的家长，却有 14 位之多。可见大部分家长虽然表面上是在"亲子共读"，但并没有理解"共"的含义，只是在一起读了，但没有和孩子产生阅读共鸣及情感交流。

表 4-15　阅读中家长对儿童阅读反应的关注程度

评分等级	数量（n）	百分比（%）
1 分	5	20.83
2 分	5	20.83
3 分	4	16.67
4 分	2	8.33
5 分	8	33.33
合计	24	100

二、亲子互动主要表现为针对图画和故事的语言互动

所有递交的材料中没有一个家庭根据图书进行了相关的延伸活动，经过研究人员的访谈追问，家长表示在家里一般除了读书也不会有其他类型的围绕图书的游戏和互动，可见这一结果能够代表家庭中的阅读常态。

研究人员通过对阅读互动进行分析发现，在纸质图书的阅读过程[1]中，亲子共产生 360 次互动，其中纯语言互动占据了 330 次。其中家长发起的互动占 255 次，儿童发起的互动占 105 次。

表 4-16　阅读中的亲子互动表现类型

	语言	动作	语言和动作	合计
家长	237	1	17	255
儿童	93	2	10	105
合计	330	3	27	360

通过对亲子互动的主要内容进行分析后发现，360 次亲子互动主要包括

---

[1]《几粒种子变成了什么》是 AR 技术图书，图书中最后一页是应用电子设备阅读的部分，上述统计数据只针对纸质部分的阅读，不包括 AR 部分的阅读。

针对"儿童阅读行为"(提醒注意、阅读姿势提醒、要求儿童给家长读、要求儿童自主阅读、与儿童协商阅读方式)、"识字"(封面文字、生僻字、一般性识字)、"图画"(封面图画、画面细节、与主题相关的画面、特殊画面、扩展画面的信息)、"故事"(故事主题、故事细节、故事主要情节、故事特殊情节、故事中的词汇、故事中的人物)、"故事与生活间的联系"五类。部分亲子互动具有多维度的特征,统计共获得503个针对不同内容进行的互动。其中大部分互动都是针对图画和故事内容的,在所有互动内容中,儿童针对图画所发起的互动最多,且所占的比例也最高,可见儿童相对于成人来说更关心图画阅读。将阅读内容与儿童的生活进行联系的互动以及针对识字、阅读行为的互动相对均较少。

表4-17 阅读互动所指向的具体内容

互动内容	成人发起	儿童发起	频次
阅读行为	22	2	24
识字	25	11	36
图画	133	66	199
故事内容	131	46	177
与生活的联系	46	21	67
合计	357	146	503

三、家长提问限制了儿童的表达和对阅读的兴趣

提问是亲子互动的重要表现形式,在全部360次亲子互动过程中,共有258次家长提问产生。借鉴对话阅读理论中关于亲子阅读中家长提问的类型研究,研究人员对家长提问的类型进行统计。研究结果发现,封闭式问题共计164次,占所有提问的63.57%,这些问题主要是问孩子"是不是""对不对""这是什么",或者一些填充式问题。还有极个别的暗示性问题,例如"你干吗呢",以提示孩子"溜号"了,这种问题并非真正意义上的问题。开放式问题仅占34.88%。而研究同时发现,不同的提问类型与儿童不同的阅读反馈和阅读兴趣存在高度相关($r=0.161**, p=.002<0.01$)。

表 4-18 家长提问类型

问题类型	具体类型	频次	百分比	累计百分比
封闭式问题	是否、对错问题	49	18.99	18.99
	"是什么"问题	113	43.80	62.79
	填充式问题	2	0.78	63.57
开放式问题	回忆式问题	8	3.10	66.67
	"为什么"问题	17	6.59	73.26
	预测式问题	23	8.91	82.17
	辉映式问题	2	0.78	82.95
	完全开放式问题	40	15.50	98.45
其他类问题	暗示性问题	4	1.55	100
合计		258	100	

通过研究结果我们可以看出，虽然大部分家长认为早期阅读是发展儿童语言和阅读理解能力的重要途径，但绝大部分家长并不善于与孩子进行亲子阅读，无论是他们的观念还是技术都不能满足儿童的实际阅读需求。家长对阅读过程采用高压式控制，倾向于在阅读过程中检验儿童对事物的认识，阅读过程中难以通过有效的支持帮助儿童更好地理解内容，阅读过程较为单调和枯燥。

第二节

绘本馆的早期阅读和儿童语言教育

以学校教学为中心的教育改革充其量只能影响和改变学生每天 6～8 小时的生活，因此，要提高一个社会的教育水平，学校必须得到家庭和社会的全力配合。

——特雷尔·贝尔（Terrel H. Bell），美国教育部前部长

十八届五中全会提出"释放新需求，创造新供给"，推进基本公共教育服务的供给侧改革。在这一大背景下，社会各界正协力推进基本公共教育服务供给新模式，跨越学科、领域、部门边界，提升优质公共教育资源服务的供给质量。绘本馆作为近年来发展起来的类似少儿图书馆形式的社会教育机构，引起了社会广泛的关注。2015 年 10 月，教育部颁布的《家庭教育意见》，不仅从国家政策层面对家庭教育提出了要求，同时还提出构建家庭教育社区支持体系的重要目标。在这样的背景下，政府购买民营绘本馆服务将成为拓展社会公共教育服务的重要趋势，北京、湖南等地都已经开始尝试以社区为单位的政府购买民营绘本馆服务。绘本馆是开展教育、传播文化和提供信息的重要力量，是实现个体终身发展的重要场所。[1] 因此在公共教育服务体系构建过程中，绘本馆本质上是作为校外教育机构而存在的，因此其早期阅读服务质量必须引起关注。

校外教育是儿童教育的重要组成部分，学校（中小学和幼儿园）以外的

---

[1] IFLA/UNESCO. Public library manifesto [EB/OL]. 1994. http://www.ifla.org/publications/iflaunesco-public-library-manifesto-1994.

各类机构所组织的、专门针对儿童群体的教育活动,都是校外教育,又被称为"影子教育(Shadow Education)"。校外教育现象不仅在我国存在,而且已经成为全球范围的普遍现象,但是对于校外教育对儿童的学业成绩是否存在积极影响,国内外各类研究结果不尽相同,很大一部分研究发现校外学习对提高儿童的学业成绩影响极小,甚至有负面影响;[1]对数学成绩提高有较为显著的影响,对语文成绩提高则影响不大;[2]对不同地域的研究还发现,校外补习对城镇学校中的成绩中等偏下学生和大城市"好"学校学生的学业成绩有明显的提高作用,对其他地区和学校学生的影响不大。[3]即便研究层面较为谨慎和科学地看待校外教育,但这丝毫不影响各类城市、地区的各种类型校外教育机构的繁荣发展。而近年来,这种趋势从中小学下延至幼儿,甚至是婴儿,大、中、小型各类城市各类早教机构和早期辅导机构应运而生。其中专门针对儿童阅读和语言学习的机构主要是少儿图书馆和民营绘本馆,其中民营绘本馆占据了主体地位。

研究人员以北京市面向幼儿及幼儿家庭的 54 家民营绘本馆(连锁经营的场馆计为1家)为研究对象,在2015年1月至2015年12月为期一年的时间里,深入不同绘本馆,对选址、人员、课程收费、课程设计、课程实施情况进行实地调查。结果显示,北京市民营绘本馆的选址主要集中在四种区域,社区、商场、学校附近和教育机构内。根据统计结果,54 家民营绘本馆中,分布在社区的绘本馆有 37 家,分布在商场的绘本馆有 10 家,分布在学校附近有 4 家,附属在教育机构内的有 3 家。社区内的绘本馆大多坐落在居民楼里,是家庭式的绘本馆,面积和规模都比较小,影响力不大。而少数附属在教育机构内的绘本馆,其所附属的教育机构本身就是民办、高收费的教育机构,主要是高端早教机构。大多数的民营绘本馆选址在人口较为集中、消费水平较高的大型商场和高消费的民营早教机构。大多绘本馆的人员配置组成都呈现

---

[1] 张羽,陈东,刘娟娟. 小学课外补习对初中学业成绩的影响——基于北京市某初中九年追踪数据的实证研究 [J]. 教育发展研究,2015, (Z2): 18-25.

[2] ZHAO G. Can money "buy" schooling achievement? Evidence from 19 Chinese cities [J]. China economic review, 2015, (35): 83-104.

[3] ZHANG Y. Does private tutoring improve students' National College Entrance Exam performance? A case study from Jinan, China [J]. Economics of education review, 2013, 32 (1): 1-28.

为"销售+学校"的组合模式,即由项目负责人、校长、销售主管、课程顾问、市场、主班教师、前台等基本人员组成,其中主班教师和课程顾问为主要构成人员,课程顾问受销售主管领导,主班教师受校长领导。

以借阅和阅读课程销售为主的服务模式

当前绘本馆主要包括四类阅读服务模式:以营利性课程为主的服务模式、以机构宣传为主的服务模式、书店服务模式、借阅服务模式。研究人员在对54家绘本馆的服务模式进行分析后发现,以有偿借阅为主要营利手段的服务模式仍然在当前绘本馆服务中占据主导地位;大量机构开始关注营利性课程的开发,并形成以营利性课程为主的服务模式;以机构宣传为主的服务模式和书店服务模式数量相对较少。

表 4-19　北京市民营儿童绘本馆主要的服务模式

服务模式	以营利性课程为主	以机构宣传为主	书店服务模式	借阅服务模式
数量	11	4	2	37
百分比	20.37%	7.41%	3.70%	68.52%

一、以营利性课程为主的服务模式

这类绘本馆主要由私人或私营机构创办,具有较强的营利性,在民营绘本馆中占据一定的数量,并且形成一种趋势。这种绘本馆实际上是以儿童绘本阅读课程为载体的早期教育机构,其营利途径是为阅读或其他课程服务。很多绘本馆如"多米荟馆""小马悠悠绘本馆"和"悦读荟"都属于这类服务模式。以代表性的"悦读荟"儿童阅读俱乐部为例,它是青苗荟产业集团的儿童教育板块,隶属于北京世纪青苗科技有限公司,是其早期教育的一种分项目。

二、以机构宣传为主的服务模式

这类绘本馆主要依附在民办学校内部,服务于民办学校学生家庭及周边社区儿童和家长,不以营利为目的,具有一定的公益性和宣传性。其阅读服务是作为民办学校的增值服务存在,目的一方面在于推广阅读,另一方面则是对学校起宣传作用，在本质上属于民办学校图书馆。其典型代表为"第壹阶悦读馆"，它是由第壹阶幼小衔接专科学校创办，应广大家长要求和社区建议，在周末对周边社区3～8岁儿童家庭免费开放。社区家庭可以免费参加悦读馆举办的各种活动，如"看图画猜书名活动"，一方面可以调动儿童的阅读兴趣，宣传早期阅读；另一方面可以使家长更多地了解学校，成为学校宣传的窗口，提升学校在社区适龄儿童和家长中的影响力。目前北京这类绘本馆的数量不多。

三、书店服务模式

这类绘本馆主要是售卖一些绘本图书，不借阅图书也不开展绘本活动。以"蒲蒲兰绘本馆"为例，它是北京蒲蒲兰文化发展有限公司在中国开设的第一家儿童书店，主要经营经典儿童读物，策划、执行儿童早期阅读活动。"童立方亲子阅读空间"也主要表现为这类经营模式。

四、借阅服务模式

借阅服务作为图书馆最基本的服务形式在民营绘本馆中广泛存在，且发展成为不同的子类型：包括实体借阅模式、实体和网借结合的综合型借阅模式。实体借阅是以实体馆形式存在的个体创办的绘本馆，提供绘本借阅服务，以借阅为主要营利手段，这种借阅服务模式最为普遍，例如国内首推亲子阅读的"悠贝亲子图书馆"就是一家大型、规模化的连锁实体馆，全国范围内实体图书馆数量已经超过600家。实体和网借结合的综合型借阅模式，是既提供实体绘本馆借阅服务，又提供网上借阅服务的方式，其中"老约翰绘本馆"发展规模较大，以绘本借阅为主，售卖为辅，借助网络平台，通过加盟方式，发展成为绘本馆的连锁经营机构，这种模式以网络加实体为特点，实现多城市资源和信息的共享。在笔者统计的54家民营绘本馆中，有30家绘本馆是实体借阅式绘本馆，有7家是实体和网借结合的综合型借阅绘本馆。

大多数绘本馆都以课程为依托，其阅读服务主要围绕着提供书籍借阅和提供每周固定的阅读及其他课程。借阅的价格不等，最低的借阅收费为380元/

年,最高的为 1880 元 / 年,平均价格是 792 元 / 年。延伸课程的价格平均为 200 元 / 节(40 分钟),亲子活动价格为 50～80 元 / 场,托管约 50 元 / 次。

多样化、拼盘式的课程内容

民营绘本馆单纯依靠借阅无法支撑整个绘本馆的运营,所以很多绘本馆除了开展借阅、讲故事活动以外,会开设很多早期阅读或延伸课程。研究者在对 54 家绘本馆的调查后发现,包括讲故事活动在内,绘本馆共开设有针对儿童、家长的 5 类总计 27 种不同课程。

表 4-20　民营绘本馆课程汇总

服务对象			课程设置	频数	课程设置	频数
服务对象	儿童	阅读相关	讲故事	26	绘本写作	1
			英语绘本课	15	作文课	1
			绘本剧	5		
		阅读周边	手工	16	早教阅读	1
			绘画	8	全脑阅读	1
			创意美术	7		
		其他课程	数学思维	1	乐高	2
			厨艺	4	口才	2
			陶艺	2	国学	2
			书法	7	茶道	1
			沙画	3	少儿跆拳道 / 太极	1
			棋艺	2		
	成人		父母课堂	12	学术讲座	1
	亲子		亲子活动	15	托管	4
			亲子瑜伽	1	游学	4

接近半数的绘本馆都开展讲故事活动,按照课程开设数量排名,讲故事、手工、绘画(包括绘画和创意美术)、英语绘本课、亲子活动、父母课堂依次为开设较多的课程。以英语绘本为载体的英语阅读活动开始成为绘本馆经营中的一个重要特色服务项目。在 27 种课程活动设置中,跟阅读相关的课程活动有 5 种,阅读周边的有 5 种,而跟阅读没有关系的课程有 11 种,例如茶道

等。研究人员在考察了绘本馆的书法课程后发现，该课程由于专注于书法技巧的练习，并非关注儿童的早期读写，因此并不属于阅读相关课程。

绘本馆是在国家政策扶持下，对儿童早期阅读活动日益重视的教育环境下的产物，应该是以绘本借阅和亲子阅读课程为主要服务内容的专门场所。然而通过对绘本馆课程的统计我们可以发现，当前绘本馆的服务内容已经变相地成为早教机构，早期阅读服务虽然形式看起来丰富多彩，内容多样，但缺乏对早期阅读的纵向和深入探索，大多数课程并未围绕儿童的阅读展开。虽然一些"阅读周边"课程内容可能与阅读之间发生联系，但就具体的课程内容看，大多数绘本馆并不能将美术等活动真正地和阅读内容结合起来，而仅仅是生拉硬拽的两张皮，例如，让孩子看过一本图画故事书后，画书里面的一个场景或者是人物，这样拼盘式的活动形式并不利于深化儿童的阅读理解，使其获得早期语言经验。

绘本馆早期阅读课程案例分析

本研究以某连锁、综合型绘本馆面向 1.5～6 岁儿童设计的阅读课程为案例，对绘本馆早期阅读课程的总体规划和思路进行分析，以了解绘本馆早期阅读和语言教育的基本情况。研究者以 2 名幼儿（3 岁、5 岁）的家长身份进行田野调查，通过接触绘本馆、"课程顾问"的课程推介、课程体验、成为会员参与课程、与其他家长会员的聊天和访谈等一系列过程，以合理途径获得绘本馆课程的公开信息。

一、依据儿童心理发展和教育理论设计课程理念

绘本馆的优势在于低幼儿童的藏书非常丰富，然而大部分绘本馆的借阅服务难以维系日常支出，因此大部分绘本馆均设有各类课程，并尝试将阅读与各类课程进行紧密结合，围绕阅读和形式多样的活动，促进儿童的全面发展，为家长提供多元化的早期阅读服务。该馆就以美国哈佛大学教育研究院的心理发展学家霍华德·加德纳（Howard Gardner）提出的多元智能理论为理论基础，强调通过早期阅读活动促进儿童多元智能的发展。多元智能理论改

变了传统单纯依据智商判断儿童的状态,提出每个人都拥有八种主要智能:语言智能、逻辑—数理智能、空间智能、运动智能、音乐智能、人际交往智能、内省智能、自然观察智能,后又提出第九种智能——存在智能。

该绘本馆在多元智能理论的基础上,针对每个年龄段儿童的不同发展特点和发展需要,提出了发展的重点智能领域。例如对于低龄儿童,该绘本馆更强调"运动智能"和"音乐智能";而对于4岁以上儿童,该绘本馆则开始关注并强调"空间智能""内省智能"和"数学智能"。该馆同时选择相应的图画书作品,作为课程的主体阅读材料,并根据阅读材料的内容设计相应的延伸活动,以确保实现"多元智能"发展的目标。典型的延伸活动主要包括:厨艺、创意美术、故事表演和绘本戏剧创作,而同时往往将某一类活动与特定的智能联系起来,如通常将美术活动与空间智能、将故事表演与人际交往智能联系和对应起来。这样的做法对于向家长普及早期阅读的价值,帮助家长认识多元化的阅读方式具有一定的积极作用,例如有家长就谈到:

这儿的活动挺好玩儿的,在家讲故事哪会唱歌啊,唱个歌,孩子明显有兴趣多了。不过很难在家里玩儿,画个画什么的也行……还能画故事里的毛毛虫,挺好的,你看人家老师做的那个毛毛虫,多好看,其实也挺简单的,你说咱们自己怎么就想不出来呢!……其实,学会了也没那精神头儿给她做,在这儿玩儿挺省事的,还有小伙伴儿。(D妈,孩子3岁)

上述文字说明大部分家长缺乏与儿童进行阅读活动和开展游戏的经验、方法及时间,因此绘本馆丰富的活动形式对一些家长具有一定的吸引力,吸引其购买课程的主要原因在于绘本馆的活动形式多样并且能受到孩子的欢迎。

但绘本馆早期阅读课程中对理论的理解和解读往往存在误区。例如,在课程设计和课程宣传过程中将数理—逻辑智能等同于数学学习。然而实际数理—逻辑智能涵盖数学、科学和逻辑三个主要领域,它主要指数学和思维方面的能力,包括推理和运算的能力。对语言材料的学习本身就有利于儿童逻辑智能的发展,例如在阅读活动中通过提出开放性问题、让儿童根据图画或故事结构进行预测、续编或改编故事等方式,就是为儿童提供思考机会,充分调动并发挥其数理—逻辑智能。在图画书阅读中,引导儿童发现阅读中的图画和故事"线索",根据画面和情境猜测词语的含义,感知故事的基本结构，通过对语言元素的解码来理解整个故事的意义，概括故事的主题，也均是发展儿童数理逻辑智力的重要机会。

但是由于受到绘本馆经营者和雇员儿童心理学和教育学专业素质的影响，绘本馆在课程设计上往往简单套用某一教育学或心理学理念，缺乏对理论的基本认识，导致理念与操作呈现为"两张皮"。

二、强调"兴趣"阅读，重视活动形式

绘本馆在阅读课程设置上，强调采用"游戏化"的教学方法，即通过"手工""绘画""歌唱和律动""表演"等形式让儿童进行阅读和阅读周边活动，力求寓"教"于"乐"。因此绘本馆在课程的设置上特别强调让儿童进行"活动"，活动具有非常典型的"流程"，而所有的活动都严格遵循这一流程。

1. 问候环节
   - 引导参与活动的小朋友互相认识，并放音乐，跟随"你好歌"互相问好。

2. 导入环节
   - 通过一个与阅读材料内容相关的儿歌、视频或者小游戏导入讲故事活动。

3. 讲故事环节
   - 一般为教师全程声情并茂的讲读，较少互动和回应；
   - 在大龄幼儿的讲故事活动中，会根据故事的顺序，借助图片的手段，引导幼儿梳理故事发生的顺序。

4. 游戏环节
   - 低龄幼儿一般为教师组织的亲子游戏；
   - 4岁以上幼儿一般为教师和儿童共同进行的游戏，游戏有时与阅读内容有一定的关系，较多地表现为对"多元智能"目标的强化，例如通过游戏，帮助儿童巩固"计数"能力，发展其"数学智能"。

5. 自主活动环节
   - 幼儿根据教师提供的游戏材料自主进行游戏。

6. 结束环节

- 通常运用音乐，在音乐节奏和律动中结束活动；
- 有时音乐会与阅读内容产生一定的关联，例如在阅读了主题是数数的图画书后，再见儿歌就选择《上山打老虎》或者《十个小印第安人》。

活动全部时长一般为 40～45 分钟，其中讲故事的时间低龄幼儿一般为 5 分钟，4 岁以上幼儿为 10～15 分钟，游戏环节所占的时间比例最长。这些趣味化的形式有助于吸引儿童的注意力，在一定程度上让儿童产生兴趣；同时在"师资"流动性极强的状态下，有利于保证教育活动的稳定性和教学效果的一致性。但这种流程往往会导致执行过程表现僵化，由于课程内容和环节的"设计性"过强，"教师"无法根据不同儿童的表现及时地对教育过程进行调整，也难以关注儿童之间的互动所产生的火花。大多数的活动过程表现为教师执行教案的流程，对儿童所提出的问题、儿童关注的问题往往采取简单的应答，甚至直接忽略。师幼互动中对儿童的关注和回应极弱，因此导致多次参与活动的儿童对活动的兴致逐渐下降，甚至不愿意再参与活动。另外，这种流程虽然在课程理念上强调多元智能，即尊重每个孩子特有的智能结构，但是在实际操作中却将所有儿童视为相同的个体，让儿童在统一的时间执行相同的活动，所以在本质上并未尊重多元智能理论的理论精神。

不少家长表示孩子刚开始很爱来上课，但兴趣难以持久，受访的家长大部分并不清楚导致儿童丧失兴趣的根本原因。但这种情况严重影响了绘本馆"课程"的口碑，绘本馆在课程营销上面临严峻挑战，进而影响到绘本馆的生存和可持续发展。

刚开始孩子都爱来，好玩儿呀！你看还能唱，还能跳，还有玩具玩儿。不过我看小孩子就是三分钟热度，来了三周吧，你看就不太爱来了。（A 家长，孩子是 2 岁半男孩儿）

我觉得活动挺有意思的，老师也都很漂亮和温柔。所以她喜欢吧，不过有时候我也觉得老师有点儿太较真了。比如到点儿就必须做什么游戏，有时候孩子还没玩儿够呢！我们家这个就总是沉浸在游戏里，她就是爱剪纸，别的她不喜欢，所以总是被老师说。（T 家长，孩子是 5 岁女孩儿）

三、图画书阅读活动案例及评析

根据绘本馆 3 岁儿童阅读课程的真实过程，研究者选取了其中较具代表性的阅读活动，对活动流程进行记录，尽量记录下教师提问和指导语言，将其作为绘本馆图画书阅读活动的案例。下文是绘本馆图画书《猜猜我有多爱你（数一数）》的一个阅读案例。

1. 问候环节（2 分钟） ◆ 教师问候幼儿，并请幼儿介绍自己。 　　小朋友们，你们大家好！我是 Nancy 老师，很高兴今天见到大家。Nancy 老师也想认识一下小朋友们，请你们介绍一下自己吧！ ◆ 播放音乐，教师带领幼儿走圈、做上肢的律动活动。	能够与幼儿进行互动，相互熟悉，调动幼儿的参与热情。
2. 情境导入（2 分钟） ◆ 播放《小白兔白又白》的儿歌视频，并进行提问，引出故事的主人公"兔子"。 　　小朋友们，儿歌里唱的是哪种小动物呀？ 　　哦，是小白兔。小白兔，白又白，爱吃萝卜爱吃菜，跑起路来真叫快。小白兔跑起来是什么样的？我们一起学学看。 　　今天老师就给你们带来一个关于小兔子的故事。	引导幼儿注意听儿歌内容。 　　注意互动，引导幼儿表现小白兔的样子。
3. 讲故事《猜猜我有多爱你（数一数）》（20 分钟） ◆ 阅读封面：引导幼儿观察封面，猜测故事内容。 　　这是书宝宝的封面，封面上有谁？他们是什么颜色的？ 　　对，封面上有两只兔子，一只棕色的大兔子和一只棕色的小兔子。小朋友们看看大兔子和小兔子在做什么，猜猜这个故事是讲什么的？	能够引导儿童进行故事预测，但是除故事主人公以外，其他问题（兔子的颜色）与阅读内容并无关系。对儿童的回答未予以回应。

续表

教师一边指着封面上对应的文字，一边告诉幼儿：封面上有书的名字和作者的名字，书的名字叫《猜猜我有多爱你（数一数）》。这本书的文字作者是爱尔兰的山姆·麦克布雷尼，图画作者是英国的安妮塔·婕朗，是张杏如阿姨为我们翻译的。	实际上《猜猜我有多爱你》是一本相当普及的图画书，大部分幼儿都具有相关经验。教师可以通过问题调动儿童的经验，让他们思考"和你读过的哪本书里的人物一样"，或者"你可以在绘本馆里找一找还有没有讲这两只兔子的故事的书"。 对封面信息的介绍程式化且僵化，未能尊重儿童的阅读经验，也没有充分利用儿童同伴交往进行学习。 对于3岁儿童来说，虽然他们不认识字，但部分儿童可能具有识别出哪些字是"书名"的能力，部分儿童可能知道下面的小字代表什么。"爱尔兰""英国""翻译"等词汇超越了大多数儿童的认知范围，在缺少相关经验的前提下，儿童难以理解。

续表

◆ 第1—2页讲读 　　小兔子手上拿着什么？哦，它拿着几朵蒲公英呢？你觉得小兔子会对大兔子说什么？大兔子会怎么说？ 　　怎样吹蒲公英？你们知道吗？谁来给我们学一学？ 　　教师边做动作边总结道：对，一朵蒲公英，吹！ ◆ 第3—4页讲读 　　大兔子和小兔子又看到什么了？有几只青蛙？我们伸出小手一起数一数。 　　小兔子会对大兔子说什么呢？我们看看小兔子的动作是怎样的？青蛙是怎么跳的？我们一起学学看。 　　教师一边做动作，一边进行总结和示范：两只青蛙，跳——跳！ 　　小朋友们，后面又会发生什么呢？	书名和作者信息的讲读意义在于让儿童意识到书里的故事是作者创作的、可爱的形象是画家画出来的，最后被出版社印刷成了一本书。但这种机械的念读介绍方式并无法使儿童将"爱尔兰的山姆·麦克布雷尼"和画出来的两只棕色的兔子联系起来。无法实现介绍的意义。 这里可以充分联系儿童生活中关于蒲公英的经验，但教师将重点放在了让儿童数出1和做出统一的动作"吹"。

续表

◆ 第5—6页讲读 　　大兔子和小兔子又看到什么了？有几只蝴蝶啊？我们伸出小手一起数一数吧。 　　小兔子看到蝴蝶，会做什么呢？我们一起来追蝴蝶吧！ 　　教师总结道：三只蝴蝶，追——追——追！我们念了几遍"追"啊？ 　　后面还会发生什么有趣的故事呢？	由于缺少对故事结构的感知，大部分幼儿无法对后续内容进行预测。预测问题无效。 　　同样应联系儿童的日常经验。
◆ 第7—8页讲读 　　大兔子和小兔子又看到什么了？ 　　教师指着画面上的落叶，问：这是什么？有几片落叶啊？我们一起来数一数吧！ 　　教师总结道：秋天到了，树叶都变黄了，从树上落下来。小兔子和大兔子看到落叶，就玩儿起了抓落叶的游戏。 　　四片落叶，抓——抓——抓——抓！我们一起来抓落叶吧！教师带领幼儿一起做抓树叶的动作。	
◆ 第9—10页讲读 　　大兔子和小兔子玩儿了一天真高兴呀！现在到了什么时候？ 　　你怎么看出来是晚上的？天上有几颗星星，我们一起数一数。 　　大兔子和小兔子在做什么？你觉得他们会说什么呢？ 　　（孩子此处表达较为丰富："兔子妈妈说该睡觉了！""要去刷牙！"等。）	

天渐渐黑了，月亮和星星亮闪闪地挂在天空，小兔子玩儿了一天，开始困了，大兔子把小兔子抱起来。 你觉得后面会发生什么故事呢？（幼儿表示小兔子会做一个美梦、明天他们还一起玩儿数东西的游戏等。）	由于此处调动了幼儿的生活经验，幼儿能够进行较好的表达。
◆ 第11—12页讲读 　　大兔子把小兔子抱在怀里，小兔子甜甜地睡着了，大兔子在做什么？你觉得她会想什么？她会对小兔子说什么呢？ 　　晚上睡觉前，爸爸妈妈会对你们说什么？ 　　大兔子看着天上的月亮，轻轻地对小兔子说："宝贝，晚安！" ◆ 封底阅读 　　这是书的封底，故事到这里就结束了。 ◆ 再次讲述 　　教师出示图片（一朵蒲公英、两只青蛙、三只蝴蝶、四片树叶、五颗星星），引导幼儿通过关键信息回忆完整的故事。 　　今天我们共同读了一个好听的故事，叫《猜猜我有多爱你》，你们还记得大兔子和小兔子一开始看到了什么？然后他们是怎么做的？后来呢？ 　　教师完整地、有感情地再次讲述故事。	幼儿由于具有相关经验，可以对睡觉之后的事情进行一定的预测。 利用关键信息，并运用"一开始""然后""后来"等词语，帮助儿童有顺序地回忆故事内容。

续表

4. 游戏活动：打保龄球（8分钟） 小朋友们有没有玩儿过"保龄球"？今天我们一起来玩儿一个打保龄球的游戏，我们要用右手抓住黑球，用黑球去打彩瓶，打倒瓶子数量最多的小朋友可以获得游戏的胜利哦！老师先来打一次，哇，我打到了几个瓶子？我们一起数一数。 通过示范和规则讲解，引导幼儿自主进行游戏，并点数击中了几个。	游戏与故事并无关系，而只是对故事中"数字"部分进行的复习。
5. 数字涂色游戏（8分钟） 给幼儿提供一些数字卡片，卡片上为数字1~5对应的实物，例如5颗星星的卡片上，星星部分教师用蜡笔涂过，因此卡片经幼儿大面积涂色后会因为有些区域涂不上而显现出5颗星星。 教师要求幼儿将给的整张纸用彩笔涂满颜色，然后发现卡片上有几个物品。 幼儿涂完后，教师出示自己写着数字1~5的数字卡，询问："谁的卡片上的数字和我的一样呢？"引导幼儿正确点出数字1—5。	
6. 结束环节（5分钟） 教师播放音乐《十个小印第安人》，询问幼儿歌词里面唱了什么，引导幼儿说出数字，然后结束活动。	

对阅读活动的案例分析，虽然不能代表绘本馆的全部活动或是所有绘本馆的阅读活动，但我们依然可以从中发现绘本馆早期阅读活动的优势和存在的典型问题。

首先，绘本馆的讲故事活动对儿童具有一定的吸引力，可以引导儿童在相对轻松的环境下学习数学，因此迎合了家长的教育消费需求。另外讲述活动的活动性较强，教师能够声情并茂地进行讲述，对儿童具有很好的感染作用，有利于儿童阅读兴趣的萌发，因此也受到了很多家长的肯定，对在家庭中开展亲子阅读活动具有很好的示范作用，有利于家长掌握声情并茂地讲述故事的简单技巧。但是，受到其师资水平的影响，绘本馆的阅读活动也暴露出了一些较深层次的问题。

第一，过于强调阅读的工具价值。

绘本馆早期阅读活动往往将阅读材料作为"学科"工具，将图画书作为儿童学习"数学""社会交往""科学"，提高"自理能力"的工具。活动由于强调了阅读内容中所蕴含的"学科"价值，自然也就忽略了图画书作为"阅读材料"的语言发展价值，对书籍和文学作品的结构、图画书中的词汇和语言、表达方式和故事结构等方面价值的认识和挖掘不足。

第二，对"学科"价值的理解和认识流于表面。

根据教师的介绍，该活动的价值在于让儿童认识数字1—5，学会数数，促进其数理—逻辑智能的发展。但是实际上该作品所展示的数学现象并非仅仅是内容中的数字，作品本身的写作结构就体现了数学中的"模式（pattern）"，用语言展现数学模式，也是数学模式在语言中的应用。另外文本中还包含着数量词（朵、只、片、颗）的应用，这些都是儿童数学认知的重要内容。

1朵蒲公英，吹！

2只青蛙，跳——跳！

3只蝴蝶，追——追——追！

4片树叶，抓——抓——抓——抓！

但是这些隐含的数学信息，并未在活动中得到很好的重视和应用。因此，绘本馆即便专注于阅读活动的工具价值，但是对于工具价值的挖掘和运用仍然处于较为表浅的水平，无法让幼儿在阅读中自然而然地感受作品中丰富的数学信息。

第三，故事讲述方式机械呆板。

在故事讲述中，老师有意识地向幼儿介绍了封面信息，但却是简单机械的介绍，缺少引导孩子对"为什么介绍这些信息"的深入思考，使这种介绍变成了简单的"念文字"，对儿童理解作者、画家等信息并无助益。实际上通过对这本书的阅读，老师可以让儿童意识到"兔子"是很多作者和画家都很喜欢的主人公，可以联系幼儿的阅读经验，让儿童说说自己还读过哪些关于"兔子"的书，也可以给儿童呈现不同的"兔子书"，让儿童意识到对同一事物，不同的人可以创作出不同的故事，画出不同的形象。在最后的结束部分，老师可以给幼儿呈现《猜猜我有多爱你》和《猜猜我有多爱你（颜色）》，告诉幼儿这些书也是同一个画家画的，可以让幼儿进一步阅读并进行感受。通过类似这样的方式，我们才能让儿童真正理解画家和作家的含义。

第四，阅读与延伸活动简单拼凑。

在上面的阅读活动中，看似老师围绕着图画书《猜猜我有多爱你（数一数）》开展了多个延伸活动，但事实上后面的活动与图画书并无内在的联系，这些活动仅仅是数学活动，即便不与《猜猜我有多爱你（数一数）》联系在一起，依然可以独立成为一个活动。老师缺少对阅读材料的深入分析，阅读活动简单拼凑。《猜猜我有多爱你（数一数）》的阅读在整个的阅读活动中并非主体，而只是作为儿童学习数字1—5的点数的"引子"，图画书阅读更像是一场单纯的数学活动的引入环节。阅读的价值被掏空和曲解。

第五，阅读互动形式化。

阅读中意义的生成过程是儿童在成人的帮助下，通过与成人之间的互动、与生活之间的互动进行建构的过程。然而，在上面的阅读活动中，虽然表面看来教师通过提问与幼儿间进行了互动，但是这种互动缺乏与生活的联系，从活动设计的层面来看没有主动调动儿童的生活经验，没有让儿童理解故事发生的场所、时间顺序和故事中的人物关系。因此图画书阅读和后续的游戏活动就显得对阅读价值的利用极为薄弱。例如，若想帮助儿童理解故事发生在小兔子生活的花园里，那么老师就可以让儿童联系自己的生活说一说自己和妈妈或爸爸生活的"家里""游乐场里""户外的操场上""小区里"或者是"马路上"遇到的一些事情，列举出来。这样既调动了幼儿的日常经验，通过教师对语言的梳理和支持，也可以帮助幼儿充分地感受图画书的语言特征和写作中所运用的语言模式，甚至可以让儿童口头或书面创作出自己的"数一数"故事或"图画书"，深入感受"图书""作品""作者"这些概念的本质，也会使儿童更加认识到数学的有趣和数学与日常生活的关系。

第三节

早期阅读与儿童语言教育的困境与建议

一个人的智力发展和他形成概念的方法在很大程度上是取决于语言的。

——爱因斯坦（Albert Einstein）

被"曲解"的早期阅读

一、被"窄化"的早期阅读

提到早期阅读，人们首先就会想到图画书，并将其等同于图画书阅读。自20世纪90年代，以浙江师范大学黄云生教授为代表的文学理论研究者从重视幼儿文学的角度提出重视"图画书"。① 图画书这一独特的儿童文学表现形式开始逐渐引起学术界的关注。1997年，湖南少年儿童出版社翻译出版了松居直先生的《我的图画书论》。而此前，我国的低幼儿童读物多为连环画、小人书等形式，图画书并未作为独立的形式引起人们的关注。随着以日本白杨社为代表的图画书出版单位进军中国市场以及阅读推广人的大力推动，日文称谓"绘本"也开始逐渐被社会大众广为接受，但文学和教育研究领域的学者更多地采用"图画书"概念。伴随社会经济的发展，21世纪初少儿出版业迎来了发展的黄金时期，图画书开始引起社会各界的广泛重视，并日益受到幼儿园教育和小学教育的关注。一些学术研究机构也针对图画书纷纷开展

---

① 黄云生.一个被误解的文学现象——关于幼儿文学及其理论的思考[J].浙江师大学报（社会科学版），1990(4): 31-37.

相关研究与实践，例如北京师范大学成立中国图画书创作研究中心，南京师范大学教育科学学院成立图画书研究中心，中央美术学院城市设计学院成立绘本创作工作室，首都师范大学学前教育学院成立绘本阅读中心。随着媒体技术的兴起，作家、画家、出版工作者、儿童文学理论研究者、儿童教育工作者、专业阅读推广者等人士，学校、教育研究机构、少儿图书馆、绘本馆、各大书店及图书销售网站等机构和商家，纷纷推出"必读书目""推荐书单"和各类"排行榜"，并进行对各类图画书阅读价值和阅读方式的宣传。在社会各界的推动下，出版业界预测少儿出版的未来十年将是"图画书时代"。[①]大家的共同努力极大地推进了我国儿童阅读事业的发展，促进了早期阅读水平的普遍提升，这对增强早期阅读在社会公众中的影响力起到了至关重要的作用。

然而，随着阅读推广事业的推进，公众视野中的早期阅读也陷入到另一种误区，图画书阅读被大众等同于早期阅读。大众从忽视图画书阅读，走向过度强调图画书阅读，甚至陷入将图画书阅读等同于图画故事书阅读的极端中。当前各类少儿图书馆进行的各类早期阅读活动被"图画书阅读"所包办，家庭早期阅读材料中图画故事书占据了主体地位，甚至不少成人将其视为唯一材料，这严重地窄化了儿童的阅读，极易导致儿童阅读过程中的"营养不良"。儿童的阅读材料应该是多元且均衡的，只有这样才有助于儿童客观地认识阅读、理解语言，保证阅读营养的全面性。图画书从大类上说，有虚构（fiction）的和非虚构（nonfiction）两大类；若从小的形式和体裁上看，则包含以下多种：

- 口袋书
- 童谣
- 诗歌和古诗
- 儿歌
- 字母书
- 数数书
- 认物书

[①] 海飞. 关于我国童书出版的三个预判 [N]. 中国新闻出版广电报，2015-11-11(4).

- 无字图画书
- 名著简写本
- 知识类图画书
- 传记
- 历史故事
- 现实题材故事
- 科幻文学
- 民间传说
- 寓言
- 神话
- 史诗
- 经典文学作品

在为儿童选择阅读材料时，成人应兼顾多种类别，综合融合故事类、知识类等多种内容，童谣、绘本等多种形式。在早期阶段，成人应该让孩子接触不同的表达形式，理解不同文体形式的阐释方式差异，并且感知到不同体裁的优势，学会根据不同的表达需要选择适宜的表现方式。儿童在未来的实际生活中也确实需要认识和熟悉不同的表达文体，比如需要以故事的方式叙述事件，能够对物品进行简单的介绍和说明等，以适应社会生活的需要。在本书第一章中，我们已经明确图画书只是早期阅读材料的一部分而已，一切书面材料都可以成为早期阅读材料，一切有利于促进儿童阅读和读写能力提升的活动都应被看作是早期阅读活动。下面所列出的各种生活中的读写形式都应成为早期阅读的重要素材，应引起成人的关注和重视。

- 故事
- 说明书
- 诗歌
- 书信
- 清单
- 感谢信
- 备忘录

- 邮件
- 日记
- 便条

此外，在早期阅读活动中，我们应充分重视和利用儿童的涂鸦和前书写行为，关注儿童早期联合运用美术语言和口头语言的创造性语言表达活动。融合了听、说、读、写多方面语言经验的儿童"自制图画书"活动，作为综合性的早期读写和语言活动，也应受到成人的关注和重视。研究发现，4岁以上的儿童在成人的支持下即可以进行自制图画书活动。[1] 在儿童的语文教学中运用和利用儿童的绘画并非新鲜事物，绘画作为一种语言表现方式已经引起了研究者的关注，儿童的绘画有利于其在视觉语言和口头及书面语言之间做出转化，进而提升其写作能力。研究发现，童年早期的涂鸦行为中也包含着社会约定俗成的书写系统的明确特征，儿童很早就会使用图画来表达自己的观点，而这种方式则是儿童探索故事写作的最初表现。[2] 早期涂鸦行为有利于儿童理解"图书"的本质，理解"作者""画者"的真实含义，可以帮助儿童学会创造性地使用书面语言符号，使他们成为图书和文字材料的创作者。[3] 研究证明，绘画对读写困难儿童的表达和写作具有极大的促进作用。[4] 我国的语文教育也提倡让儿童通过绘画，将自己的所见、所闻、所思、所感在图画中表示出来，从而达到激发儿童写作兴趣，提高儿童表达能力的效果。[5] 在自制图画书活动中，儿童可以将涂鸦、绘画、文字书写经验，以及图画书阅读经验统一运用到儿童的表达过程中，将阅读、书写技能统一起来，个性化地建构并表达意义，这是促进儿童听、说、读、写多方面语言能力发展的综合性活动。

制作图画书活动整合了儿童语言发展的关键经验，在以下多个方面能够促进增强儿童的早期阅读效果，提升其语言理解和表达运用的能力。

---

[1] 何苗. 幼儿自制图画书活动特点研究 [D]. 北京：北京师范大学, 2006.

[2] FERREIRO E. Literacy development: psychogenesis [M]. In GOODMAN eds. How children construct literacy. Newark, DE: International Reading Association.1990: 12-25.

[3] 周兢, 余珍有. 幼儿园语言教育 [M]. 北京：人民教育出版社, 2004.

[4] SIDELNICK M A, SVOBODA M L. The bridge between drawing and writing: Hannah's story [J]. Reading teacher, 2000, 54(2): 174-184.

[5] 吴光秀. 绘画在小学低段语文教学中的作用 [J]. 四川教育学院学报, 2003, 19(4): 51-52.

- 帮助儿童认识"图书",理解图书的创作过程;
- 理解作者、画者、出版社等信息的含义;
- 有利于儿童关注并掌握叙事结构,从而根据叙事结构进行仿编或创造;
- 能够有力地促进儿童运用多种语言途径进行表达;
- 提升儿童对读写活动的兴趣。

二、被"遗忘"的语言教育

社会、家庭、学校越来越重视儿童的早期阅读,图书出版市场又为社会提供了大量的、丰富的阅读资源。但是阅读资源的丰富并不一定带来阅读质量的提高。我们通过对家庭早期阅读和绘本馆早期阅读的调查发现,当前早期阅读存在非常明显的"非理性"特征,很多家庭、机构在为儿童选择早期阅读材料时仅凭经验和热情,缺乏方向和目标的指引,很多成人在进行亲子共读或师生共读时,缺少对阅读材料本身的认真研究,对阅读活动带有极强的功利目的,对阅读的目的认识不清,这些使得儿童的早期阅读呈现为"阅读材料"或"各类活动"的简单堆积。成人只是急切地希望儿童阅读数量更多的图书,对阅读质量的关注不足。

虽然语言学、学前教育、儿童心理学、儿童图书馆、视觉艺术等领域已经产生了不少高质量的理论和实践研究,但是信息不对称;学术研究机构服务于儿童教育需求,尤其是家庭教育需求的意识不强,导致理论对实践的实质推动力相对滞后。造成早期阅读活动简单堆砌的一个重要原因就在于,人们意识到早期阅读具有重要价值,但对于其价值实现的路径认识并不清晰。由于缺少对早期阅读基本价值的认同和判断,人们容易被消费主义时代的一些"理论""名词"和"概念"所裹挟,沉迷在"大声朗读""分享阅读""情商""逆商""多元智能""阅读能力"等概念之中;但是对这些概念的出处、本质含义以及与阅读的关系却缺少基本认识。

成人需要思考的是,如何紧紧把握住"通过早期阅读促进儿童语言发展,并借助语言的发展最终促进儿童终身学习能力的形成"这条早期阅读的价值主线。该主线要求人们从早期阅读促进儿童语言发展的基本路径出发,思考每一个早期阅读活动所应实现的小目标,围绕这些目标探索并设计具体的早期阅读活动内容和活动方法，最终达到促进儿童语言领域核心经验发展和儿童终身学习能力形成的目的。人们应避免被功利主义的价值迷惑而遗忘阅读的本体价值。成人需要把握早期阅读的本体性价值和工具性价值之间的本末关系，避免使早期阅读活动迷失在阅读材料和丰富的活动之中。

早期阅读价值的实现路径	具体目标	
激发儿童语言学习动机	外在动机 内在动机	以何种策略和方法实现上述目标
促进儿童掌握语言要素	语音 词汇 句法	
提高儿童的语言理解和高级思维能力	文字符号和词汇理解 句子理解 篇章理解 预测、推理、判断等	
丰富儿童的认知经验并促进其语言发展	科学领域 社会领域 艺术领域 健康领域	

促进儿童语言领域核心经验的形成
口头语言 / 书面语言 / 文学语言

图 4-1 幼儿早期阅读活动设计路径图

被"误判"的学习动力

一、追求"形式化"的阅读兴趣

儿童处于具体形象思维占主导地位的思维阶段，对事物的理解依赖于具体形象和相应的活动。因此世界各国教育中普遍认同"游戏是幼儿的基本活动"，幼儿阶段的教育活动应通过游戏的方式来呈现。阅读也不应例外，阅读过程本身应能够为儿童带来具有游戏式的内心体验。成人同时还应该通过多种形式的活动，围绕阅读展开游戏，以加深儿童对阅读内容的理解。正是由于对儿童思维特点的重视,家庭早期阅读和绘本馆早期阅读都十分重视通过饶有趣味的阅读形式来激发儿童的阅读兴趣,但是对儿童兴趣的激发主要停留在外在形式上。例如家长为儿童选择形式多样的图书,尤其喜爱图文并茂的图画书,认为这种图书符合孩子的欣赏习惯,能够激发其阅读兴趣,存在借助图画刺激让儿童喜欢阅读的心理。各种各样的音乐书、触摸书、立体书等新鲜、有趣的图书形式更是层出不穷。绘本馆则更多地利用儿歌、游戏、绘画、舞蹈、手工和戏剧表演等形式吸引儿童对阅读活动的兴趣。

这些趣味化的形式的确能够在一定程度上吸引儿童的"注意力",但却未必能够真正激发孩子对阅读和对语言的兴趣。例如,在案例中提到的《猜猜我有多爱你(数一数)》的图画故事讲读和游戏活动中,后面的游戏活动就几乎脱离了阅读材料,活动偏离了"阅读",变成纯粹的"数学教学"。在很多阅读活动中,成人会让小朋友们挑选绘本里的一个人物,用橡皮泥捏出来,或者用绘画的形式画出来,教师则在孩子造型的过程中给予了他们技术上的一些帮助和指导,最后将孩子们塑造的人物作为工艺品摆在架子上或张贴起来。这样的活动虽然看起来热热闹闹,儿童也都在动手,参与度也很高,但儿童的参与主要集中于数学、美术,与故事阅读本身并没有本质联系。活动中的图画故事仅仅充当了"数学学习"的引子,活动与阅读之间的联系极为牵强,它们是互不干涉的"两张皮"。成人的指导重点在于认识数字或者是手工活动中的"像不像",而不在于对故事文本的感知和学习。因此成人在设计形式多样的活动时需要思考以下几点:

- 活动是否围绕着阅读材料的内容展开;
- 是否有利于孩子探索语言(包括语音、词汇、语法、前书写和书写知识等);
- 是否有助于其感知书面语言(包括图画和文字)的用处和价值;
- 是否有利于孩子感受语言所带来的快乐;
- 是否有助于增强孩子的语言理解和运用的信心;
- 是否有助于增强孩子的阅读兴趣。

例如在很多的图画书阅读活动中,成人如果能仔细思考做手工对于儿童阅读的意义,明确手工活动和阅读之间的联系,而不是单纯地让孩子为了做手工而做手工，那么活动的方式和内容可能就会发生改变，手动活动对提升儿童阅读兴趣的效果也会更加凸显。比如，成人让儿童捏图画书中人物的目的在于让儿童用自己和同伴捏出来的人物，按照绘本中的剧情，或是对绘本剧情进行改编和续编来进行一场木偶表演，那么手工的意义就不再仅仅是手工了，而是为了孩子们理解、续编、表现故事，活动形式就指向阅读内容，就会更有利于激发孩子对图书中的故事的兴趣，加深他们对故事内容的理解。

造成趣味化的形式和阅读变成"两张皮"的根本原因在于：成人是为了追求外在的、形式化的活动效果而进行活动，并未意识到活动必须与阅读之间具有内在、本质的联系，没有思考"为什么做游戏"，是"为了游戏而游戏"，结果导致"游戏化的形式"一旦撤销，孩子就对阅读毫无兴趣，甚至由于外在的形式对儿童的刺激太过强烈，儿童今后对相对平淡的阅读再也提不起兴致。这样的看似"趣味的"的活动形式不但对孩子的阅读没有帮助，甚至还可能产生负面效应。

二、"忽视"儿童内在的阅读动机

为儿童提供"形式多样、富有吸引力的阅读材料"和"与儿童开展形式多样的延伸活动和趣味阅读活动"，以及"富有幽默感的语言材料"确实在一定程度上有利于儿童形成阅读兴趣和习惯。成人若要激发儿童对阅读和语言学习的内在兴趣，则需要让儿童意识到阅读材料与自己生活之间的联系，产生通过阅读了解自己感兴趣事物的愿望，通过口头或书面"创作"表达自身情感的愿望。那么在选材和活动上成人就需要考虑如何让阅读与儿童的真实生活产生有效互动。一方面，成人要确保阅读材料符合儿童的认知范围和认知兴趣，能够满足儿童内在的心理需求，从本质上激发儿童的内在阅读动机。研究发现那些符合儿童普遍的认知兴趣和心理发展需要的图书，例如包含家庭元素，强调爱与亲情的图画书；能够以儿童范围作为故事背景，满足儿童探索周围自然环境的图书，解决生活中实际问题的图书；能够对儿童的心理表现出认同、尊重儿童"自我主张"和"反抗心理"的读物，都能够受到儿童的广泛欢迎。[①] 另一方面，成人需意识到阅读材料仅仅为儿童提供了语言

---

① 刘晓晔，王壮.儿童心理发展与幼儿绘本畅销元素 [J]. 现代出版, 2016(4): 39-42.

文本，阅读活动的意义和任务在于儿童建构意义，而意义的建构则依赖于儿童能否将语言与生活有效联结起来，从而真正感受和理解阅读对真实生活的意义。

1. 从语言角度建立与生活的联系

- 将书面语言中的词汇、句子与日常生活相联系，从而促进儿童理解并运用语言；
- 调动儿童用日常经验理解阅读内容，比如调动儿童买东西的经验去理解《第一次上街买东西》中小女孩儿的心情；
- 调动儿童用日常生活经验进行仿编和创编，比如通过"妈妈，妈妈，你看见了什么？我看见我的宝宝在看我。"这样的示范和引导，让儿童运用自己的生活经验仿编情节。

2. 在阅读内容和日常生活之间建立联系

- 敏锐地觉察儿童的兴趣，选取日常生活中儿童感兴趣的阅读内容，比如当儿童在雨后的路上发现蚯蚓并表现出好奇后，成人能够有意识地为其提供相应的图书《地下100层的房子》《蚯蚓日记》等；
- 在日常生活中验证和完善图书内容，获取新的发现，比如当儿童阅读过《火车火车嘟嘟开》一类的儿歌和故事后，成人在坐火车的时候有意识地提示儿童曾经读过这样的儿歌，发现现实中的火车也会像儿歌里的火车一样路过一些"车站"，并且停下来，有乘客上车和下车；
- 最终通过这些努力，让儿童意识到图书是表达现实的，尤其是一些说明性的图书可以为现实提供解释，当遇到感兴趣的问题时，儿童能够有意识地去书中寻找答案，掌握通过阅读获取信息的方法。

此外，儿童的情感体验不仅来源于对作品中人物情感的共鸣，同时在与家长、教师、同伴的共同阅读中，儿童获得了更多的交往机会，也能体会情感的交流，获得情感上的满足。情感也是儿童阅读的重要动力，成人应关注儿童在共读过程中的情感需求。小Z的妈妈曾经问过孩子："是妈妈故事讲得好，还是电脑里的阿姨故事讲得好？"儿童不假思索地回答道："当然是妈妈讲得好啦！电脑里的阿姨不会抱宝宝。"儿童通过质朴的语言表达出了他们在亲子共读中强烈的情感需要。总之，成人只有将早期阅读材料中的语言和内容与儿童生活相互联系起来，关注儿童阅读过程中的情感需求，才能真正激发儿童内在的阅读动机，使儿童持久保持阅读和语言学习兴趣。

被"挤压"的主动建构

一、通过提问进行假"支持"和真"控制"

提问起源于苏格拉底的"产婆术"教育，是一种重要的教育策略和教学方法，其目的在于启发儿童思考，因而提问也是体现成人对儿童发展的"支持"的重要手段。通常认为，提问的目的在于检验儿童对特定内容的理解，并促使其运用其批判性思维和创造性思维去应用所学知识。但提问同时也包含以下几个方面的功能：

1. 激励学生参与；
2. 发动学生回顾以前所学或所读的有关材料；
3. 发动学生运用过去所学知识讨论某一话题、论题和问题；
4. 引导学生进行创造性思维；
5. 诊断学生的能力；
6. 估计学生对某一学习任务的准备情况；
7. 确定目标所达到的水平；
8. 激发学生的学习兴趣；
9. 控制学生的行为；
10. 鼓励学生在课堂上做出贡献。[①]

大量针对成人与儿童互动过程中的调查都发现成人的提问质量不高。本研究中对家长的调查中亦反映出这样的特点：成人通过提问的方式吸引儿童的注意力，封闭式的问题过多，大多考查儿童对物体的识记和辨认，缺少发展儿童高级思维能力的提问。成人提问的目的是希望让儿童注意听自己的讲

---

① 金传宝. 美国关于教师提问技巧的研究综述 [J]. 课程·教材·教法, 1997(2): 54-57.

述，或者是通过提问获得成人心目中预设的答案，检验儿童是否掌握了成人所希望他掌握的知识和内容，在本质上反映出希望儿童按照成人思路进行思考的特征。① 成人往往急切地想要将自己所知道的所有知识、道理和内容一股脑地"告诉"孩子，但迫于对"填鸭式"教育的批判，从而借用"支持"和"提问"的华丽外壳，行填鸭之实。这样的提问方式剥夺了儿童主动"建构"意义的空间，只是希望儿童按照成人的思路，顺利地"完成"活动。在课程化设计的绘本馆早期阅读活动中，这种现象十分突出，不仅教师的提问被课程研发人员"设定"好，就连儿童的回答也往往被"设定"，成人完全漠视儿童的个体差异，漠视儿童对特定部分的兴趣、理解和发展，忽略儿童的原有经验，使阅读活动变成千人一面的说教。

这种提问方式本质上就使早期阅读活动成为成人控制的活动，完全忽视儿童在阅读中的主体地位，提问的效果往往仅限可以保证活动组织得更"流畅"和"顺利"，而对于让儿童感受到阅读乐趣、发现语言魅力、进行阅读理解和发展高级思维能力的意义极其微弱。

造成这种提问现象的根本原因一方面在于成人对阅读价值认识不清，将阅读变成知识灌输的工具，忽视阅读的本体性价值；另一方面则在于早期阅读研究和早期阅读推广对早期阅读本体价值及其实现路径的介绍和推广不够明晰，致使家长和早期阅读活动的组织者往往空有理念却难以执行。

二、按照成人的"兴趣"选择阅读内容

儿童读物的"教育价值"是成人选择阅读材料的重要指标。许多成人狭隘地理解教育和教育价值，将教育价值简单地等同于识字或道德训诫②，总是习惯于通过阅读挖掘思想教育意义，让儿童获得品德和知识的进步，而忽视阅读活动作为一种语言活动和文学活动所应带给儿童的美好感受和阅读乐趣。事实上，儿童读物的故事、图画和人物都可以满足儿童的审美愉悦，儿童在阅读过程中与作者和作品的"对话"过程中所获得的身心感受，本身就是一

---

① 刘晓晔."支持"还是"控制"？——透视教师在讲故事活动中的提问[J].学前教育（幼教版），2005(3): 11.

② 吕艳，周忠晓.家庭早期阅读教育的误区分析[J].教学与管理，2008(8): 47-48.

种教育。[①] 但成人往往忽视这一点，按照自己的审美标准和价值判断为儿童选择读物，通过阅读材料渗透出自己对儿童发展的期望。从女孩儿家庭中练习册的数量、男孩儿家庭中科普读物的数量，以及绘本馆阅读课程中对图画书的筛选中，我们就可以看出这一点。因此儿童通过阅读进行的意义建构，从阅读之始就被成人所操纵。很多成人缺乏根据儿童的阅读兴趣和需要为其选择阅读材料的意识和能力，在选择阅读材料时忽视儿童的生活经验和审美习惯，跟风选择，盲目追随各种各样的书单和推荐，不考虑儿童的个体差异和生活经验差异；在阅读方式上强调自上而下的道德训诫和知识灌输，而不是自下而上的道德内化和知识学习，无法意识到儿童特有的语言欣赏习惯和特点。很多成人甚至全然不顾儿童的文化背景特征，一味地向儿童灌输与儿童生活并不贴近的洋绘本，不仅不利于儿童的阅读理解，同时也不利于儿童对本民族文化的理解和认同。

错误的选择	正确的选择
◆ 单纯根据他人推荐进行选择	◆ 根据儿童的兴趣和阅读能力进行选择
◆ 根据这个故事告诉我们一个什么"道理"来选择	◆ 根据故事能否带给儿童强烈的内心共鸣和情感体验来选择
◆ 根据阅读材料是否有学科意义（数学图画书、情绪培养图画书、培养孩子良好交往能力和好习惯的图画书）进行选择	◆ 根据阅读材料是否具有幽默性，能带给儿童愉悦的情绪体验来选择
◆ 根据自己对色彩和图画的喜爱进行选择	◆ 根据儿童偏爱的夸张和拟人风格，为其选择色彩丰富的图画书作品
◆ 以"开阔视野"为理由，选择那些离儿童的生活经验较远的阅读材料	◆ 根据儿童的生活经验选择适宜的阅读材料

早期阅读与儿童语言教育中的上述问题，反映出当前早期阅读研究和早期阅读理论建设中的薄弱环节，也提示在未来的早期阅读和语言教育研究以及早期阅读推广中需要重视和关注的几个基本问题，尤其需要成人重视对早期阅读促进儿童语言发展的机制进行深入探讨，并在此基础上科学合理地设计并积极开展早期阅读活动。

---

① 康长运. 幼儿图画故事书阅读过程研究 [M]. 北京：教育科学出版社，2007: 112.

本章小结

儿童发展是家庭教育、社会教育和学校教育共同作用的结果。家庭教育对儿童的发展具有重要的影响力，对儿童的个性发展起决定性作用。在十八届五中全会提出"释放新需求，创造新供给"，推进基本公共教育服务的供给侧改革背景下，社会各界正协力推进基本公共教育服务供给新模式，跨越学科、领域、部门边界，提升优质公共教育资源的服务供给质量。政府购买民间儿童图书馆公共服务的理论和实践探索都得到了加强。2015年10月，教育部颁布了《教育部关于加强家庭教育工作的指导意见》，不仅从国家政策层面明确了家长在家庭教育中的主体责任，要求家长严格遵循孩子成长规律，提升家庭教育水平，同时还提出构建家庭教育社区支持体系的重要目标。在这样的背景下，家庭和绘本馆早期阅读和语言教育的状况必须引起关注。

针对家庭早期阅读和语言教育的调查研究发现，早期阅读已经成为一种重要的亲子相处方式，家长重视通过早期阅读进行语言教育，认为早期阅读的核心价值在于促进儿童语言理解力、想象力和语言表达能力的发展。家庭早期阅读材料数量丰富但类型单一，故事类图书和科普类图书是家庭早期阅读的重要素材，但其他类别的阅读材料相对较少。家长学历越高，越会较多地关注科普阅读。在实际亲子共读过程中，家长往往并没有对阅读材料进行分析，也无法通过提问、回应等支持策略有效地吸引儿童的阅读兴趣，无法真正促进儿童语言发展。家长往往将阅读变成"知识"的学习和检查，阅读过程显得杂乱无章。

相比家庭早期阅读，绘本馆的早期阅读表现为营利性的课程体系，因此具有一定的理论支持，强调以游戏化的方式引导儿童进行阅读活动。活动过程表现得更具设计性和目的性。但绘本馆早期阅读活动往往忽视语言教育价值，将早期阅读作为儿童知识学习的中介。而受到绘本馆师资稳定性和水平的影响，大部分课程均为高结构化的活动，教师在阅读活动过程中的控制性极强，儿童在阅读中的主体地位难以得到重视。活动过于注重"游戏化"的形式而忽视游戏与阅读内容之间的内在联系，对阅读材料的语言发展价值缺乏合理利用。

通过对家庭早期阅读和绘本馆早期阅读的调查分析发现，当前社会公众虽然能够认识到早期阅读的核心价值，但由于对早期阅读如何促进儿童语言发展的内在机制缺乏基本了解，大部分早期阅读活动都难以把握住早期阅读的本体价值，早期阅读存在一种被"工具化"的倾向。早期阅读材料被窄化，一些与儿童日常生活具有密切联系的素材并未在早期阅读活动中受到足够的重视。早期阅读活动对儿童的关注度不足，缺乏从儿童兴趣出发选取阅读材料和支持阅读过程的意识和能力，阅读过程更多地表现为一种形式化的"趣味"，而在本质上则是成人的控制过程。大部分阅读和阅读过程都缺少与儿童日常生活经验的联系，难以在阅读内容与儿童生活间形成有效互动，从而难以帮助儿童建立对阅读和语言的本质认识。儿童在早期阅读过程中的意义建构空间被成人严重挤压。早期阅读和语言教育研究以及早期阅读推广，需要重视和关注上述问题，尤其需要重视对早期阅读促进儿童语言发展的机制进行深入探讨，在关注早期阅读和儿童语言教育本体价值的基础上，合理地设计、开展早期阅读活动，以实现促进儿童科学发展的目标。

第五章

图画书阅读与儿童语言发展

第一节

图画书及其对儿童语言发展的贡献

> 儿童并不是生来就具有丰富的想象力的。想象力是通过直接、间接的体验获得的。体验越丰富,想象力也越丰富。图画书为幼儿提供了丰富的体验。
>
> ——松居直

图画书概念和图画书阅读的特点

图画书起源于西方,英语为 picture book,近年来大众传播领域则较多采用日文称谓"绘本"。捷克教育家夸美纽斯(Jan Amos Komenský,1592—1670)于 1658 年出版的《世界图解》(*Orbis Sensualium Pictus*)被公认为是世界上最早的带插图的童书,该书图文并茂地向儿童介绍动物、植物、宗教、人类和人类活动。但童书与图画书中插图的作用是不同的。普通童书的插图主要是为文字信息提供解释和说明,是图书中的配角;而图画书中的图画则是图书的灵魂,书中若缺少图画则会导致表达内容发生重大变化,例如《母鸡萝丝去散步》《爷爷一定有办法》。总体而言,理论界对图画书的定义往往强调两个方面:首先,图画书中文字的数量相对较少;其次,图画书中的图画具有独特作用,尤其体现在图画书中图文相互配合,共同完成表达任务的特殊图文关系。日本著名图画书出版家松居直先生强调图画书的特点在于文和图之间有独特的关系,图画书"以飞跃性的、丰富的表现手法,表现只是文字或只是图画都难以表达的内容"①。世界著名的儿童文学理论家兼作家诺德曼

---

① 松居直. 我的图画书论[M]. 季颖,译. 长沙:湖南少年儿童出版社,1997:35.

（Perry Nodelman）认为图画书作为最常见的童书形式，是"以很少的文字说故事或传递讯息，通常每页都有图画的簿册"[①]。一些图画书的字很少，甚至完全没有文字，但只通过图画就同样可以清晰地表达和传递信息，比如著名的《抱抱》《聪明的鼠小弟》《猜猜看——谁找到了泰迪》《你不能带黄气球进大都会博物馆》就是这类图画书。可见图画书的图画不是插图，也不是展览馆的美术作品，而是一种通过绘画表现的叙述性语言，具有表达性，既能叙述故事，也能表达情感。也正是图画书中图画的特点和所占据的重要地位，才使得图画书成为最适合儿童阅读的书籍，并被冠以"人生第一书"的美誉。

图画书是"传递信息或讲述故事的童书"，因此除图画故事书外，还包括知识类图画书。故事图画书或称为图画故事书，是一门将图画语言与文字语言相结合的、独特而复杂的艺术，其本质在于叙事。[②] 知识图画书（informational picture book），其主要目的是说明自然界以及人类社会的事物、现象，传递的是知识信息，内容包括人体、动植物、衣食住行、天文、地理、数学等知识，[③] 知识图画书的本质特征在于说明。很多旨在向儿童传递信息的科普、传记、历史图画书都是知识图画书。

由于图画书具有鲜明的特点，图画书阅读区别于一般童书阅读，需要读者具备图画和文字双重阅读能力。由于大部分0～6岁儿童识字数量极少或不识字，图画书的图画信息更为形象，也更能够吸引儿童的注意力。因此图画识别能力或者称为"读图"能力对儿童图画书阅读具有重要的影响。首先，儿童需要具备图画语言识别能力。例如儿童要能理解图画符号，能够通过画面的颜色、线条等信息感受到图画所要营造的氛围；知道典型的图画符号所代表的意思；理解图画中的动作趋势，并能够前后联系地理解图画关系。其次，儿童需要具有图文匹配能力，既能借助图画理解文字内容，同时也能够利用文字来理解图画信息，从而建立丰富和完整的内容理解。

---

① 培利，梅维丝.阅读儿童文学的乐趣：第三版[M].刘凤芯，吴宜洁，译.中国台北：天卫文华图书股份有限公司，2009: 328.
② 康长运.图画故事书与学前儿童的发展[J].北京师范大学学报（人文社会科学版），2002(4): 20-21.
③ 柯南.图画书：幼儿文学的现代形式[J].浙江师大学报（社会科学版），1994(6): 7-10.

案例：图画语言识别能力	
 图 5-1 《弗洛格吓坏了》插图	能够理解为何将大树画出很多伸出的手，能通过动作和表情理解故事中人物的惊恐情绪。
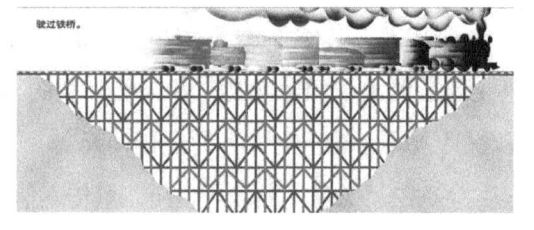 图 5-2 《火车快跑》插图	只有理解图画符号所代表的"速度"，才能理解图画传递的意义。
 图 5-3 《鳄鱼哇尼》连续三幅插图	只有将前后三幅图画联系起来，才能理解最后一幅图的画面内容，理解鳄鱼为什么会从天而降，为什么会砸到老鼠身上。

第五章
图画书阅读与儿童语言发展

案例：图文匹配能力

只有将图画和文字叙述的情节结合起来，才能理解游过来的大象并不是艾玛，才能猜出真正的艾玛一直藏在哪里。

图 5-4 《艾玛过彩妆节》连续两幅插图

被忽略的知识图画书

一、知识图画书及其类别

文学研究中，人们常常以故事图画书来代表图画书。例如彭懿将图画书定义为用图画与文字相结合来叙述一个完整的故事，是通过文字与图画两种媒介在不同的层面上交织互动来叙述故事的一门艺术。[①] 当前国内无论是儿童教育、早期阅读，还是儿童出版等相关领域，对知识图画书的专门性研究

---

① 彭懿. 图画书：阅读与经典 [M]. 南昌：二十一世纪出版社，2006: 13.

都相对较少。按照杜克（Nell K. Duke）对知识图书的定义，它是"以传递和表现自然知识和社会知识为目的的文本形式"[①]。知识图画书则是知识性图书的一种形式。这与我国通俗意义上所说的"科普"图书在内涵上具有一致性，例如介绍长城和故宫的图书、介绍象形文字的产生和发展过程的图书，都可以被划分为科普图书。国内有研究专门关注了科学知识图画书，对幼儿科学知识图画书的理解过程进行了研究[②]，但是科学知识图画书只是知识图画书的一种类型，无法涵盖所有的知识图画书。《美国阅读教育评估与促进框架（2009）》（*Reading Framework for the 2009 National Assessment of Educational Progress*）按照知识图书内容的不同，将知识图书分成了四个类别，分别是解释说明文（expository text）、劝说文（persuasive text）、程序说明文（procedural text）、纪实文学（nonfiction narrative）。[③] 不同类型的知识图书具有不同的创作目的和叙述特点。

解释说明文目的在于解释说明自然和社会现象。这种文体常用类比和比较的方法，会对一些人们不太熟悉的概念或词汇下定义或进行解释说明，有时还会在说明中运用图或表。例如《大家来大便》（"我身边的大自然"系列图书），就介绍了各种动物的大便，并通过图画对不同动物和人的大便形状、大便时候选择的位置等信息进行了说明。《谢谢你，小苹果！》不仅对苹果的生长过程进行了介绍，还通过人和鸟、小老鼠都喜欢吃，来说明苹果味美多汁。

劝说性文本的目的则在于引导读者思考或进行某些行动。这类图书的典型特征是，提出观点并阐明理由和原因，常用一些激励性的言辞鼓励读者实施某项行动并提出行动策略，还会使用图解来进行说明。例如图画书《牙齿大街的新鲜事》就以儿童能够接受的"图解"和"叙事"方式向读者讲述了"蛀牙"产生的过程，意在让儿童能够养成刷牙的好习惯。

程序说明文的目的是指导读者按照程序完成操作，一般是指材料使用说

---

① DUKE N K. Information books in early childhood [J]. Yc young children, 2003, 58(2): 14-20.
② 王津. 学前儿童科学知识图画书阅读理解研究 [D]. 上海：华东师范大学. 2013.
③ National Assessment Governing Board. Reading framework for the 2009 national assessment of educational progress [EB/OL]. Washington, DC: American Institutes for Research. 2008. http://files.eric.ed.gov/fulltext/ED502953.pdf.

明和操作程序说明，会说明如何控制变量和使用操作材料来展现出某种特定变化，也会运用图示来说明操作步骤和最终的结果。例如原创图画书《新房子》就用细腻的画面，向儿童展现了皖南传统民居的建造过程。此外，玩具组装说明书等书面材料也是程序说明文的典型代表。

纪实文学的目的是讲真实的故事。纪实文学也有一些典型的特征：往往根据年代顺序罗列史实，通过说明事件的起因、经过和结果来展示真实的事件，文内也会使用真实的事件照片或实物照片。例如《越变越快的小汽车》（"香蕉火箭科学图画书"系列）就属于这类图书，通过图画向儿童介绍了汽车的产生和发展历史。

儿童日常生活离不开对地图、菜单、各种指引和手册、新闻等知识性信息材料的阅读，因此对各类知识图画书的阅读不仅对儿童语言发展具有重要作用，同时也可以很好地服务于儿童的社会生活。实际上婴儿认物书和纪实文学图画书都是帮助儿童理解事物和概念的，但受到我国相关品类的图画书出版数量和质量，以及其他因素的影响，国内对于上述两类图画书的关注相对较少。

二、知识图画书对儿童发展的重要价值

知识图画书是早期阅读的重要素材和内容。知识图画书与故事图画书在表达内容、表达方式上存在较大的不同，因此知识图画书对儿童语言发展，尤其是对呈现出简洁、明确、客观和有逻辑性的学业语言发展具有独特的贡献作用。[①]第四章的家庭阅读调查中已经发现科普图书是家庭重要的阅读资源，其贡献则不仅在于促进儿童学业语言能力的发展，同时还对儿童语言的其他方面发展具有积极意义。

首先，知识图画书的内容直指儿童感兴趣的科学和社会知识经验，因此有利于丰富儿童的认知经验，并进而影响儿童的语言发展。第三章"早期阅读促进儿童语言发展的途径"已经谈及早期阅读通过丰富儿童的认知经验影

---

① 周兢,陈思.学前语言教育的新取向：重视儿童学业语言的发展[J].学前教育研究,2014(6):39-44.

响儿童的语言发展。知识经验的匮乏会大大降低儿童的阅读能力和水平。[①]而知识图画书的特征决定了它包含丰富的、关于儿童日常生活世界的知识和信息，从而也就对丰富儿童的知识经验，提高儿童的阅读理解能力产生重要的促进作用。

其次，知识图画书独特的语言内容和表达形式，有利于丰富儿童的词汇和表达方式。 词汇是儿童语言的重要内容，也是影响儿童语言表达和运用的重要因素。知识图画书，尤其是解释说明文往往通过独特的说明性语言和图示对日常生活中的概念进行阐述。它们在词汇和概念表达上应该遵循科学图书所具有的科学性、准确性和权威性特征[②]，这类图画书由于常用下定义、解释说明、在不同情景中举例、图示等方式对概念性词汇或特定事件、现象进行解释，从而不仅可以帮助儿童准确地理解和掌握词汇，丰富儿童的知识经验，同时还非常有利于儿童学习说明性语言。纪实性图画书常以年代和事件的发生顺序来阐述事物和现象的发展过程，这对儿童掌握如何简洁地概述事件，学习叙述性表达也具有重要的促进作用。

再次，知识图画书所富含的大量信息有利于儿童感受到图书是人类获取知识的重要工具，从而学会利用图书资料。 虽然直接感知是儿童认识世界最主要的方式，但教育则要让幼儿"超越个体的直接感知""学会通过语言获取信息"，这也是早期阅读和儿童语言教育所要实现的重要目标。一些知识图画书的内容丰富，且能够基于儿童的日常生活，从儿童的好奇心和兴趣出发，通过趣味化的形式科学地解释"牙齿""肚子""身体上的洞洞""大便"等儿童感兴趣的事物，介绍生活中儿童感兴趣的常见动植物和生命现象，如"蜜蜂""蒲公英""蚂蚁""蚯蚓""蝉""种子的生长"等，从而在让儿童获得信息的同时，也意识到图书对获取信息的重要作用。通过早期阅读活动中成人的有效引导，儿童可以学会利用图书寻找自己感兴趣的问题的答案，逐步掌握有效利用图书的技能。

---

① WILSON, P T, ANDERSON R C. What they don't know will hurt them: the role of prior knowledge in comprehension [M]. In ORANSANO J. eds. Reading comprehension from research to practice. Hillsdale, NJ: Lawrence Erlbaum, 1986: 31-48.

② 陈珂珂，王新. 科普图书评价指标体系研究及应用 [J]. 科普研究，2015, 10(5): 38-43.

最后，在知识图画书阅读过程中，成人有效的支持和引导可以帮助儿童获得多种类型的谈话经验。阅读知识图画书时，成人会对图书内容进行提问，引导儿童学会利用信息进行总结、概括或从中抽取适宜的信息来陈述自己的观点；在集体教育的环境下，儿童还会就成人提出的问题进行讨论和争辩。例如在儿童阅读过有关蚂蚁、蝉和蚯蚓的图书后，教师提出问题"蚂蚁和蝉都生活在地下吗？他们有什么差异？"儿童则会对图画书中所讲的信息进行回顾、总结、提取和概括，并且选择适宜的信息来说明自己的观点，不同的儿童还可能就蚂蚁和蝉生活地点的不同产生争辩。

当前我国3~6岁儿童图书市场的知识图画书在畅销书中总体占比较低；原创知识图画书品类较少，图书质量不高且存在同质化倾向，对儿童认知兴趣和认知特点的研究不足；内容设置上遵循"知识逻辑"而不是"生活逻辑"，往往与生活经验距离较远；叙述视角单一且往往采用自上而下的说教和告诉姿态，对幼儿生活中常见的、幼儿真正感兴趣的各种科学现象视而不见；很多图画书的年龄跨度过大，难以真正适应3~6岁儿童的阅读需求。[①] 实际上西方国家的知识图画书发展也经历了从重视说教，逐步向关注图画书的儿童审美和趣味性发展的历程。1744年英国著名童书作家、出版家约翰·纽伯瑞（John Newbery）创作了 *A Little Pretty Pocket Book*，该书的出版被视为知识图画书出版的转折点，自此儿童知识性图画书开始越来越重视儿童读者的审美需求，重视如何以有趣的方式向儿童传递知识信息。[②]

知识图画书作为图画书中一个特殊的品类，对儿童发展具有独特的价值，当前我国早期阅读、图书创作与出版研究对这类图书的关注不足，相信随着对儿童认识的不断加深，阅读研究的不断深入，未来知识图画书的出版研究和阅读研究将受到广泛的关注和重视。

---

① 刘晓晔,孙璐,王苗苗.幼儿科学图书出版现状与发展方向——基于3~6岁童书畅销榜的分析[J].科普研究,2016,11(5):92-98,103-104.

② ABRAHAMSON R F, CARTER B. What we know about nonfiction and young adult readers and what we need to do about it [J]. Publishing research quarterly, 1992, 8(1): 41-54.

图画书阅读对儿童语言发展的独特贡献

兄弟两个坐在一起看维廉·尼克尔松（William Nicholson）的《聪明的彼尔》(*Clever Bill*)。

哥哥对弟弟说："托米，你不认识字也没有关系，只要挨页翻，看画儿就能明白故事。"

上面这一小段文字，来源于英国儿童文学研究者利利安·H. 史密斯女士（Lillian H. Smith，1887—1983）1953年的著作 *The Unreluctant Years: A Critical Approach to Children's Literature*。这部至今仍不断再版的书通过对图画书的描述，生动且有说服力地展现了图画书与儿童认知水平的高度契合，指出了图画书对儿童发展的独特贡献——让儿童"能够"开始阅读并亲近阅读。

一、图文互动，帮助儿童理解语言

儿童语言是在真实的运用中获得发展的，是儿童学会逐步控制语音，掌握词汇并探索语法，形成完整表达的过程。语言的获得需要情境，生活情境是儿童语言获得的基础，儿童是在与情境、与成人互动的过程中掌握基本的生活语言的。但是生活语言是有限的，儿童生活中大量词汇并非真正直接获得，而是通过阅读获得的。图画书是图与文共同配合的艺术表现形式，图画对文字具有解释作用，也就是创造了类似真实生活的情境，所以可以非常有效地帮助孩子迅速掌握新的词汇，经常阅读的儿童可能在不知不觉中就掌握了"大猩猩""恐龙""獾"等词语，也认识了这些动物。比如下图这本简单的婴儿认物书《我会数一数》，里面就含有非常丰富的词汇，如"青蛙""叹气""无聊""发呆""无趣""休息"等。虽然看起来是非常简单的一本小书，但是它通过图文之间的配合，就能让孩子认识"青蛙"，知道"无聊"和"发呆"的感觉，再加上成人讲述过程中的表情和动作示范，就更加有助于儿童掌握词汇、理解词义。

图画书虽然可以帮助儿童学习并理解词汇，但让孩子阅读图画书的目的并非让其单纯地认词和识字，其最重要的功能是让儿童爱上阅读，从而理解语言的本质，并学会有效地运用语言认识世界。图画书之所以可以让孩子迅速地理解和掌握这些词汇，恰恰是因为它不是"教材"，目的不在于"教"，而是采用了图文结合的方式，在完全没有压力的条件下，让儿童自然而然地自己亲近并掌握语言。

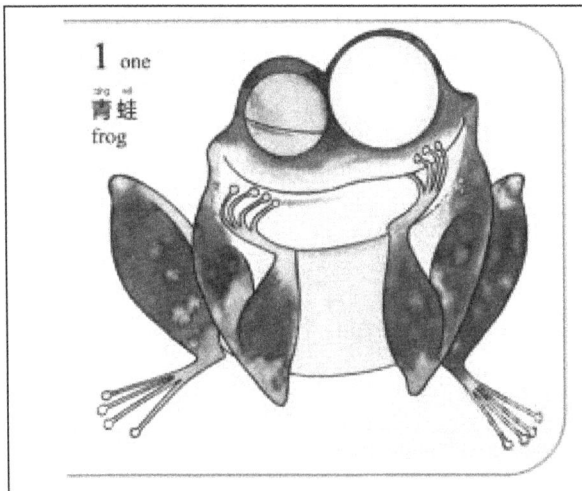

一只青蛙在叹气，
无聊发呆真无趣，
一只眼睛在看你，
一只眼睛在休息。

图 5-5　婴儿洞洞书《我会数一数》插图

二、帮助儿童学习表达

日常交流中，交谈双方对彼此交流的背景和主题达成共识，因此会在交谈中省略部分内容。因此相比日常语言来说，图画书的语言更生动和有趣，更富有文学气息。例如，《慢吞吞的小狗》就是一本非常经典的作品，首次出版于 1942 年，多年来畅销不衰，成为最受儿童欢迎的童书作品之一。该书文字非常多，但是由于语言极为流畅，富有韵律感和诗意，且具有不断重复的结构，深受儿童的喜爱。书中文字的开头部分是这样的：

五只小狗在篱笆下挖了个洞，想去大大、大大的世界里散散步。

他们排成一队，穿过牧场，沿着小路，走过大桥，跨过草地，登上山坡。

他们爬到山顶，开始报数：一、二、三、四。有只小狗不见了。

"那只世界上最慢的小狗在哪儿呢？"他们问。

肯定不在山顶上。

他也不在山的那一边。那一边，只有要下山的毛毛虫。

他也不在山的这一边。这一边，只有爬上山的绿蜥蜴。

再看看，山脚下有一片青草地。

他在那儿，跑呀跑，鼻子贴着地。

通过文学化的语言，儿童很容易就掌握一连串的句子"穿过牧场，沿着小路，走过大桥，跨过草地，登上山坡"，从而学习运用不同的动词来描绘运动形态；而且能够感受句子的对仗，"他也不在山的那一边。那一边，只有要下山的毛毛虫。他也不在山的这一边。这一边，只有爬上山的绿蜥蜴。"并学会运用指示代词"这"和"那"，学习优美、生动的文学语言。

正因为图画书为儿童提供了优质的书面语言范例，儿童通过阅读图画书，表达就会更清晰、准确，语言也更优美，更富逻辑。当然，语言发展绝非一日之功，在语言学习与语言表达之间，往往存在一个"静默期"，但通过图画书阅读，儿童会在不经意间将其语言学习的效果展现出来。

案例：什么声音传进了我的耳朵？	
小C读图画书并没有特定的规律或年龄限制，只要是他从书架上拿下来，要求家人讲给他的，家人都会读给他听。但凡遇到理解不了的，他就读到一半就不要再读下去了，或者听一遍就将书束之高阁。但是再过一段时间，他很可能再次拿下来，随着语言能力的进步，他很可能会喜欢上这本书。 2岁的时候，小C有一段日子很喜欢由冰波老师创作，由湖北少年儿童出版社出版的《梨子提琴》。不过看了半个月左右，他就因为楼下的小哥哥养了一只小兔子而移情别恋，爱上《逃家小兔》《动物宝宝》一类的"兔子故事"了。 在那以后他又陆陆续续读了很多书，学了一些儿歌。2岁6个月的一天，临睡前他独自如厕后，突然走出来侧耳倾听（卫生间里电热水器烧水的声音），并问妈妈："什么声音传进了我的耳朵？"	这里儿童的表达运用的是文学语言，而不是日常口语。如果按照日常口语的说法，只需要说"什么声音？"即可。整句话源于《梨子提琴》中的一个句子"好听的音乐传进了狮子/狐狸的耳朵"。

通过阅读，儿童不仅能学会"日常会话"或"说话"，还能在过程中感受语言的优美，并逐渐掌握复杂的语言表达方式。任何一个正常儿童只要生活在正常的环境中就都可以学会日常语言表达，但经常阅读图画书的儿童和缺乏图画书阅读经验的儿童，在语言表达的丰富性、流畅性和逻辑性上则存在很大的区别。图画书阅读对儿童语言能力的长远发展发挥着重要的积极作用。

三、丰富儿童的表达范围

在好奇心的驱使下，儿童对外部世界具有强烈的探究欲望，想要主动地了解客观世界中的各种事物和现象。但受到安全性、活动范围等因素的限制，儿童真正能够了解的事物是有限的。图画书则可以跨时空、跨距离，以形象化的方式将精彩纷呈的世界展现于儿童面前，呈现他们想要了解的各种事物。例如，通过图画书，儿童可以成为恐龙达人，可以熟悉鳄鱼、蜥蜴、蟋蟀和西瓜虫，知道百货商店和图书馆，区别开城市、村庄和农场，甚至能够感受世界上不同国家的风土人情。

儿童图画书的取材范围相当广泛，大部分作品虽然以动物为主人公，但是却赋予它们人性的特点。儿童图画书将世界各地不同时空下的人、事、物以儿童喜闻乐见、生动有趣的方式刻画出来，从而极大地丰富了儿童的认知世界。比如，大部分儿童可能没有机会去法国或是去游览莫奈花园，也很少有机会欣赏世界名画，但是可能他们读过《小莲游莫奈花园》，那么他们对"莫奈"，对"画家"，对法国便不再陌生。儿童喜欢图画书的一个重要原因也是因为书中有他们感兴趣，而且还不知道的世界，这一点在知识图画书中表现得尤为突出。

案例：那个是飞机牵引车吗？

2岁的小C春节回奶奶家过年，期间带了一本图画书《你认识这些车吗？》。其中有一页讲的是机场的停机坪。在奶奶家期间，妈妈曾经给他讲过几次这本书，但并没有特意介绍机场的停机坪，只是他问到哪个东西，就给他讲一下名称。有时他也自己独自翻看。

图5-6　小C（2岁整）自己翻看《你认识这些车吗？》

一个星期以后他们回程。在飞机还没起飞的时候，小C拉着妈妈，指着窗外远处的一辆车问："那个是飞机牵引车吗？"妈妈由于并不清楚，于是帮他找来空乘，让他自己询问。空乘阿姨回答："是的，是飞机牵引车。"结果他又缠着阿姨问："起落架呢？起落架在哪儿？""燃料仓呢？""那个长长的车是什么？""驾驶室呢？驾驶室里有很多按钮吗？""我能去看看吗？"……他跟空乘阿姨聊了好长一段时间。

图画书阅读丰富了儿童关于机场和飞机的相关知识。

阅读丰富了儿童的表达范围。若没有读相关的图书，儿童则不可能与成人谈论相关的话题。

正是因为图画书对丰富儿童的认知和表达都具有重要的影响作用，成人在为儿童选择图画书时就应该考虑题材的广泛性，兼顾中外和古今，兼顾动物和植物，尽可能多地给孩子呈现丰富和多元的世界，通过丰富儿童的认知来促进儿童语言表达能力的发展。

四、让儿童创造性地运用语言

　　语言的创造性是语言的生命，也是语文教育的灵魂。[①] 儿童掌握语言源于与他人交流的需要，同时也源于自我表达的需要和冲动。儿童自发的、内在的表达过程本身就是创造性地应用语言的过程。而正是这种对语言的创造性的应用，才使语言真正具有了生命力。因此个体的语言运用能力在本质上就是一种语言创造力。

　　儿童期常被认为是最富有想象力和创造性的一个阶段。《小王子》里面有一个情节，是说小王子将自己的画作拿给成人看，缺乏想象力的成人异口同声地认为是一顶帽子，而小王子对此不屑一顾，他画的明明就是肚子里有一头大象的蟒蛇。初看起来这则故事似乎证实了儿童比成人更富有想象和创造力，但假若儿童头脑中并不具备"蛇""蛇吞动物"的相关知识和表象，则无法进行这样的联想和想象。想象和创造并非空中楼阁，需要具有创作素材和营养，即思维基础。儿童语言创造性的素材来源于生活积累，儿童头脑中累积的经验和素材越多，也就越具备想象和创造的基础。图画书的题材包罗万象，不仅有力地扩展了儿童的认识世界，同时也为儿童的想象力插上了翅膀，让他们有条件能调动自己的思维，创造性地应用语言。

　　研究发现，图画书阅读能促进幼儿想象的有意性成分，使幼儿想象的内容逐渐丰富和完整，而且使幼儿再造想象的创造性成分逐渐增加。[②] 比如《第一次自己坐巴士》，图画书中的文字虽然很少，故事主线也十分简单，就是小女孩儿独自坐车去奶奶家，从上车到下车的过程，场景只有公共汽车而已。但是每一页内容，儿童都可以通过对细节的观察发现不一样的故事线索，由于没有固定文字的限制，儿童可以对情节进行自由的创编。儿童可以自己编一下小老鼠坐车去做什么，小老鼠给谁打电话，说了什么；乌龟去哪里，乌龟为什么把头缩进去，乌龟拿着苹果做什么，他下车后是否发现苹果丢了，他会怎么办；树懒睡了一大觉，他梦里都梦见什么了；小刺猬捡到了什么，是什么味道的……这样可以增加儿童语言应用的机会，并鼓励儿童发挥想象

[①] 潘新和.语文：表现与存在：上卷[M].福建人民出版社，2004: 532-533.
[②] 康长运.想象力与幼儿图画故事书的阅读[J].学前教育研究，2002(3): 13-17.

力，创造性地运用语言。

此外，故事性图画书中特定叙事结构为儿童展开想象和创造性地应用语言提供了模仿基础。若儿童能够察觉到图画书的叙事结构，就可以利用这些特定的故事语法进行创编，在自己独特的理解基础上就可以创造性地运用语言，进行自己独特的"创作"。这就是儿童将阅读中所获得的语言经验迁移至自己的实际生活中。如一个刚刚进入幼儿园小班六天，还未度过入园焦虑期的幼儿，在吃午饭时，略带悲伤地自言自语道：

我一会儿回家，咕咚、咕咚，喝一大碗汤；

我一会儿回家，啊呜、啊呜，吃一大碗饭；

我一会儿回家，哗啦、哗啦，尿一大泡尿。

儿童不仅活灵活现地展现出了语言创造性，而且通过简单的语言，表达了自己内心中对回家的渴望。其语言表达中明显带有书面语言色彩，体现出其对低幼图画书中常用的故事语法结构的运用。可见早期图画书阅读经验对儿童语言表达的创造性具有重要的影响。

第二节

适宜的图画书选择

人类对美好事物的情感,唤醒了他心灵中的诗人。

——苏霍姆林斯基

年龄和个体的适宜性

1987 年全美幼教协会(National Association for the Education of Young Children,NAEYC)发布了《0～8 岁儿童的发展适宜性课程》(*Developmentally Appropriate Practice in Early Childhood Programs*)一书,首次提出"发展适宜性实践(Developmentally Appropriate Practice,DAP)"的概念,提出教育应基于儿童的发展水平,具有年龄适宜性。发展适宜性迅速成为国际儿童教育关注的重要内容,对世界性范围内的儿童教育产生了深刻的影响。

儿童的早期阅读材料和相应的活动内容也是如此,只有与儿童身心发展的年龄特征相匹配,才能受到孩子们的喜欢并发挥教育价值。那么,什么样的阅读材料是适宜的呢?由于我国目前没有明确的阅读分级标准,各个不同研究领域的人,比如儿童文学、图书馆学、教育学、心理学、出版学、艺术学等专业人士分别从各自的领域和各自对早期阅读的认识提供了一系列的参考书单。这些对成人为儿童挑选阅读材料还是很具有参考意义的。但是在互联网时代,自媒体的普及造就了很多"草根英雄"作家,也使得网络流传的大量推荐书单鱼龙混杂,有些书可能根本不是某位专业人士推荐,但也被冠以了某某推荐的头衔。

以安东尼·布朗所著的两本畅销书《我爸爸》和《我妈妈》为例。很多网络流传的书单中将它们推荐给0～2岁的儿童，当当网和亚马逊网对这两本书的推荐年龄段分类分别是3～6岁和5～8岁（学前班至小学三年级，美国称K-3）。可见单从书的推荐年龄上看成人很容易混乱。很多家长按照书单上的推荐理由"字数少，画面大，小宝宝对爸爸、妈妈很依赖"，把书买给了3岁及3岁以下的宝宝看，结果发现孩子不怎么喜欢，尤其不喜欢《我妈妈》。当当网的匿名客户评论中一些家长在给自家的3岁以上孩子买了之后，表示追悔莫及，因为"就那么几个字"。可见，当前大多数的成人对书的年龄适宜性是缺乏基本认识和了解的。如果单从字数上看确实是少，它不是一个"识字"的好本子，看起来更适合3岁以下只会看图的不识字儿童。但阅读并非单纯的文字解码过程，图画书是图文共同叙述的语言表达形式，因此图画、文字、内容等因素都会影响其难度水平。这两本书的字数虽然少，但图书的内容却并不简单。我们不妨统计一下两本图画书里面的文字和词汇，对主要的名词、动词、形容词和副词进行分析。

《我爸爸》

名词：爸爸、坏蛋、大野狼、月亮、绳索、大力士、马、鱼、大猩猩、河马、房子、猫头鹰、舞蹈家、歌唱家、足球等。

动词：跳（月亮）、走（绳索）、摔跤（大力士）、吃（马）、游（鱼）、踢（足球）、笑、爱等。

形容词和副词：棒、高、多（吃）、快（游）、强壮（大猩猩）、聪明、傻、一流（踢足球）等。

《我妈妈》

名词：妈妈、厨师、手艺、杂耍、特技演员、画家、女人、魔法、园丁、歌声、仙子、天使、狮子、蝴蝶、沙发、猫咪、犀牛、舞蹈家、航天员、电影明星、大老板、超人等。

动词：笑、爱等。

形容词：棒（的）、好（的）、好心、神奇（画家）、难过（的）、开心（的）、甜美（天使）、凶猛（狮子）、美丽（蝴蝶）、舒适（沙发）、温柔（猫咪）、强悍（犀牛）等。

通过上面粗略的罗列我们就能看出来，这两本书虽然看起来简单，但单从文字上看，其信息量就已经相当大了，对于3岁以下婴儿应该是有很大挑战性的。且大量词汇与职业（电影明星、厨师、特技演员、舞蹈家、航天员、大老板等）有关，而婴儿接触的社会职业相对较少，即便借助图画的帮助依然难以理解这些职业名称。

另外，很多买过这两本书的家长都说，孩子更喜欢《我爸爸》。实际上这与儿童是否真的喜欢妈妈无关，却和书中的内容有关。首先，词汇量上可以看出《我爸爸》的词汇量明显少。其次，《我爸爸》中更多的是名词和动词，而儿童年龄越小，其各种经验越少，越容易理解的也是这两种词汇。去理解形容词和副词的意思，对低龄儿童来说难度更大。而且《我爸爸》里面的形容词和副词相对简单，比如"吃得多""游得快"，而《我妈妈》里的形容词多为抽象和描述性的词，如"神奇的画家""天使一样甜美"。最后，《我妈妈》中的名词带有较多的职业特征和美国文化特征，如超人，这对于置身于西方文化之外的中国孩子已经很难了。因此一些家长说孩子不喜欢这两本书，将不喜欢的原因归为"字太少""太简单"，其实他们不喜欢的原因可以很多，除了太容易，也可能是"太难"，他们看不懂，不能进行有意义的阅读，就不能享受阅读的快乐，自然就不愿意多看。儿童不喜欢某本图画书的原因往往较为多元，下面一些原因可供成人参考：

- 太简单；
- 太难；
- 叙述较为无聊；
- 铺陈太多，故事冲突太靠后；
- 对体裁不感兴趣；
- 不喜欢图书中的人物或者是人物的形象；
- 基调太过悲伤；
- 太吓人；
- 主线索不突出，故事的人物和情节太过庞杂；
- 和某本书太相似，毫无新意。

所以，当发现儿童不喜欢某部作品的时候，我们不妨从上面这些角度去进行考虑，从而为儿童提供更为适合他们的作品，而不是一味地指责儿童不喜欢看书。如何确定一本书的难易程度是否适合孩子呢？除了我们所熟悉和惯用的依赖"字、词、句"的初级判断，还有其他一些可供参考的维度。

1. 图文关系

图文关系能够在很大程度上，折射出阅读文本的复杂程度。例如对于低幼儿童来说，图文需要互相配合，互相统一，表达出内容的一致性，便于婴儿理解，所以是简单的；年龄再大一些，图画中会呈现出一些文字所没讲的内容，比如《母鸡萝丝去散步》；再往上一级，图画会呈现另外一个故事，甚至是另外一条故事线索，比如《爷爷一定有办法》。图文关系具有以下一些表现水平和特点：

- 图画和文字在讲同样的故事；
- 图画与文字之间具有内在联系；
- 图画中有进一步丰富文字内容的线索；
- 绘画中提供的细节信息，比如人物表情和环境细节，有助于传递主题。

2. 叙事结构

故事性文本在儿童早期阅读中占据绝对优势地位，即便是知识性的图书当其更具故事性时也更容易被儿童所理解。衡量故事难度的一个典型标准就是"循环结构"，或者称为可预测性结构。例如《拔萝卜》的故事，就是一个循环结构，不断重复"×××叫来了×××，拔呀，拔呀，还是拔不动"。这样的结构就使得故事具有了更多的预测性。这种结构是幼儿文学，尤其是低幼文学的一个典型特征。

- 具有可预测性结构；
- 故事情节紧凑；
- 图画和叙事方式能够深化故事内涵。

例如《拔萝卜》，除了不断重复的结构以外，故事结构中隐含的人物出场顺序能够深化故事的内涵。在那么多人的齐心合力之下，恰恰就差一个小老鼠的力量就能拔出一个大萝卜，可见微小的力量是多么重要。相信如果将故事的人物出场顺序颠倒，故事的这种韵味就将全然不见了。

3. 语言难度

语言难度与"字、词、句"具有一定的关系，作品的文字应该简练，应以短小的句子结构为主，避免过量的修饰，能够陈述清楚主要内容即可。但语言难度又不完全表现为字、词、句的难度，图画语言也是影响语言难度的重要因素。比如大部分儿童作品都会选择写实的绘画风格，且画面较为清晰，但《卖火柴的小女孩》为了烘托悲伤的气氛，很可能选择晦暗的色调和铅笔线条画，但恰恰这样的绘画更有利于烘托故事意境。成人还可以通过下述低龄图画语言特点来感受图画书的难易。

- 封面能够传递主题；
- 语言简练；
- 写实风格相比抽象风格更容易被儿童理解；
- 绘画风格和媒介能烘托故事意境。

4. 对儿童前期经验的要求

儿童进行阅读时，需要具备一定的经验才能读懂阅读材料中的内容。这也是为何最初阅读的图书多为字母书和认物书的原因。所以在衡量一本书难度的时候，我们需要考虑这本书里的内容与儿童的日常经验是否相关。这也正是很多儿童图画书选择以儿童日常生活中常见的动物、植物为主人公，以日常生活场景为背景的一个重要原因。例如一些图画书虽然内容简单，但是人物不够常见，比如"獾"和"树懒"，儿童就会问"獾是什么呀？""树懒是什么呀？"由于缺乏对动物特征和生活习性的认识和理解，儿童对于理解其中某些情节就会出现困难。因此在阅读一本图画书，或者为儿童选择图画书时，成人需要考虑到以下几点。

- 理解文字内容需要哪些经验？儿童是否具备所需要的大部分经验？
- 理解图画内容需要哪些经验？儿童是否具备所需要的大部分经验？
- 书与儿童生活经验的距离如何？能否与儿童某些生活经验产生联系？

如果回答是肯定的，那么这本书就相对来说是适合儿童的。需要说明的是，除了年龄适宜性以外，图画书的个体适宜性也十分值得关注。因为不同儿童的生活经验是不同的，因此同一本书可能对于某些孩子来说很适宜，对于另外的孩子可能却很难。这与儿童的生活经验和阅读经验有很大的关系。一个乘坐过公交车的儿童就会更容易理解和接受《第一次自己坐巴士》，能够读懂画面上的"人进"和"人出"是什么意思，能够通过不变的"车厢"场景理解时空关系和车的行进过程。反之，如果儿童不知道公共汽车中途会停很多站，没有类似经验，理解起来则会困难。

内容和形式的多样性

不同类型的图画书所提供的语言经验是有差别的，例如，故事图画书主要以叙事性语言为主，兼具描绘性语言和趣味化的语言；而知识图画书中的科普图书则可以为儿童提供说明性语言的范例；历史图画书可以很好地描绘事件发展的来龙去脉，有利于帮助儿童获得时间表达和叙事表达经验；而人物传记类图画书虽然也是使用一种说明性语言，但其表达上往往简洁、精练，文字中能够提取出关键事件和信息，还包含对个人成长史的介绍。所以不同的图画书所使用的语言类型是有差异的，要想让儿童获得全面的语言经验，能够适应未来的学习和生活，我们就必须为儿童提供类别丰富的图画书，为儿童提供全面的阅读营养。

还需要注意，即便是同一类图画书，比如故事图画书，主题和内容也应更具多元化，例如，有动物故事、植物故事、汽车故事和人的故事；有中国故事、外国故事；有历史故事、现代故事，也有童话故事；有男孩儿故事《真正的男子汉》、女孩儿故事《公主也会放屁吗？》；有介绍科学和数学的故事，比如"14只老鼠"系列；也有关于人文和艺术的故事，比如《大脚丫跳芭蕾》《爱音乐的马可》《犟龟》《弗洛拉和火烈鸟》等。成人需要思考为儿童提供的图画书材料在内容上是否存在缺失，是否注意到了图画书内容和语言经验的全面性，能否最大限度地为儿童提供促进其语言发展的各类阅读经验。

另外，成人的头脑中存在着对不同性别儿童的固有认识，其中一种最常见的认识就是男孩儿更爱机械类的，比如各种各样的车，女孩儿更爱读公主和小兔子一类的图画书。一些传统读物，如《格林童话》中就具有明显的性别倾向，将女性形象描绘成多愁善感的、柔弱的、需要保护的对象，将男性描绘成勇敢者和保护者。在我国传统的故事中也存在这样的特点，例如孩子们喜欢的淘气包形象几乎都是男孩儿，与机械有关的图画书中的主人公也大多是男孩儿。对于刚刚开始进行阅读的年幼儿童来说，长期累积这样的经验就会形成对男孩儿和女孩儿形象的刻板印象，从而限制和制约儿童的活动内容、兴趣爱好和自我发展。部分西方现代绘本故事中这类性别刻板印象相对较弱，出版界甚至有意识地刻意防止和纠正这种刻板印象。例如《我妈妈》其中的一个片段就是"我妈妈是个大老板"，很多幼儿园的孩子在看到这一页的时候会笑，然后说"像个男人"。可见幼儿心目中的性别刻板印象是多么强烈。这就制约了他们的图书选择行为，进而限制了他们语言信息类别，导致男孩子"喜欢"看科普书，更善于理解并进行说明性表达；女孩子"喜欢"看童话书，更善于理解故事并进行情感性表达。这对男孩儿、女孩儿的个体发展来说，都是不利的，因为儿童未来生活中都必然需要多元化的语言理解和语言运用。所以，在早期阅读中成人要注意到这种倾向，不能一味地以"儿童兴趣"为由，或者根据自己对孩子"男孩儿更勇敢，女孩儿更温柔"的固定期望去为孩子选择图画书，而应该有意识地引导女孩儿关注知识图画书，引导男孩儿去接触和阅读童话故事。

最后，在图画书形式上也应有所兼顾，尤其对于 2 岁以前的低幼儿童来说，成人更应提供多样化的阅读材料，通过阅读材料激发儿童的阅读兴趣。因为此时儿童的阅读兴趣主要受到图书本身外在特征的影响。颜色鲜艳、能够触摸、富于变化的图画书往往能够吸引他们的兴趣，使他们想要"玩儿"这些材料，从而对阅读产生兴趣。这一时期成人可以通过为孩子选择下列这些类别的图书，去帮助孩子建立起对书的感情。

1. 布书（Cloth books / Rag books / Soft books）

每个小宝宝都应该曾经拥有一本布书。在出生最初的几个月里，孩子们无法独立看书，他们会翻滚、触碰、啃咬，任何硬质的物品可能都会对他们造成伤害，所以无毒无害、颜色鲜艳的布书应该是小宝宝接触图书的起点，他们从这里逐渐通向图书的世界。

图 5-7　*Giraffe and Friends*（Barron's Educational Series, Ragbk edition，2014）

2. 触摸书（Touch and feel books）

婴儿喜欢用手抓各种各样的东西，说明他们的感知非常依赖触觉，所以各式各样的触摸书是小婴儿建立阅读兴趣的首选。在各类触摸书中，孩子偏爱毛茸茸的温暖的感觉，因此我们为小宝宝选择以动物为主题的触摸书，可以有效地为他们建立起儿时对"书"的情感。

图 5-8　《小兔比利》（未来出版社，2011）

3. 洗澡书（Bath books）

如果我们最开始的时候能把读书与游戏结合起来，一边玩儿一边看，就会让宝宝将阅读和最愉快的玩水游戏联系起来，建立起愉快的情绪反应。洗澡书就是这样一类宝宝阅读生涯中的必备书，专门针对婴儿洗澡时能够玩耍进行设计，一般采用进口 EVA（乙烯-醋酸乙烯共聚物）材料制作，安全无毒。一些洗澡书还具有变色功能，书上的颜色遇到水后会发生变化，更能够激发婴儿对图画的好奇。

图 5-9 《小兔彼得》(北京联合出版公司,2014)

4. 躲猫猫游戏书(Peekaboo books)和纸板书(Board books)

年幼儿童还不太懂得爱护图书,常常会拿着书"吃"或者"撕",为了能够让他对一本书逐渐熟悉起来并产生感情,成人需要为他反复阅读。所以书的结实程度也十分重要。这一时期孩子的图书一般都是纸板书或者撕不烂的布书,但是纸板的躲猫猫游戏书不但更有利于孩子建立对书面材料的感情,因为它的材质与普通的图书是相同的,而且还非常符合9个月或10个月以后小宝宝喜欢躲猫猫游戏、希望发现新物品的心理需求。

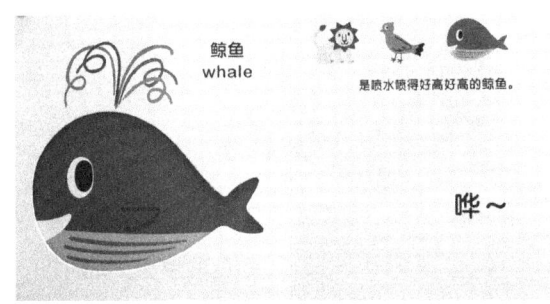

图 5-10 《动物动物捉迷藏》(二十一世纪出版社,2008)

5. 互动表演书(Play books)

儿童最初的阅读大多依赖与父母亲之间的互动和游戏,如果选择有趣的互动表演书,和小宝宝一起进行游戏,会极大地增强他们对书的兴趣和感情。比如下面这本挖了一个大洞的书,其设计目的是让成人或孩子躲在书的后面进行表演，可以先由爸爸妈妈进行表演和讲述，儿童随着年龄和经验的增长，逐渐可以自己进行表演。

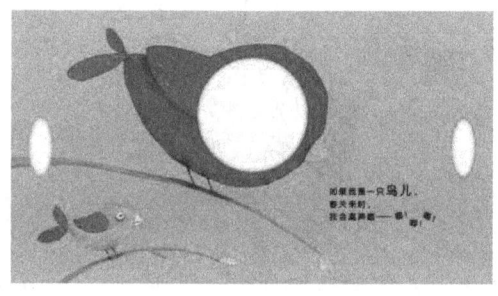

图 5-11 《如果我是一只狮子》（连环画出版社，2015）

6. 手偶书（Hand puppet board books）

手偶书最大的优势就是极度形象化，成人直接将手放在提供的手偶里，就可以一边用手偶的声音给孩子讲故事，一边进行表演。这就能非常自然地使讲述变得生动有趣，和儿童之间的互动性也会非常强，对儿童极富吸引力。

图 5-12 《小熊泰迪》（未来出版社，2011）

7. 洞洞书（Board books with holes）

图书的选取若能契合孩子生理和心理发展的特点，就会起到事半功倍的效果。从七八个月开始，宝宝就对各种洞洞产生了强烈的好奇，很喜欢抠各种小洞洞。所以如果给孩子配上洞洞书，他就会自然而然地从"抠"书到"翻"书，逐步对书产生亲切感和兴趣。

图 5-13　*Wiggle!*（Chronicle Books，2013）

8. 立体书（Pop-up books）

这种书并不适合特别小的孩子，因为这个时候他们看到喜欢的东西就会乱抓，而且精细动作发展得也不是很好，很容易就把书撕坏或者拽开。一般宝宝 1 岁多以后，我们可以给他提供这种书，因为立体书能给孩子提供立体的画面，可以帮助他们理解平面的图书和现实世界具体物体的对应关系，属于一种过渡性的图书。当然阅读过程中，成人仍需要告诉孩子这种书的使用方法并在其身边监护。

图 5-14　*The Color Monster*（Sterling Children's Books, Ina Pop edition，2015）

9. 发声书（Audio books）

低龄儿童对自然界的声音非常敏感，很喜欢侧耳倾听各种声音。很多家庭在很早的时候就会给孩子买摇铃和拨浪鼓，宝宝听到声音后会主动地倾听和关注。所以能够发出声音的有声书自然就会受到儿童的喜爱。

图 5-15 《最爱的玩具》(未来出版社，2013)

这里需要说明的是，尽管年龄较小的儿童对形式多样的图书更为依赖，但并不意味着这些书只能给两岁以内的低幼儿童读，在未来很长一段时间内，儿童都对书籍的形式感兴趣。随着年龄的增长，书籍的形式不会发生太大的变化，但其内容和复杂程度会发生变化。比如立体书里就会有恐龙立体书、漫步森林立体书等，例如图 5-14 的 The Color Monster（《我的情绪小怪兽》），由于涉及对于情感的感受和体验，就更适合较大儿童阅读。

文化适宜性

儿童的读物决定儿童的世界。当前我国儿童图画书市场虽然风头正劲，但发展极不均衡，引进版图画书在市场上占据绝对的主导地位，原创图画书虽然也在发展，但由于起步较晚，短时间内仍然难以匹敌外版图画书的数量和质量。有调查显示，当前我国图画书市场上美国版引进数量最多，占比达 32.71%；日本排名第二，引进数量占比为 20.63%。[①] 引进版儿童图画书多样化的选题、儿童本位的叙述方式、幽默化的情节设计、引发互动阅读的立体化装帧设计等因素，非常有利于调动和培养儿童读者的阅读兴趣，满足了儿童的阅读需求，也有利于儿童理解文化多样性，建立对多元文化的理解和包容，在全球化背景下成长为世界公民。但是不容忽视的是，引进版图画书多为国外优秀作品，也就必然携带西方社会背景、文化特征和文化符号等，这也就对中国儿童的阅读理解造成了一定的困难。

中国儿童在阅读《年》的时候，不会在理解上有太多困难，但在理解

---

① 新华智库,刘倩辰.绘本的世界,有多精彩？——2014年绘本图书出版分析[N].新华书目报,2015-6-4(3).

One Hundred Eggs for Henrietta 这样的与西方节日有关的幽默故事时却会感到吃力。因此，阅读材料的主题越具有文化普遍性，对儿童来说也就越简单。比如生日主题就比复活节主题更适合中国儿童。此外，图画书创作者的经验会使图画书作品带有特定的文化元素，比如前文提到的《第一次自己坐巴士》，很多儿童和成人在没有借助"导读手册"或者查阅相关信息的情况下，第一次看到图书后将图书中的"树懒"解读成猴子，也就无法理解为什么它在故事里从头"睡"到尾。再比如一些儿童在阅读《马戏团的女小丑》时就由于缺少观看马戏表演的经验，对故事中一些情节的理解较为困难。日本的一些图画书里直接以其本民族神话人物为主人公，比如"雷神小子"，如果孩子不理解其民间习俗，就会难以理解故事情节。因此，成人在为儿童选择图画书时需要对图画书的内容和信息进行分析，尤其要注意思考这些文化信息是否会影响儿童理解故事的内容和主题。如果这种影响较为明显的话，成人就可以暂缓向儿童介绍这本图画书，而是提前通过其他方法和手段，丰富儿童对相关民族文化的认识，当儿童具备一定的文化知识背景和理解能力后，成人再让其进行阅读。而有一些图画书由于带有浓重的民族色彩，包含有太多的异国文化和历史、地理等信息，绝大多数中国儿童都很难理解，比如典型的讲述美国国家史的图画书作品《我不叫亚历山大》和《我不叫伊莎贝拉》。

此外，对于中国儿童来说，最适宜其阅读和接受的依然是本民族的优秀作品。"一个人的精神发育史就是阅读史，一个民族的精神境界取决于这个民族的阅读水平。"[①] 儿童发展需要首先建立对中国文化的认同，并在此基础上理解多元文化，包括不同国家的文化。近年来，我国从国家教育政策导向和制度建设层面，都特别强调对儿童民族文化理解和认同的教育。教育部在2014年颁布的《完善中华优秀传统文化教育指导纲要》中将传统文化教育作为中小学教育的重要战略任务，提出了"教育与新闻出版等部门共同参与，形成中华优秀传统文化教育合力"的指导思想。实际上当前很多城市儿童阅读的图画书中，外版图书占据绝对优势，加上一些成人过于迷信引进版作品，并不考虑作品中所包含的文化差异是否能够被儿童所接受和理解，这种"西风压倒东风"的图画书阅读状态，导致儿童的阅读体验过于单一，不仅不利于

---

① 朱永新,孙云晓.一个人的精神发育史就是阅读史——朱永新与孙云晓对话录[J].少年儿童研究,2007(5): 31-37．

儿童民族认同感的建立，而且在不知不觉地造就着与父辈拥有不同的价值观、与父辈无法沟通的一代。

我国本土图画书创作虽然起步较晚，但近年来在一些出版社、绘本工作室和中青年作家和画家的推动下，原创图画书的创作水平和质量不断提升，涌现出一批非常优秀的作品。例如传统题材的《兔儿爷》《年》《京剧猫》《老虎外婆》，全新创作的作品《荷花镇的早市》《大囍出生》《妈妈——有怪兽》，知识图画书《方脸公公和圆脸婆婆》《新房子》《这就是二十四节气》《盘中餐》等，以及以中国文字为题材的《好玩的汉字》《三十六个字》等，优秀的作品层出不穷，很多作品取得了市场和口碑的双丰收，也逐渐开始得到家长、教师和儿童的喜爱和肯定。但不容否认的是，我国当前原创绘本在选题、创作上要么较为生硬地模仿西方，要么是对经典文艺作品再度包装，形成古典名著绘本系列和文学作品绘本版。一些具有前瞻和探索性的优秀原创绘本作品，在对传统的诠释上依然略显生硬，难以有效地将儿童性、趣味性、故事性、时代性与本土文化有机结合起来。[①] 图画书市场、创作者和理论研究者也越来越关注原创图画书的发展，信谊基金会自2010年起每年举行"信谊图画书奖"评选活动，扶持本土原创图画书事业发展；北京师范大学中国图画书创作研究中心不仅开展相关研究，还推出了"原创图画书年度排行榜"，推动原创图画书的市场影响力。相信随着社会关注度的提升，以及读者、出版者的共同推动，中国原创图画书作品会越来越好。

图5-16 原创图画书《大灰狼娶新娘》插图	这本小书不仅以非常幽默的形式向低幼儿童介绍了大灰狼的身体部位——脚、手、尾巴等的特征，还非常巧妙地运用了中国文化元素来展现传统文化。

成人在为儿童选择图画书时，需要特别关注这些优秀的原创作品，为儿童选择便于他们理解的、具有文化适宜性的精神食粮。

---

① 刘晓晔，王壮．文化认同视角下绘本出版热的冷思考 [J]．出版发行研究，2016(9): 69-72．

第三节

图画书阅读的原则与特征

教育应使每个人都能够通过对世界的进一步认识来了解自己和了解他人。

——《教育——财富蕴藏其中》

图画书阅读的基本原则

阅读是一种习惯。成人从最开始带领儿童进行图画书阅读的时候，就要选择一个相对较为固定的时间，并且每天在这个时间进行阅读活动。当然儿童兴致不大的时候，阅读时间可以稍短，兴致盎然的时候就可以时间略长。即便是在专门的机构，如图书馆、幼儿园进行图画书阅读，成人也最好能选择固定的时间，长期坚持下来。

图画书阅读的时间可以选择分散，也可以选择集中。从家庭里最初的阅读开始成人就需要坚持，最好每天抽出固定的至少5～10分钟进行阅读活动。开始时，一天内可以有多个小的时段，当儿童渐渐长大以后，成人可以逐渐将时间延长并固定下来，集中进行阅读活动，比如晨起之后或者睡前的时段。父母即便因为上班等原因不能和孩子进行亲子共读活动，也应该委托祖父母或其他照料者为儿童读书，开展阅读活动。

为什么要建立固定化的阅读时间呢？因为儿童早期的习惯形成并非主动的结果，从儿童心理发展的特点来看，儿童早期自律能力差，难以实现自我控制，他们常常容易走神或者被外界各种信息所吸引，因此更需要依赖外界的约束逐渐达成行为习惯，而每一个行为习惯的建立都需要长期的坚持才能稳定下来。当然，约束并非"强制"，成人刚开始选择时间，可以在多个时段进行尝试，挑选一个儿童最喜欢、最不排斥的时段开展阅读，这是逐渐固定下来的过程。在建立阅读习惯的同时，我们还需要遵循一些基本的图画书阅读原则。

一、尊重儿童在阅读中的主体地位

图画书阅读应以儿童为阅读主体，成人对活动的设计以及讲读过程，都应以促进儿童阅读能力的发展为基本目标。成人的"讲"应该以让儿童更好地"听"为目的。正如第四章的家庭和机构亲子共读调查中所发现的，家庭亲子共读过程中，自顾自将阅读变成了"念读"的家长并不占少数，这种方式既不关注儿童的听，家长在阅读中对儿童的视线、兴趣和问题多采取回避的态度，将阅读变成完成"念书"的任务，同时也没有关注成人的讲，成人没有发挥语言表现力，为儿童营造阅读氛围，让儿童喜欢和爱上阅读。在机构教育中则又存在另外一种倾向，过于关注成人对阅读活动的"设计"和"讲读"，一方面强调语言表现力，试图将阅读活动变成一场表演，将阅读现场变成讲读者的秀场，同时又强调利用手偶、美工、音乐、表演等形式将阅读形式变得多元和生动，在活动形式上盲目跟风，不考虑阅读对象年龄、经验、生活背景的差异，一味地追求热闹。上述图画书阅读方式都没有尊重儿童的阅读主体地位，不仅对那些真正喜欢阅读、习惯于在阅读中进行思考的儿童缺乏吸引力，同时也不利于真正地培养儿童对阅读的兴趣。成人需要意识到阅读活动的形式必须服务于所阅读的内容，成人在阅读活动中的任务在于帮助儿童建立真正的阅读兴趣，促进儿童对图画书的理解，而不是为了表现讲读者的讲述技艺。

儿童的主体地位还表现在儿童在阅读速度、阅读理解上存在差异，因此图画书阅读中成人就应该尊重儿童个体的意义建构，扭转让所有儿童产生相同的理解、说出同样的道理的观念。成人要意识到图画书阅读应首先帮助儿童建立个体知识，儿童随着年龄增长、社会经验的增加，在个体理解的基础上，趋向于与作者和作品对话，理解图画书中蕴含的社会意义；成人需要意识到，儿童阅读能力、语言能力的发展是一个不断积累的长期过程，并非通过阅读某个作品，进行某次活动就能实现。试图通过一次30分钟的活动就让儿童掌握某个句型、懂得某个道理的做法只是变相的"填鸭"，是对儿童作为阅读主体的漠视。

二、在图画书与儿童生活间建立联系

阅读应尊重儿童的身心发展规律和心理需求，阅读材料和阅读活动应适应儿童年龄特征和兴趣需要，促进儿童的身心发展，满足儿童的认识兴趣和认知世界的需求，帮助儿童建立对自我和对外部世界的认知。所以说阅读既是个体活动，同时也是社会活动。因此，图画书阅读中应与儿童真实生活产生联系，让儿童意识到进行阅读与认识世界之间的密切关系，理解阅读的重要性和意义，而不是让儿童"两耳不闻窗外事，一心只读圣贤书"。图画书阅读活动不仅是通过读图画书获取信息和意义，而是包括围绕图画书阅读所开展的一切社会活动，它具有社会实践的特征，图画书阅读过程应关注阅读意义的社会建构过程。

儿童的特点决定了他们对语言信息的理解和接受依赖于具体形象，虽然图书中包含着丰富的图画，但动态的真实生活比静态的图画更容易帮助儿童理解图书中的内容，从而获得语言经验。在选择图画书时，成人需要考虑儿童是否具有理解图画书内容的前期经验，并通过社会实践弥补儿童前期经验的不足。例如，《螃蟹小裁缝》是一本经典的原创图画书，故事很富有趣味性。书中涉及"裁缝"这样的职业词汇，现今并不常被提起，在图画书中出现的频率也不高，但是这一职业在孩子的生活中却十分普遍。所以生活实践可以有效地帮助儿童摆脱与阅读内容之间的陌生感和距离感。虽然儿童能大致根据讲解和图画理解"裁缝是做衣服的"，但为了让儿童理解为什么把螃蟹比作小裁缝，成人就需要带儿童去"改衣服"的地方看看，或者去海鲜市场观察观察螃蟹，讲解一下螃蟹的钳子，感受触碰螃蟹钳子时钳子的变化。通过实践活动，儿童就会获得经验支持，就会在阅读中与作者和作品产生更多的共鸣，理解为何选取螃蟹做小裁缝。那么当儿童再阅读到图画书中类似的场景或段落时就会在头脑中主动进行联系和建构。例如儿童阅读《阿利的红斗篷》，在书中讲到阿利将布裁开的时候，他就会主动地问："是像'裁缝'一样吗？"

然而现实中的很多图画书阅读活动都未能跳出传统语言观，未能走出从"字、词、句"这些语言元素去关注阅读意义的建构过程。例如，在第四章"家庭亲子共读中的互动状况"调查中，阅读材料《几粒种子变成了什么》以一个图画故事的方式呈现了一个女孩儿种下一粒牵牛花种子，描述了牵牛花种子从发芽、开花、结出果实到死亡的全过程。大多数的成人在亲子共读过程中，不约而同地围绕着故事里的字词，围绕着让儿童记住"春夏秋冬"的顺序和特点展开。只有为数不多的家长能主动地使阅读与儿童的生活发生互动，提出"咱们见过和牵牛花一样有花藤的植物吗？""奶奶在阳台上种了什么？哪个和这个一样？"可见，在当前图画书阅读中，成人缺少让儿童联系生活去理解图画书内容的意识。阅读所具有的社会性要求图画书阅读活动中成人能够将书的内容与儿童生活联系起来，提高儿童的阅读理解能力，并让儿童真正理解语言、图书和阅读的意义。

三、关注阅读质量而不仅仅是数量

早期阅读的数量固然重要，因为这不仅决定了儿童接触书面语言的时长，还决定了阅读范围的大小和阅读经验的丰富程度，学前期儿童亲子共读的频率与其未来学业成绩的密切关系早已得到证实，但是相比数量而言，阅读质量更为重要。早在婴儿能够说出语言之前，他们就已经在和材料、人的互动过程中理解外部世界的意义，因此早期儿童与语言材料的互动、与父母的语言互动，将对他们的语言获得结果产生决定性的影响。心理学研究发现，父母和不会说话的小婴儿之间信息交流的同步性，对儿童未来的语言和社会发展具有重要的预测作用；[①] 美国一项大型的 0～3 岁家庭养育与儿童语言发展评估研究显示，无论家庭经济收入、物质环境、儿童种族和性别如何，9～12 个月婴儿的家长与婴儿言语互动的方式对儿童 3 岁时的语言水平都具有预测作用。[②]

[①] FELDMAN R. Parent-infant synchrony: biological foundations and developmental outcomes [J]. Current directions in psychological science, 2007, 16(6): 340-345.

[②] FELDMAN H M, DALE P S, CAMPBELL T F, et al. Concurrent and predictive validity of parent reports of child language at ages 2 and 3 years [J]. Child development, 2005, 76(4): 856-868.

而近期芝加哥大学的研究也发现家长在与儿童的互动中，不仅需要给儿童提供大量的语言信息，更需要关注语言学习质量。当家长越能够与儿童就语言材料进行互动，给孩子更多的学习并探索词语的机会，帮助儿童理解词语的现实意义的时候，儿童的语言学习效果越好。[①] 也就是说在图画书阅读过程中成人应关注儿童，使成人的支持与儿童的学习保持高度一致，帮助儿童深入地理解语言，感受到图画书阅读的趣味和意义，而不仅仅是提供语音和文字刺激。下面就以"开车出发"系列图画书为例对如何让儿童通过深入阅读提高阅读质量进行介绍。

1. 对图画书的图文进行仔细研究

对于同一本书或者同一系列的几本图画书，成人要和儿童一起反复读。图画书虽然文字不多，但图画往往蕴含着大量的信息，需要反复琢磨。以"开车出发"系列第一辑为例，这套绘本以"车"为主题，文字简单重复，具有韵律感，画面又非常细腻丰富，将城镇和乡村风光刻画得淋漓尽致，甚至连设计工艺也十分出色，比如《下雨天去郊游》里的彩虹，《快跑，云梯消防车》里的"烟"，可谓是各方面都非常出色，无论男孩儿还是女孩儿都非常喜欢。成人在与儿童共同阅读图画书前，需要首先进行精读，对图画书中的图画语言和文字语言进行仔细地解读，从而最大限度地理解作者和作品的意义所在。

• 关注图画书中的词汇和语言

通过图画，"开车出发"系列图画书轻轻松松地给孩子讲述了广袤的"田野"；通过图画上全家人的表情，它很好地解释了"兜风"不仅是坐车出去玩儿，更代表了一种心情；通过不同的图画向孩子展示了什么是"湖泊""溪流""瀑布"和"大海"；让孩子感受了"隧道"内外；让孩子理解了"篝火"是什么，以及雨后会出现的绚丽"彩虹"。除此以外，家长还可以向孩子介绍热气球、海鸥、灯塔、司机、礼物、动物园、游乐场、百货商店、枫叶、圣诞节等大量的词汇，这无疑将极大地丰富孩子们的语言。

[①] CARTMILL E A, BENJAMIN F, ARMSTRONG III, et al. Quality of early parent input predicts child vocabulary 3 years later [J] Proceedings of the national academy of sciences of the United States of America. 2013, 110(28): 11278-11283.

- 关注阅读"线索"

与成人阅读的线索相似，儿童读物中也会有很多的线索，而图画书的线索则隐藏在丰富的图画之中。例如《快跑，云梯消防车》的封面上有两只小鸟，而在翻看和讲述过程中，儿童会不断地在画面上寻找这两只鸟的踪迹，通过对细节的观察，儿童可以发现这两只鸟从消防站一直陪伴着消防员叔叔、阿姨一路驶向出事地点。其实在很多图画书中，都有类似的伴随性线索。它们可能是一件物品，可能是一只毛毛虫，也可能是伴随着主人公的可爱玩具熊……是儿童感知图画情节连贯性的重要视觉线索。即便是低幼图画书中也会有这样的线索和信息，例如《1，2，3到动物园》中的小老鼠。从最初的图画书阅读中，成人可以有意识地引导儿童观察这类线索，有效地帮助儿童掌握阅读信息，理解阅读内容。

- 发现图画书之间的联系

儿童很早就已经具备了对事物的记忆和发现能力，这种能力与年龄相关，但又不是由年龄决定的。当儿童头脑中有较为丰富的阅读经验时，其发现和联系的能力自然就会增强。比如，一个阅读量较大的两岁儿童可以联想到两本书之间的相似性，但一名四岁的缺少阅读基础的儿童则可能无法进行这种联系。套系图画书阅读的优势在于，套系书往往在图书与图书之间存在着密切的联系，因此阅读这类图书，可以帮助儿童有效地建立将图书与图书联系起来的意识。例如，在阅读《快跑，云梯消防车》时，儿童就能够发现《坐电车出发》里面的电车，"这两个电车一样"。这套书的每本书里都可以找到别的故事里出现过的交通工具，这样的处理不仅可以帮助儿童理解故事发生的场所，认识到故事中的时空关系——云梯消防车在救小猫的时候，也有小朋友和爸爸妈妈一起去兜风，也有人坐着电车回家……而且有利于他们理解每时每刻我们身边每个人身上都在发生着自己的故事，这对于后续的复杂故事阅读中，孩子对多条线索的理解是十分有利的。低幼图画书《妈妈看》系列也是如此，儿童在阅读过程中可以很快地发现各分册图画内容里的联系，并通过相互之间的联系建立理解。

- 阅读后的信息整合

对于较大的儿童来说，套书也同样很有看头，因为书里的细节非常丰富，同时也可以引导儿童思考：为什么一本书里面会出现另外一本书里的人物或是情节？为什么反反复复地出现隧道？为什么好几本书里都出现了同样的海边、溪流和瀑布、动物园、游乐场？消防车后面跟着的，不是开车去兜风的一家人吗？坐电车去旅行，为什么旁边的马路上还有消防车呢？故事发生在哪里？这些地方的位置关系到底是怎样的？还可以和孩子一起找一找，还有哪本书里出现了葡萄山，哪本书里也有动物园、游乐场和百货商店。不妨在同系列的其他书里找一找去葡萄山旅行的那辆巴士、山间的小火车、全家一起兜风的车……最后，试着让儿童根据每本书里的线索，发现这些地方之间的位置关系，并尝试着画画海边城市的小地图。在这样的阅读支持下，儿童就更容易站在作者的视角，理解作品的创作过程，认识到"开车出发"系列是怎样产生的，图书想要表达的是什么，从而真正建立对图书、对作者的认识和理解。他们就会更容易理解"书"是作者表达自己生活经验和情感状态的产品，这样的阅读也会从情感上帮助儿童建立每个人——包括自己都可以进行图书"创作"的认识，有利于儿童高级读写技能的发展。

2. 从浅阅读走向深阅读

我国并没有明确的阅读研究学科，对阅读的研究主要以语言学研究为主，还包括"教育学"下的语言教育、"心理学"下的阅读心理学、"图书馆学"下的阅读推广等几个领域，阅读研究属于交叉学科。执行分级阅读政策的美国则不同，其阅读研究属于教育学科下的二级学科，具有硕士和博士授予资格。这就使得其阅读研究更直接地服务于儿童教育，因此也就产生了以蓝思分级（Lexile Reading Framework）为代表的分级阅读。然而国内不少公众对分级阅读存在误解，常常将其等同于按照一定的年龄段来为儿童推荐读物。然而事实并非如此，分级阅读的核心在于诊断儿童的阅读水平，根据儿童的阅读水平为其推荐与其阅读水平相当的书籍（leveled books），分级对应的是儿童的阅读水平，而非年龄。

这也就是提出一本书可以隔一段时间再来读的一个重要原因。儿童最初选择某本图画书的原因很可能是受到图画或是名称的吸引，然而他阅读后有可能发现自己并不感兴趣，自己也缺少阅读这本书所需的相关经验，或是有些难以理解。所以儿童自然在粗略地看完后就不再翻看了。如果此时成人硬要让儿童阅读这本书，必然会使儿童感觉有压力，甚至产生逆反心理。但是，成人如果完全认为孩子根本就不喜欢这本书，将之束之高阁，也并不可取。因为过一段时间之后，随着儿童阅读水平的提高、语言能力的发展、相关经验的扩充，儿童很可能会读得津津有味。

对于图画书中很多深刻的哲理或是寓意也是如此，学前儿童毕竟处于具体形象思维占主导地位的思维阶段，因此他们在阅读中理解外在的人物、情节更容易，大多难以体会书中所隐含的含义。但是通过阅读所带来的语言理解水平和思维水平的提高，儿童很可能在一段时间之后能够读懂图书中的某些意思，能够更深刻地理解故事情节或知识内容。所以成人可以在儿童阅读几遍后，过一段时间再把书拿出来让儿童细细品味，让其能够从理解字、词、句到理解字、词、句所代表的意义，从浅阅读走向深阅读。

图画书阅读的基本特征

儿童图画书是文艺作品的一种形式，因此也就必然带有文艺作品的社会性特征。文艺作品是以作者为中介被创造出来的，反映社会集团利益的产品，反映了作者对社会精神结构的感应。作者只是在微观层面上进行了想象和创作，作品反应的是社会精神结果或者说是世界观，是"世界观此时此地恰好以某种方式在这部作品中表现出来"[①]。因此图画书阅读本质上就是一种社会性的活动，图画书作品不仅是大众传媒的重要形式，同时也是向儿童传递社会文化和价值观的重要教育媒介。优秀的儿童图画书作品不仅能反映社会生活，也应与儿童的社会生活形成互动。

不仅图画书天然地携带有社会性的基因，图画书阅读作为儿童早期阅读的一种重要形式，也必然带有社会性特征。图画书阅读过程中需要成人和儿童共同围绕作品和儿童的真实生活展开社会性互动，促成儿童建立对阅读材料的理解并生成阅读意义，在阅读中儿童既在理解阅读材料，也在理解和认识生活，从而实现促进儿童语言发展的基本目标，并最终通过语言发展实现儿童的全面发展。因此，图画书阅读应围绕儿童语言教育的基本目标，把握

---

① 戈德曼. 隐蔽的上帝 [M]. 蔡鸿滨，译. 天津：百花文艺出版社，1998: 24.

其具有社会性这一核心特征，通过多个层次的"互动"实现其价值。

首先，图画书阅读表现为儿童与图画书之间的互动。儿童作为读者，是图画书阅读的核心，儿童通过自己对图画书意义的解读，"缔造"图画书的意义。没有儿童读者对图画书的理解，图画书的意义就只存在于作者的世界当中，无法实现向儿童传递意义和信息的目的。

其次，在图画书阅读中常常被忽视的一个重要方面就是成人参与图画书阅读的重要价值。其价值就在于成人通过自己对图画书作品的解读（参见第三章图3-6），促成图画书、儿童与社会生活之间形成互动。这样一方面能有效地利用社会生活帮助儿童理解图画书，另一方面也实现了对图画书意义和价值的深层认知。

最后，图画书阅读是作为儿童早期阅读的一个部分存在的，因此与儿童的其他阅读活动之间应具有共同的发展目标，也应形成相互联系的整体。儿童语言发展也正是通过这些相互联系的多次阅读活动所累积形成的综合效应。因此，成人应有意识地帮助儿童在某本图画书的阅读与其他图书的阅读之间建立联系，在图画书与其他阅读材料之间建立互动，帮助儿童整合阅读经验，在儿童头脑中实现"同化"和"顺应"的过程，共同促进儿童语言的发展。

因此，从微观层面来看，图画书阅读的基本方法应该实现三个基本的"互动"，包括儿童与图画书的互动，儿童、图画书与社会生活之间的互动以及图画书和其他阅读材料（包括图画书）之间的互动。通过以"互动"为基础的图画书阅读能促进儿童对语言元素的认识，提高儿童对语言的理解和运用能力，从而能够真正实现图画书阅读的本体价值，为儿童的全面发展奠定基础。

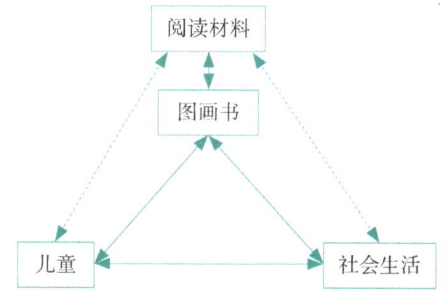

图 5-17　图画书阅读中的多维互动

一、图画书与儿童之间的互动

阅读是阅读者与文本进行对话的过程。优秀的图画书往往能够把握儿童的心理发展特点和心理发展需求，与儿童建立共鸣。因此成人在图画书阅读材料选择上要充分意识到儿童的心理发展特点，应在儿童的认知经验、认知兴趣的基础上为其选择适宜的图画书作品。

- 取材于儿童日常生活，包括家庭生活和幼儿园生活的作品；
- 内容能够反映幼儿的生理和心理需求，例如饮食和健康、建立生活常规以及游戏、自主、建立自我意识、成长、强大等内心需求；
- 符合儿童的认知兴趣，以儿童好奇和感兴趣的事物、现象为对象和内容；
- 人物形象与儿童具有相似性，有利于与儿童产生心理共鸣；
- 画面形象与颜色符合儿童的审美特征和审美发展需求。

例如低幼的"噼里啪啦"或者"小熊宝宝"系列图画书就以儿童典型的生活事件——尿床、打嗝、拉屁屁等作为图画书素材。儿童在阅读这些图画书的时候就会自然而然地联系自己的生活，运用自己的经验理解图书。并不是所有的图画书都具有这样的特征，但大部分图画书都可以在某一部分或者某些细节和儿童的生活建立起联系来。儿童很早就已经具备了联系自身经验理解阅读内容的能力，因此在阅读图画书的过程中，成人需要发挥积极的引导作用，引导儿童发现图画书与自身生活之间的联系，在书与儿童之间建立良好的互动关系。

案例：鸽子耍驴了！
（1岁11个月）小C自己从书架上翻出来《别让鸽子开巴士》，让妈妈讲。显然他无法理解故事内容。但是当读到"我要开那辆巴士"这一页的时候，他却突然哈哈大笑。妈妈问他："笑什么？"他说："耍驴了。"
原来，家人常在他闹脾气的时候说他："你又耍驴了！"所以当看到图画上鸽子的样子时，他联系了自己的生活，说鸽子耍驴了。

	续表
 图 5-18 《别让鸽子开巴士》插图 　　随后，妈妈让他表演一下，什么是"耍驴"，结果他浑身拧来拧去，嘴里吭哧吭哧地演了一通。演完以后他自嘲地哈哈大笑。妈妈尝试着问他："鸽子为什么耍驴啊？"他说："不让他开车。" 　　10 天后，他读《西卡的爱好》，读到"西卡喜欢骑马"的时候，妈妈故意将"骑马"两个字空出来，让他来说。结果他很配合地说出了骑马。说完之后，他突然对着家里所有人高声说："我属马！"	通过图画线索，将自身经验与文本内容联系了起来。也正是通过联系自己，他才理解了故事中的一些内容。 通过故事里词语中的"马"联想到自己的属相。

　　帮助在图画书与儿童之间建立联系有以下几条典型策略。

- 提示。当发现某些片段或是整个内容与儿童生活中曾经出现的某些经验相似，那么成人就要鼓励孩子建立联系，"我们也曾经……"，帮助儿童运用自己生活中的经验去理解图画书中的内容，同时帮助儿童认识到生活和图书之间的关系。

- 提问。成人通过提辉映式的问题，例如在阅读《快睡吧，小田鼠》之前，成人通过提问"你有没有到该睡觉却仍然不想上床的时候？如果不想睡觉，都是怎么办的？你会怎么跟妈妈说？"并在阅读过程中不断地将儿童的生活经验与图画书中的人物表现进行联系。

- 回忆。当日常生活中发生与图画书中描述的现象相似的情境时，成人应引导儿童回忆曾经阅读过的图画书，用图画书中的情境来解释儿童的表现，从而帮助儿童真正地理解图画书和生活的密切联系。例如当儿童嘴里塞了很多食物的时候，成人可以联系《大卫，不可以》中的情境；当儿童霸占了食物不给其他人的时候，成人可以引导其回忆《小饼干的大道理》中的相关情节来让儿童理解"贪心"的意思，并引导其进行分享。

二、图画书与生活的互动

早期阅读应该重视儿童对语言要素的感知，成人通过精心挑选的阅读材料，帮助儿童感知语音、词汇和语法，但更应该关注图画书内容与儿童的生活世界之间的联系。成人通过加强图画书与儿童生活的互动，实现有意义的阅读和语言学习，帮助儿童在阅读材料和真实世界之间建立联系，深刻理解图书和语言的功能。图画书与儿童生活的互动主要通过三条渠道来实现。

1. 图画书中的特定语言与生活的互动性

图画书中的语言包括文字语言和图画语言两个部分。在阅读图画书时，我们应引导儿童将特定的语音、词汇、句式与日常生活进行链接。例如图画书《你听，你听》就是一本极为典型的书，这本书的语言极富特点，通篇使用了大量的象声词，模拟自然界中各种各样的声音；还采用了诗体的结构和韵律，以春、夏、秋、冬为序，简洁明了、富有诗意地描绘出季节的特征与变化。

听，你听……那是什么？虫儿到处在唱歌！

唑——唑——唧——唧——嚯——嚯——嗡——嗡——

吊床悠悠，树叶沙沙。海边玩耍，哗啦哗啦。

云儿飘，狗儿跑。嗞嗞，咻咻，夏日烤。

单独阅读这些文字并不会引发儿童的共鸣，因此需要成人有意识地引导儿童聆听自然界的声音。在阅读之后，成人应让儿童听一听夏天的虫鸣，比如树梢的蝉鸣和夏夜蟋蟀的歌声，有意识地联系儿童海边玩耍的经验，让儿童聆听海水发出的声音，并由此引导儿童注意倾听周围环境中的各种声音，学会静下心来聆听自然。这本书的画面内容也相当丰富，图画语言很好地向儿童展现了每个季节的动植物、人类活动的内容和特点。成人可以引导儿童联系自身生活中观察到的蝴蝶、瓢虫、蚱蜢和蜻蜓，联系生活中果实成熟落地的经验、树叶飘落的经验，从而能够更好地理解画面。在图画与儿童的生活之间建立联系，不仅提高了儿童对阅读内容的理解，同时也有利于增强儿童的阅读兴趣。

2. 图画书中情节和内容与生活的互动性

绝大多数儿童图画书的内容都取材于儿童的生活，具有和儿童所处的真实世界发生联系的基础。但儿童缺乏对阅读信息处理的基本技能和方法，在面对庞杂的阅读内容时，难以对词汇和阅读内容进行系统化的组织和整合，因此这样的阅读并不利于儿童语言和思维的发展，也很难帮助儿童建构起对世界的认识。图画书阅读中成人的作用尤其关键，成人需要通过一些策略帮助儿童建立阅读与生活的联系，从而让儿童真正将阅读与自己的生活联系起来，提高其在生活中的真实语言表现。

- 互动路径：从图画书到生活

图画书并非单纯的文字和图画，图书中的内容不仅来自生活，同时也承载着不同领域的知识和信息，比如动植物的科学、数学和人际交往、自我保护和安全等。因此阅读时成人要帮助儿童理解图书中的内容，从而让他深刻地理解语言所代表的抽象事物。例如，儿童在阅读了一些与某种动物相关的图画书，如《小红母鸡》《母鸡萝丝去散步》《好朋友》《傻鹅杜皮妮》以及其他含有公鸡和母鸡形象的图画故事后，成人为了帮助他真正地认识和了解故事里的主人公，就需要带着儿童有意识地观察鸡。通过这种观察，儿童就会认识到小鸡、母鸡、公鸡的特征；会发现母鸡喜欢啄地，会在地上找东西吃，研究公鸡、母鸡都在吃什么等信息；看到母鸡下蛋的样子，看到鸡舍里母鸡刚下来的蛋；看到刚孵出来的小鸡，也见证了小鸡的成长；了解小鸡的毛色和羽毛与大的鸡是不一样的……而这些信息不仅能够增强儿童的阅读理解水平，提高儿童的阅读兴趣，同时也通过丰富儿童的认知经验进一步促进儿童阅读理解能力的发展，有利于他们理解其他阅读材料，例如儿童会更好地理解为什么《蚯蚓日记》里的蚯蚓做的噩梦是"巨大的鸟跳房子"。另外，一些国外引进的图画书中都会出现小丑、马戏的形象，这对于中国的孩子来说不大容易理解。当图画书中出现一些儿童难以理解、与其生活经验存在一定距离的内容时，成人支持儿童阅读的最好方式就是带领儿童走出图画书，深入真实的生活去理解图画书中的内容。

案例：吴桥杂技见闻	
小Z的母亲说自己曾经在和孩子看过《马戏团的女小丑》《长大了当什么》《逃家小兔》这些故事后，带着孩子到吴桥去看杂技。 下文是小Z口述的吴桥见闻。 我们去看马术表演。马术表演非常精彩，有马上倒立、行进中上下马。表演结束后，我也体验了一下骑马。我感觉那匹黑马特别颠，我的屁股疼！骑完马，爸爸又给我拍了几张照片。 马术过后，我们去了江湖文化城。在马戏大棚里也有很多表演，其中小丑叔叔的表演很搞笑。小丑叔叔拉了一个观众上台，比比画画，不知他想说什么，然后他让观众照着他的动作做。忙活半天，小丑叔叔把那个观众赶下台了，还做了一个拜拜的动作。这个节目我没看懂，只是觉得小丑叔叔的表演很夸张，很好笑！ 让我高兴的是，节目结束后爸爸给我买了一个小丑叔叔那样的用气球做的帽子。	看过杂技后，儿童对故事中所说的"小丑""走钢丝"等词汇及其所代表的事物的理解更深刻。 同时这种在图画书与生活间建立互动的方式也有利于儿童运用图画书中的语言，提高儿童的语言表达能力。

这种互动方式本质上表现为图画书阅读的"延伸活动"。延伸活动的意义在于实现阅读的真实价值，成人通过有效的互动和延伸，让儿童理解图画书中运用的语言和传递的意义，并能够真正地将这些语言和意义应用于生活。但在延伸中成人需要把握一条基本原则，就是延伸活动必须服务于儿童图画书阅读的内容。但正如第四章第三节中所讲，早期阅读必须形式服务于内容，必须有利于激发孩子对阅读和学习语言的兴趣，不能走入"形式化"的误区。有关延伸活动的建议将在后文详述。

- 互动路径：从生活到图画书

同样，上面的例子也可以反过来，当儿童在日常生活发现感到有趣、新鲜的事物时，成人要善于通过图书引导他们进一步去研究和了解事物和现象。假如一个没有阅读过小丑图书的孩子看了一场小丑表演，成人就可以找到这样一些阅读材料，供孩子翻阅，拓展他对马戏表演的认识和理解。这样做的好处在于可以让孩子深刻地体会到阅读材料中蕴含的丰富信息，体会到书的作用，渐渐地让儿童学会运用图书、资料去收集自己想要了解和知道的信息。当儿童产生"蚂蚁吃鸟屁屁？！"的发现和疑问的时候，成人就需要有意识地向儿童介绍与蚂蚁生活习性相关的图画书（参见本章第四节案例）。从真实世界走向阅读的过程并不一定是即时发生的，但是成人需要建立"互动"的意识，当儿童阅读《紫花地丁和蚂蚁》等图书的时候，成人应当有意识地将书中所呈现的现象与儿童先前在生活中发现的蚂蚁吃东西或者搬运东西的经验联系起来。

案例：这是什么声音？	
（2岁5个月）7月初的一天，妈妈带着小C到操场玩儿，走着走着，小C突然问妈妈："这是什么声音？"妈妈侧耳倾听，并没有听到什么。他依然接着问。妈妈忽然意识到他问的是树上的蝉鸣。 妈妈于是简单地给他讲了它叫作"蝉"，也叫"知了"，大概是多大的动物，天气特别热的时候就会叫。他跟着重复了一下"蝉，也叫知了"。随后的几天里，外出的时候他走到大树下就会重复"蝉，也叫知了，在叫"。 回到家，妈妈整理了一下书架上的图书，并从还没有摆在架子上的书里找到了两本和蝉相关的童书，一本是知识图画书《蝉》，还有一本是《地下100层的房子》，介绍给小C。没想到他居然很爱读，还很热心地告诉家里人"树上叫的蝉是蝉哥哥，蝉妹妹都不会叫"等。 后来再一次看另外一本书《灰灰兔的院子》的时候，他突然大叫一声："你看，这个是蝉。"果然在画面右侧的树干上趴着一只蝉。	生活经验帮助他发现了阅读材料中的细节。而细节则有助于他理解故事发生的季节和背景。

图 5-19 《灰灰兔的院子》插图

三、图画书与图画书之间的互动

儿童读物的内容大多与儿童的生活具有密切的联系,因此图画书与图画书之间,图画书与其他阅读材料也非常容易产生某种内在的联系。这种联系主要表现在几个方面。

1. 同一作者的不同作品间往往具有联系

例如,玛格丽特·怀兹·布朗的作品《晚安,月亮》就和她的另一部作品《逃家小兔》之间具有密切的联系。在《晚安,月亮》中,作者将《逃家小兔》的画面作为背景壁画画在了书中。大卫·香农的一系列作品除人物形象外,还表现出了相同的绘画风格。艾瑞·卡尔的不同作品中会多次出现那匹"蓝色的马"。很多作家和画家创作的同系列作品中都以相同的人物为主人公。

2. 不同的图画书的主人公可能相同或形成对比

很多儿童图画书选取了相同的人物或形象来叙述故事,例如很多书的主人公都是鳄鱼、兔子、大象、河马、猴子、狮子、老虎、怪兽等。这些相同的形象可能描述出来具有某些类似的特征,比如小老鼠在图画书中常常是聪明的,如《耗子大爷在家吗?》《聪明的鼠小弟》,大灰狼常常是坏人,如《我爸爸》《三只小猪》。但有些时候这些人物也会不同,比如《一只想当老鼠的猫》和《耗子大爷在家吗?》里面的猫的形象就有很大反差。

3. 不同图画书中的场景和情节可能具有类似性

儿童图画书多以儿童的家庭、幼儿园、社区场所,以及公园、草地、森林、大海等为主要图画背景,因此不同的图画书之间的场景就会出现很多类似之处。例如很多图画书中都会出现消防车灭火、救护车救人、人在商店里面买东西、小朋友在游乐场玩耍或在动物园里游玩、学生在博物馆里参观或在图书馆中读书的场景。描写青蛙、蜻蜓和乌龟的图画书中常常出现池塘，大象和猩猩的故事常常发生在森林。这就为儿童在不同图画书的场景和情节之间进行互动提供了可能。例如一名幼儿指着《咕噜咕噜转》画面上的消防车问"车能开到大卫家吗"，原因是他联系到了大卫家门口的消防栓。

4. 不同图画书的主题可能相似或是相同

图画书的主题多为解决儿童生活中所面对的困难和难题，描述儿童成长过程中的心理特点。因此同一主题的图画书往往很多，比如《快睡吧，小田鼠》《晚安，月亮》《不睡觉世界冠军》《维利床下的鬼》等就都是与儿童睡眠有关的图画书。此外与儿童刷牙、洗澡、情绪、饮食等主题相关的图书也不胜枚举。很多动物或者植物主题的图画书，都比较集中地选择了儿童生活中常见的和深受儿童喜爱的动物，例如蚂蚁、小猪、小猫、小狗、大象、猴子。这些主题相似的图书有利于儿童对某一概念建立横向的联系。

5. 不同图画书的故事语法相似

第三章第二节中对儿童文学作品的故事语法进行了介绍，儿童图画书中往往也表现出类似的故事语法结构，其中故事图画书人物、背景、事件（起因、冲突、过程和结局）的叙事结构以及不断重复的循环结构是儿童图画书的两大典型故事语法。例如《拔萝卜》《小象散步》《你要去哪里，去见我的朋友》等作品虽然创作时代不同，创作者也不同，但是其故事语法却具有类似性。正是基于图画书与图画书之间的互动性，儿童可以在图画书与图画书之间建立联系，进行发散式或聚合式的阅读。比如在阅读某一本书或者阅读书的某一有趣的情节时，儿童易产生横向的联想。成人可以在阅读某本书、某个段落或某个情节的时候，引导儿童联想"我们好像之前看过一本关于蟋蟀的书……""我想起来一本书也是这样不断重复的……"，从而引导儿童进一步阅读相关的内容，这有利于儿童通过图画书阅读丰富头脑中的认知结构，建立语言联系和系统的语言经验。

上述三方面互动的实现，都必须依赖于成人的支持与引导。因此以互动为特征的图画书阅读必须重视儿童与成人之间的互动，并以成人与儿童的互动为前提。成人有效的支持最终使儿童具备在书与人之间、书与生活之间、书与书之间主动建立联系的能力，从而推动儿童阅读能力的发展，最终让儿童实现自主阅读。

第四节

图画书阅读方法与策略

> 如果跟一个听懂自己语言的人讲话，话语会进入他的大脑；如果你用他自己的语言跟对方交谈，话语会进入他的内心。
>
> ——纳尔逊·曼德拉（Nelson Rolihlahla Mandela）

以"互动"为特征的图画书阅读方法

以"互动"为特征的图画书阅读方法，就使儿童的图画书阅读基于儿童的兴趣和真实生活，逐渐推进，进而在其脑海中形成一张阅读的网络。这种以"互动"为线索构成的网络使儿童的图画书阅读存在于一个阅读系统里，每一次的阅读都不是一个单独的存在，每一次阅读都承接了以前的阅读并影响着儿童的后续阅读，从而使阅读具有一定的内容和方向指引，避免儿童毫无头绪和过于随意地进行阅读。建立在互动基础上的阅读，还使图画书阅读与儿童多个领域的学习相互交织和融合，在促进儿童语言发展的同时，促进着儿童其他领域能力的发展。

儿童的图画书阅读进程可以始于某一本儿童感兴趣的图画书或图画书中的具体内容，也可以始于儿童对日常生活中事物和现象的兴趣。

首先，成人可以以儿童感兴趣的图画书或图画书中的内容作为阅读起点。比如从早期的认物书阅读中成人发现儿童对奶牛发生了兴趣，那么就可以以此为线索，帮助孩子进一步去搜寻关于奶牛、农场动物的信息，从而有利于儿童通过阅读形成较为系统化的经验。在绘本馆或幼儿园的集体阅读环境中，成人同样应该遵循这样的阅读原则,在阅读区的图画书选择上,为儿童提供系统化的经验。例如成人可以为儿童提供"主题"阅读小书架,比如围绕着一本或几本儿童所感兴趣的阅读素材,如《噗!放屁了》,提供一系列与认识身体部位有关或与"打嗝""放屁"等与身体中的"气"有关的图书,如《公主也会放屁吗?》《爸爸,动物都会放屁吗?》《皮皮放屁屁》《为什么会放屁呢》《我们身体里的"洞"》《好大一个喷嚏》等。成人也可以在当儿童表现出对可爱的图画书主人公如"老鼠"表现出浓厚阅读兴趣的时候,在"聪明的鼠小弟"系列图书的基础上,为儿童提供"十四只老鼠""古利和古拉"以及《要是你给老鼠喂饼干》《图书馆老鼠》《阿文的小毯子》《爷爷一定有办法》等不同的与老鼠有关的图画书。通过这样的做法,成人尽可能充分地满足儿童的阅读兴趣,同时也能够使儿童获得丰富、多元的阅读经验,使图画书阅读活动能够尽可能地适应不同儿童对同类读物的阅读需求。

案例:《猜猜我是谁》——"动物的奶"——各种各样的动物	
《猜猜我是谁》是小C从7个月就开始看的一本书。1岁3个月时,他突然指着每一节车厢上面的货问妈妈,让妈妈分别说这些车厢拉的是什么东西。于是,妈妈就开始一个一个地说"木头""煤炭"……说明他已经开始观察并且比较各节车厢的不同了。这以后的一段时间,他都持续让妈妈一节一节地将货车上的货物讲给他听。 于是,妈妈在家里的各种图书中、在生活中,有意识地引导他观察图画中的火车和真实生活中的火车,比如给他看了《轱辘轱辘转》里面的一页关于内燃机车和蒸汽机车后面挂着不同车厢的图片。并且,全家外出的时候大人们并没有选择公园,而是选择了能够看到火车铁轨的地方,让他看运货的火车拉的一节一节的车厢。	通过图画书与图画书的互动、图画书与生活的互动帮助儿童建立有意义的阅读,推进儿童的阅读进程。

1岁9个月的一天,他又从书架上翻出《猜猜我是谁》这本书拿到客厅自己看。自己翻到奶牛那一页,指着奶牛的乳房说"挤奶"。(1岁6个月时,妈妈曾经带他去看了真实的农场奶牛挤奶的过程。)所以,这是他看了实物挤奶,看了各种图书上的相关信息之后,自己得出的结论吧。妈妈说:"对,挤奶,宝贝喝的奶粉就是从这里挤出来,加工的。"  图 5-20 《猜猜我是谁》插图 不料他指着自己的小鸡鸡说:"我也有,我也挤奶!"家人瞬间爆笑,他也傻呵呵地跟着哈哈笑。妈妈想到:小 C 是怎么把奶牛的乳房和自己的小鸡鸡联系起来的?它们至少有三点类似。 1. 位置,两腿之间; 2. 形状,外观相似; 3. 功能,在孩子看来都能够出水。	儿童对书中"奶牛"这一页表现出了明显关注,而且能够展开联想,但出现了误解。 成人需要想到,孩子为什么会产生这种联想。

于是，妈妈在家里的各种图书中，找来与奶牛挤奶和动物乳房有关的书，如《奶牛的埋伏》《小猫》《动物宝宝》等，有意识地讲给小C。 当然在这个过程中，他后来还对奶牛、母鸡、各种颜色的小兔子等一系列图画书里涉及的动物产生了浓厚的阅读兴趣，能够区分公鸡和母鸡，了解了母鸡下蛋和公鸡打鸣，认识了不同颜色和花纹的兔子，阅读了很多以兔子为主人公的故事……	儿童以《猜猜我是谁》为阅读起点，通过对"奶牛"这一兴趣的深入探索，建立对奶牛、乳房的基本认识，获得相应的词汇，并随后通过图画书对各种动物产生了浓厚的兴趣。

不同群体、不同个体的儿童产生的兴趣和感兴趣的事物现象并不相同，因此成人在图画书阅读进程的推进过程中需要关注不同群体、不同个体的兴趣和阅读需求。如果某个儿童或者部分儿童特别喜欢《小红母鸡》，那么成人不妨就从这只小红母鸡出发，引导儿童关注并搜寻图书中与"鸡"有关的信息。我们从而发现，在与农场有关的书中，在以奶牛、鸭子为主人公的书中也会经常出现公鸡或者是母鸡，比如《鸭子骑车记》《奶牛的埋伏》《会打字的牛》等故事图画书。这种图书与图书之间联系式的阅读也可以最大限度地在集体教育环境中尊重儿童的个体差异，使不同的儿童在"阅读网"上发现自己的兴趣。

其次，成人可以以儿童感兴趣的生活事件和现象作为阅读起点。儿童的兴趣大多来自对周围自然和社会生活的好奇。因此，无论家长还是教师或是早期教育机构的指导人员，都应在生活中对儿童进行细致的观察和分析，及时了解儿童的兴趣点，从"儿童的问题"或"感兴趣的事物和现象"入手。在绘本馆或幼儿园集体教育环境下，教师在开展图画书阅读活动时，尤其应关注儿童的兴趣，将阅读与健康、科学、社会、艺术领域的活动有机结合起来。例如当儿童对秋季的果实产生兴趣并以此为内容进行相应的科学探索时，成人就可以根据需要有机地融入《谢谢你，小苹果》《我最喜欢的水果和蔬菜（第一次大发现）》等图画书的阅读。在第六章中我们将介绍在幼儿园或机构集体教育活动背景下，当儿童对日常生活中的文字符号产生兴趣时，教师如何有机地融入对图画书的介绍，并鼓励儿童自主地阅读相应的图画书。儿童在集体教育环境中与家庭教育环境中所表现出的兴趣是一样的。例如，儿童在动物园看到大象后突然喊道："大象拉臭臭呢！一大堆。"无论是教师还是家长都要善于在短时间内捕捉到孩子的兴趣，并追随着他们的兴趣，适时地让阅读与现实联系起来。成人可以根据儿童的理解水平选择《小象的大便》《大家来大便》《是谁嗯嗯在我的头上？》等作品让孩子将兴趣延续下去，同时在阅读中儿童可能会关注动物身体的部分，进而阅读《这样的尾巴可以做什么？》《尖锐的武器（蒲公英科学绘本）》等图画书。因而，成人必须要有发现、尊重、顺应儿童兴趣的意识与能力，为儿童提供能够满足并符合其兴趣需要的图画书阅读资源。

案例：蚂蚁吃鸟屁屁吗？	
和小C一起去颐和园玩儿的时候，他走累了，想找个椅子歇一会儿。小C兴奋地发现了一个没有人坐的椅子，走过去后却发现上面都是鸟屎，觉得有些遗憾。这时候他发现很多蚂蚁在椅子上跑来跑去，就问："蚂蚁吃鸟屁屁吗？" 妈妈表示不知道，可以观察一下。但是由于要继续赶路，他们未能长时间观察。回到家后，妈妈请他回忆一下今天去颐和园都做了什么，都发生了哪些有趣的事。 小C又想起了蚂蚁和鸟屎的事情。于是妈妈和他一起去院子里收集了一块鸟屁屁，然后放在有蚂蚁出没的地方进行观察，并进行了蚂蚁吃哪些东西的实验。 同时，在选择阅读材料时，妈妈就主动给小C选择了几本和蚂蚁有关的故事。《蚂蚁和西瓜》、《喂，小蚂蚁》、《蚯蚓日记》（里面有关于蚯蚓向一大排蚂蚁打招呼的情节："队伍里还有六百只蚂蚁，我在那站了一整天。"）、《两只坏蚂蚁》、《永田爷爷的动物观察日记：蚂蚁》等图画书供他挑选。	引领儿童学习叙述事件的经过并有重点地进行讲述。

续表

在阅读和实验的共同支持下,他观察了蚂蚁的触角,了解了蚂蚁的群居生活、不同蚂蚁的分工,通过观察了解了蚂蚁怎样把食物搬回洞里,蚂蚁喜欢吃甜食等信息。他们分别把饼干渣、西瓜、馒头同时放在院子里,看看哪种食物上的蚂蚁最多。而这些信息又不断地鼓励和支持着他继续阅读更多的关于蚂蚁和其他动物的书,问出更多的问题,并进行更多的实验,比如其中一项就是研究隔壁小哥哥养的那只兔子到底喜不喜欢吃胡萝卜。 从此小C知道了除了猫粮和狗粮以外还有"兔粮";胡萝卜、大萝卜、土豆片、大白菜、青草小兔子是否都吃;小兔子更爱吃什么。他开始有了疑问:"兔粮是什么做的?"他知道了可以通过产品说明书了解物品的成分;他开始思考如果要做"虎狼"的话,可能得用什么做的问题(《老虎来喝下午茶》中虚构的"虎粮")。	儿童从感兴趣的现实问题出发,进行有目的的阅读,这使儿童的阅读更有动力,也使他从阅读中获得词汇、句型以及其他知识的效果都会比缺乏预先目的的阅读更好。 从"蚂蚁"线索出发,进行扩展,使头脑中零散的阅读信息"蚂蚁""老虎"等联系了起来。

这样做并非一定要让儿童沿着一条线索不断地、僵化地延续下去。一方面,儿童在阅读过程中随时可能会产生新的兴趣点,如果他产生了另外的兴趣,成人就可以顺势改变,完全不必教条。另一方面,儿童日常的阅读并非仅仅局限于此,成人虽然给他提供与兴趣相关的书籍,但并不应排斥他阅读其他内容的书,因此他在阅读的过程中也完全可能产生新的兴趣点。这种基于兴趣的阅读一方面要求把兴趣深化,另一方面也可避免太过结构化和教条的学习方式使儿童产生压力或感到厌烦。

在选择阅读材料时,成人要根据儿童的具体情况合理控制难度(参照本章阅读适宜性的相关指标)。同时也应该注意到,这种基于儿童兴趣的阅读可以有效地丰富儿童关于某一事物和现象的经验,儿童会从具有内在联系的阅读中获得大量的知识性信息,从而丰富了前期阅读经验,因此即便是单独看起来较难的读物，在这样的阅读方式下，也可能具有一定的适宜性。

从根本上说，儿童阅读经验的获得过程就是建立三种"互动"关系的过程——运用自身经验理解图画书，将这本图画书的经验迁移至那本图画书，并在生活和图画书之间开展双向的互动。

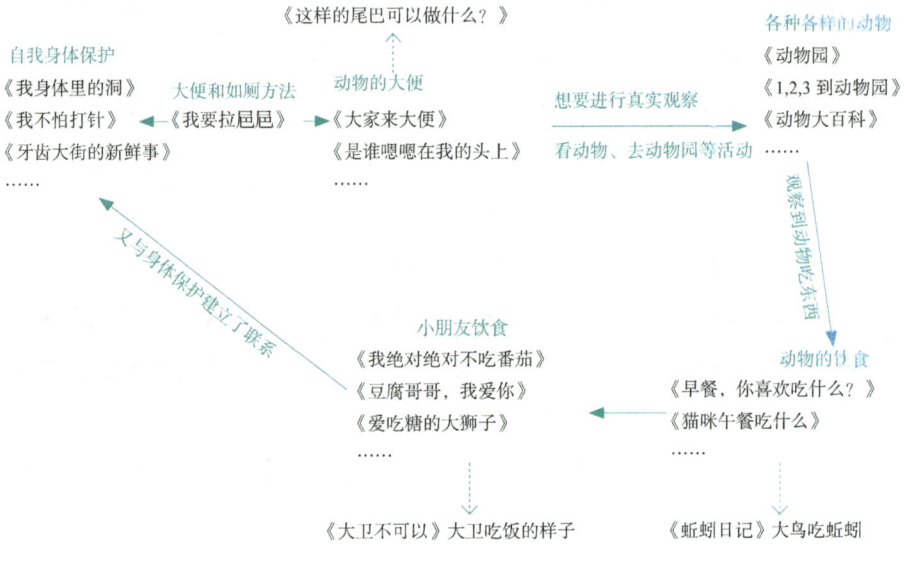

图 5-21　以"互动"为特征的图画书阅读网

上图所显示的就是从一本书开始，成人通过引导儿童发现书与书的联系，以及书与实际生活的联系，逐步地围绕儿童所感兴趣的内容扩展阅读，并在扩展的过程中继续不断地让儿童发现联系，从而在儿童的头脑中建立起一个相互联系的网状结构，便于其整合头脑中的相关信息。比如在阅读与饮食相关的书籍的时候，儿童会自然联想到自己以前读过《大卫，不可以》里面大卫玩儿食物以及将食物塞了满嘴的故事。而且不同方向的扩散会让孩子发现内容之间的逻辑联系，比如阅读饮食的书籍就会和自我保护的相关书籍、保护牙齿等书籍又产生联系。这样的联系和推进，不但能够丰富儿童的词汇、语言表达和认知，也使儿童的阅读兴趣得到扩展，使得头脑中的各类信息发生交叉和联系，让儿童逐渐学会主动地发现并利用语言间的联系。只有这样依托真实生活的阅读才能真正服务于儿童的生活，让儿童通过真正的阅读掌握并运用语言。

图画书讲读方法与策略

成人是儿童图画书阅读的重要引领者和支持者，也是实现儿童与图画书、图画书与生活、图画书与图画书互动的决定力量。在图画书阅读中成人的支持方式极为重要。首先，成人需要对图画书作品进行了解，因为只有理解作品，才能真正把握图画书的语言要素，才能敏感地感知图画书可以如何与儿童、生活、图画书发生互动，才能使图画书阅读最大限度地促进儿童语言的发展。

- **预习**：就是成人自己先阅读一遍，以便把握图画书语言，理解主人公、情节、内容、主题等信息；
- **判断**：根据对儿童的了解，确定图画书的主题和难度是否适宜。

预习和判断就是成人了解图画书作品的过程。在确定了阅读的图画书后，成人就要进行至少两遍讲述——初讲和细讲，帮助儿童熟悉图画书，观察儿童对图画书的反应，从而把握图画书的重点和儿童的阅读兴趣，让他们进行有重点的阅读。

- **初讲**：成人为儿童初步讲读，尽量做到逐字逐句，以便关注儿童的兴趣和难点，包括难以理解的词汇、句式和情节等；
- **细讲**：成人根据儿童关注的某些细节和儿童在阅读过程中遇到的某些问题或表达出来的理解情况，有重点地讲读。

初讲和细讲过程当中，成人要站在儿童的欣赏角度满足他们阅读兴趣和心理需求，要关注儿童的阅读反应，变"念故事"为"讲故事"，在激发儿童阅读兴趣的基础上实现促进儿童语言能力发展的目标。在阅读中，成人可以关注一些可以为儿童带来感官冲击的词汇，运用一定的词汇讲述技巧使图画书讲述变得生动有趣。

首先，成人应学会利用拟声词。比如《咕咚来了》就是一个能够抓住儿童阅读心理的图画书。成人在读到"咕咚"的时候，如果能够配合夸张的动作，将"咕咚"声表现出来，儿童就会有身临其境的感觉。有一些图画书的文字并不包含这些拟声词，但是情节中如果出现"小猴子踩到了香蕉皮上，一下子滑倒了"这样的片段，那么在讲述这些部分的时候，成人可以根据需要配合情节增加一些拟声词，配上相应的动作来表现。

其次，成人应强调富有动感的动词。对动词的表现和强调可以使图画书讲述更富生气，儿童图画书作品中动词相对较多，比如讲到"风掠过"的时候，成人就可以用自己的头发梢或者衣脚轻轻地撩一下儿童的脸颊，可以帮助他体会"掠过"的意思。当讲述小刺猬不听话地上蹿下跳的时候，成人就需要配合动作，做出上蹿下跳的样子。

再次，成人应夸张地表现那些具有强烈感情色彩的形容词。对儿童来说，形容词相对更难以理解，比如在《小魔怪去上学》里面就提到了爸爸的脾气很"暴躁"，在缺乏语境解释的情况下，很多儿童都无法理解暴躁的意义。如果成人在讲述中能够停顿一下，将暴躁的状态表现出来，则会对儿童理解图画书内容产生很大的帮助。

成人通过形象化的讲述可以使图画书的讲述更生动、形象，易于理解。比如当讲到"香蕉火箭"系列中的《我们当上了宇航员》里面描述太空里各种失重状态时，成人（比如妈妈）就可以将扎的马尾打开，用手将头发立起来，对图画书中的说明性语言进行描述和解释。这样做不仅可以帮助儿童更形象地理解图画书的内容，同时还为儿童树立了榜样，帮助儿童掌握语言表达的技巧，让儿童意识到"文字是有情绪的"，从而提高儿童的语言表现力。

大部分图画书阅读都需要经过上面的初讲和细讲过程。为了让图画书与图画书、图画书与儿童及其生活发生互动，成人则需要进行深读和扩展阅读。这两个阅读过程并非完全割裂，可以相互融合，例如一些特定的扩展阅读活动本身就会使图画书与儿童形成良好的互动，推进儿童的阅读进程。

- **深读**：在儿童仍然感兴趣的前提下，成人引导儿童关注细节和某些"线索"，引导儿童将绘本内容与其他图书、与小伙伴、与日常生活等联系起来；
- **扩展阅读**：成人将阅读与其他活动结合起来，以加深儿童对阅读内容的理解。

不是所有的图画书阅读都需要经历这些讲读和拓展阅读过程，但当儿童对某本图画书表现出极为明显的阅读兴趣时，成人就需要选择这些儿童特别喜欢的图画书开展深入的阅读活动。此外，在经历一段时间后，成人可以将一本曾经阅读过的图画书再次呈献给儿童，随着儿童经验增长和阅读能力的增强，他们又会对原来读过的图画书有更新的认识。

- **再阅读**：隔一段时间后，在儿童阅读经验和语言能力进步的情况下，成人可以帮助其重新建立对图画书语言和内容的认识和理解。

通过这样的阅读，儿童获得的不仅是图画书中的语言，更重要的是可以掌握学习语言的方法，建立阅读习惯和阅读兴趣，实现情感、技能和思维能力等一系列技能的综合发展。

图画书延伸活动设计方法与策略

延伸活动是实现图画书与儿童、生活、图书有效互动的活动，其目的是促进儿童对图画书的理解和语言发展。因而成人要把握"延伸形式""延伸内容"与"图画书阅读"之间的关系，最大限度地促进儿童对特定图画书内容的理解和应用，激发儿童探索语言的内在动机，感知书面语言的意义、价值，感受语言所带来的愉快体验，增强儿童对语言理解和运用的信心。常见的图画书阅读延伸活动包括：对图画书的特定情节、片段及整个故事进行表演，将特定情节、片段和整个故事应用于生活，针对图画书内容进行仿编和续编，以及自制图画书活动。

一、讨论

语言讨论可以提高儿童的语言表达水平和思维水平。在图画书阅读过程中或者阅读后，成人与儿童或儿童之间可以就各自感兴趣的画面、内容、情节、词汇等进行讨论。大家通过讨论为儿童创造阐明观点、发表见解、学习辩论的机会，不仅提高了儿童语言表达能力，也在促进儿童思维能力的发展。此外，成人还应该有意识地运用故事语法，引导儿童对图画书中的叙述方式进行讨论。

♦ 这本书里的故事都有哪些要素？作者都说了什么？

- 物：图画书的主要人物
- 景：图画书中的时间和地点
- 事：开始、发展和结局
- 冲突：主人公遇到的难题
- 结局：最后事情怎样圆满解决的

儿童能够理解这些内容，也就意味着他们从整体上理解了图画书的内容，也就自然能够进行复述了。

♦ 或者以时间顺序引导儿童回忆故事。
- 首先
- 然后
- 后来
- 最后

♦ 当儿童具有较好的阅读能力后，成人可以引导儿童站在作者角度对图画书内容进行思考，从而建立与作品和作者对话的能力。
- 作者为什么讲这个故事
- 作者为什么要这样讲故事
- 画家为什么要这样画

二、表演

1. 成人表演—儿童表演—配合表演

前文提到的成人在讲述中针对个别词汇进行的表演，就是由成人进行的表演，对于年龄较小的儿童来说，表演主要由成人进行；儿童2岁以后随着其表达能力的增强和社会经验的增加，成人可以鼓励儿童对一些常见的简单动作、常见动物和动物叫声进行表演。而成人与儿童相互配合进行的表演一般要到5岁以后，因为只有到了这个阶段，儿童才可能开展合作，进行默契的配合。

2. 词语表演—片段表演—故事表演

低龄儿童掌握的词语不多，为了帮助儿童理解词语，成人可以首先就个别的词语进行表演。随着年龄的增长,成人可以选择情节典型的片段,演给儿童或者让儿童表演,比如《逃家小兔》中妈妈变成风,将小兔子帆船吹走的情节。五六岁以后,成人可以尝试和儿童共同进行故事表演,比如拔萝卜,甚至可以鼓励儿童进行想象——大萝卜每次被拔一下都会怎么样?怎么表现出来呢?我们以此将阅读变得更富趣味,也更能激发儿童的思考和语言运用能力。

3. 名词表演—动词表演—形容词表演

一般词语的表演主要是针对低龄儿童,三者之间的逻辑顺序并不十分明显,但是婴儿首先学会的词主要是名词和动词,此外一些简单的形容词,比如"大""高"等,他们学习得也比较早。当讲到"大河马"的时候,成人不妨表演大河马的面部表情,讲到"很高大"的时候就要配合动作来比画什么是"高"。

4. 玩偶表演—讲故事表演—儿童自由表演

表演游戏是儿童象征性行为的表现。儿童年龄越小,象征性行为就越依赖具体的事物形象。因此最初图画书表演活动中,成人可以利用手偶边讲边演。此后成人可以将玩偶交给儿童,让儿童运用玩偶表演简单的片段或情节。随着儿童语言能力增强,成人可以让儿童在表演游戏中扮演讲故事的人,讲故事给玩偶或者游戏伙伴听。最后过渡到成人让儿童自由、自愿地表演完整图画故事或图画书中的某一情节。

三、仿编和续编

仿编和续编主要针对的是故事性绘本。幼儿故事的一个典型特点是叙事结构的重复性,或者称为"可预测性",比如像《棕色的熊》《萝卜回来了》《咕咚来了》《你要去哪里?去见我的朋友》等很多图画书都是典型的循环结构。还有一些故事,虽然不是完全重复,但是在某一段情节上也会出现重复性的语言,比如《梨子提琴》里"狮子追小兔子"和"狐狸追小野鸡"这两个片段。这正是儿童文学尤其是幼儿文学符合儿童欣赏特点的魅力所在。这种叙事结构可以让孩子产生强烈的参与感,在读了前面几段之后,孩子就能自己根据图画预测出后面的情节,主动地用图画书中的语言进行表达,这有利于儿童感受语言规律，掌握特定的语言表达方式。

成人可以鼓励儿童根据故事里不断重复的情节，自己仿编情节。为增强儿童对仿编的理解，成人可以编一个做出示范，最好将儿童编进去，提高儿童对图画书的认同度和阅读参与度。例如，"小Z也很饿，他也要去外面找东西吃，他找啊找啊，找到一个大苹果，小Z多高兴啊，抱着大苹果回家了。回到家一看，桌子上有个大萝卜，小Z心里想，雪这么大，外面这么冷，爷爷一定也很饿，他要把大萝卜送给爷爷一起吃……"，这样的仿编情节会使儿童的参与感和愉快感非常强，也更能激发儿童仿编的兴趣。

续编相比仿编难度更高，要求儿童具有较为丰富的生活经验，具备推理和预测的能力，所以更适合较大儿童进行。比如还是《萝卜回来了》，成人可以先以讨论的方式和儿童一起猜测一下：小兔子醒来以后吃掉了大萝卜吗？天晴了以后，小兔子、小鹿、小羊、小驴一起出去玩儿了吗？他们说了什么话？成人让儿童根据故事进行猜测，并尝试用语言进行表达。需要我们注意的是，并非所有的图画书都适合仿编和续编，不能僵化地对所有的故事都进行仿编和续编。

四、将图画书情节应用于生活

对于一些与儿童日常生活中的书写活动关系密切的图画书，成人可以尝试让儿童运用图画书情节开展书写活动。例如在阅读《点点和多咪的信》后，成人可以有意识地引导儿童"写"信。成人找来信件，帮助儿童了解如何写信，需要填写哪些信息，以及如何将自己的信寄送到收件人的手里。下图就是一名5岁半儿童写的信，内容是："亲（爱的）景（美）贞，你好。我（和）你认识（很高兴），希望我们（成为好朋友）。"信虽然很简短，但是却包含称呼、内容和落款三个主体部分。一些图画书的内容中含有书写、寄送贺卡等相应的信息，那么成人就可以利用这些信息，鼓励儿童在现实生活中进行与图画书情节类似的书写活动。例如阅读《小熊总有好办法》后，成人可以鼓励儿童创编情节："你看到了谁？""你想要画一个什么样的礼物给他？"鼓励儿童创造性地应用语言，让其自然而然地爱上书写。

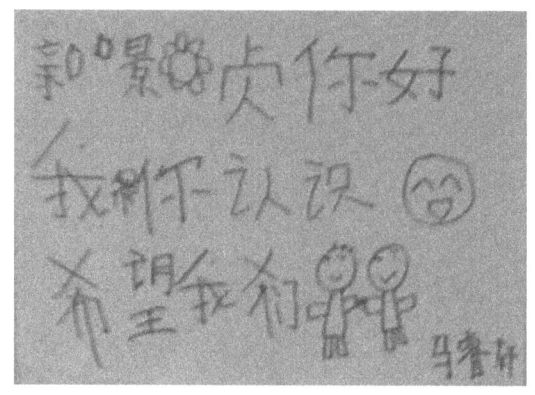

图 5-22　儿童写的信

图 5-23　5 岁儿童填写信封

五、图画书制作

自制图画书活动是儿童用绘画方式进行叙事或说明,最终围绕一个主题制成图画书的过程。自制图画书活动涵盖儿童听、说、读、写多方面的经验,还帮助儿童理解"书"的来历与意义,体验创作的过程,理解作者、绘者和图书的关系。传统上人们对自制图画书的理解较多集中于故事图画书,人们通常认为自制图画书就是儿童将心中想的故事画出来,把画的意思说给成人听,成人记录下来,并将画加上封面,写上幼儿名字的活动。[①] 事实上儿童完

---

① 黄瑞琴. 读写萌发课程 [M]. 中国台北:五南图书出版公司,2001.

全可能进行知识图画书创作,例如儿童观察乌龟的饮食情况,成人就可以将儿童的图画记录整理成册,制成介绍乌龟饮食的图画书。

儿童可以在仿编和续编的基础上进行富于创造性的图画书制作活动,这有利于提高儿童的阅读理解能力,理解图画书图画和文字之间的关系,增强儿童对书的认识。同时,图画书制作还可以帮助儿童在口头语言和书面语言之间建立联系,让儿童有机会探索性地运用文字和符号,激发他们学习文字和符号的欲望。成人支持下儿童成功的图画书制作可以让儿童获得极大的自信。

本章小结

图画书作为儿童最喜闻乐见的阅读材料,以图文结合的方式向儿童讲述故事、传递信息。本章以早期阅读最重要的一种形式——图画书阅读为例,对早期阅读进行了具体的说明。首先指出图画书的特点:图画书中的图画与文字一样,都是叙述性语言,在图画书的表达中发挥重要作用。图画书正是通过图与文的相互呼应,营造了一个有意义的语言情境,可以最大限度地确保儿童在理解的基础上学习语言,了解图画书中所蕴含的各类信息,为儿童创造性表达积累素材,从而扩展儿童的表达范围,提高儿童的语言理解和运用能力。

儿童图画书不仅包括讲故事的故事图画书,还包括以传递和表现自然知识和社会知识为目的的知识图画书。包括解释说明文、劝说文、程序说明文、纪实文学等主要形式在内的知识图画书作为一类特殊的图书,可以满足儿童好奇、好问的天性,丰富儿童的认知经验;有利于儿童认识到图书资料的意义和价值,学会利用图书资料;有利于儿童获得多种语言经验。知识图画书对儿童发展的独特价值需要引起儿童教育、图书创作与出版领域的关注。

为儿童选择图画书时,成人不仅应考虑不同年龄和不同个体儿童的身心发展水平与需要,从图文关系、叙事结构、语言难度和对儿童前期经验的要求几个角度判断图画书对儿童是否适宜,还需要考虑图画书内容和形式的多样性,兼顾故事图画书和知识图画书,书的主题和内容应丰富、多元,避免图画书选择中的性别刻板印象。在引进版图画书占据市场主导地位的情况下，成人还需要特别考虑图画书的文化适宜性，为儿童选择优质的原创图画书作品，以便于儿童理解图画书内容，形成民族理解和民族认同。

在图画书阅读的过程中，成人应尊重儿童的主体地位，有意识地帮助儿童在阅读内容和真实的生活之间建立联系，关注阅读的质量而不仅仅是数量。图画书阅读过程应实现儿童与图画书的互动，儿童、图画书与社会生活之间的互动以及图画书和其他阅读材料之间的互动，应形成以上述三个互动为基本特征的阅读方法，使阅读服务于儿童的生活。而图画书与图画书、与儿童、与生活的互动过程需要成人支持。首先，成人需要预习和对图画书的年龄和个体适宜性进行判断。成人在预习和判断的基础上进行图画书讲读，并通过深读和扩展阅读实现图画书与图画书、图画书与儿童及其生活发生互动。本章还对儿童扩展阅读的几种常见方法进行了介绍。

第六章

早期阅读与语言教育案例分析

第一节 0～3岁婴儿早期阅读与语言教育案例

在那深处的终极，
我看到"爱"如何把纸页
装订成一册书籍；
页片缤纷，
原本散飞在宇宙间。

——但丁（Dante Alighieri）

0～2岁：《快跑，云梯消防车》

0～2岁婴儿早期阅读的原则和任务

1岁半到2岁以前，婴儿的阅读主要以家庭阅读为主，受婴儿心理发展水平的影响，集体阅读的形式并不适合他们。但这并不意味着婴儿不可以参加集体的早期阅读活动，早期阅读活动可以为婴儿提供更多同伴交往的机会，感受集体活动的氛围。婴儿2岁以前大部分的早期阅读行为都发生在和成人一对一的阅读互动条件下，婴儿对阅读的兴趣与成人的支持和引导具有密切关系。因此家庭或社区应尽早进行各种各样的早期阅读和语言交流活动。

- 提供多样的婴儿早期阅读材料；

- 将图书放置在婴儿随手可得的地方;
- 做婴儿阅读的好榜样;
- 尽量每天抽出几分钟与婴儿共同阅读;
- 不要害怕婴儿撕书,婴儿必然经历一个撕和咬的阶段,成人需要给婴儿做阅读示范;
- 提供一些不怕撕的图书,比如纸板书、布书、洗澡书等;
- 关注婴儿对特定阅读材料的兴趣。

成人通过早期的努力,帮助婴儿逐渐建立对图书的认识,建立美好的情感,使他们愿意亲近图书。

图 6-1　5 个月的婴儿"看"书

图 6-2　8 个月的婴儿主动从书架上找书阅读

婴儿的阅读兴趣是逐渐养成的,因此早期要为婴儿营造阅读的环境。

婴儿在对阅读、图书产生兴趣后,逐渐开始较为正式的阅读。

图 6-3　9 个月，亲子共读图画故事书

图 6-4　1 岁 6 个月，主动寻找感兴趣的图书，阅读习惯基本形成

10 个月的时候，小 C 明显表现出对特定故事的喜爱。在众多阅读材料中，妈妈只要一说《你好》的开头——"河马、小猪和小老鼠……"，小 C 就会主动转过来看妈妈，然后蹭过来看着妈妈手里的故事书并认真聆听。

案例：亲子共读《快跑，云梯消防车》

（1 岁 9 个月）婴儿小 C 在和妈妈一起阅读"开车出发"系列中的《快跑，云梯消防车》时，突然有一天指着封面上左上角几座山间的一小块地方，问妈妈："啊？"（这是什么？）妈妈说是火车。他认真地回应说："不是，是电车！"妈妈拿起书来凑到眼前，特别仔细地看，还真是电车。在随后的阅读中，他又将这本书好几幅画面背景里出现的电车指给妈妈看。

1 岁半以后婴儿认知范围扩大，早期阅读为其提供了大量知识经验。在阅读中，成人可以有意识地引导婴儿在图书与图书、书中物体与现实生活中物体之间进行对应。

 图 6-5 《快跑，云梯消防车》封面  图 6-6 《快跑，云梯消防车》插图 他在看到上面这幅插图的时候，突然跑到自己的书架上开始翻起来，从书架上拽出了《坐电车出发》，翻到下面这一页让妈妈看，然后跟妈妈说："一样。"妈妈一看，可不是嘛！果然是一样的电车。  图 6-7 《坐电车出发》插图	儿童已经具备一定的观察能力，能在此基础上发现阅读线索，进而发现书与书之间的联系。

这种现象在那段时间中经常出现。小C经常拿着"开车出发"系列图书,然后在一本书里面找另外一本书里的"兜风车"(《开车去兜风》)、"郊游车"(《下雨天去郊游》里的大巴车)。 1岁10个月的一天早上,妈妈给他讲《西卡的爱好》,当妈妈讲到"西卡喜欢收集各式各样的汽车模型"这一页的时候,他自己指着画面最上面一个黄色的汽车模型说"越野车",接着颠颠地跑到书架前找来《轱辘轱辘转》,费劲地来回一页一页地翻了好几遍,终于翻到这张图,指着上面的越野车,然后跟妈妈说:"一样!"说完之后,自己满意地对妈妈说:"妈妈,讲!"让妈妈接着讲《西卡的爱好》。  图6-8 《西卡的爱好》插图  图6-9 《轱辘轱辘转》插图	由于经验不足,这种联系仍然是浅层的联系,但说明儿童已经具备在书与书之间建立联系的基础。 这两种联系超越了图画形象,反映了儿童早期对事物外在共同特征的归纳和对类别的理解。随着阅读经验的不断增加,儿童可以在看一本书的时候,主动地联想到另一本书里面的内容。

活动分析：

1. 积累阅读经验

婴儿此时的阅读兴趣以"认物"为主，因此在阅读中成人应有意识地让其认识图画中的物品，并将图画中的物品和生活中的物品进行联系。例如《快跑，云梯消防车》中涉及"烟"和"烟囱"，成人在日常生活中发现有烟囱的时候，应解释给婴儿听，从而逐渐帮助婴儿在阅读材料之间、阅读与自己和自己的生活之间建立联系，为儿童后续阅读活动的开展奠定基础。

2. 养成阅读习惯

婴儿早期的阅读重在让其对阅读产生强烈的兴趣，感受到阅读和自己生活的关系，并且通过丰富的阅读材料和规律性的亲子共读让其养成小婴儿的阅读习惯，建立亲近图书、亲近阅读的美好情感。

2～3岁：《抱抱》

♦ 阅读素材

书名：《抱抱》

作者：（英）杰兹·阿波罗

出版社：明天出版社

♦ 阅读方式

亲子共读。

♦ 图书分析

1. **内容特征**：全书只有三个词——抱抱、妈妈、宝宝。这本书以小猩猩找妈妈作为主要内容，适合婴儿的理解特点和对母爱的需求，书中插图的"拥抱"极富动作性，很适合成人和小宝宝一起阅读，享受甜蜜的拥抱。这部作品语言较少，且具有简单明了的情节，因此易于婴儿理解和表现。

2. 故事语法：情节富有重复性，小猩猩先后遇到不同的动物，都对动物喊"抱抱"；同时也具有剧情性，具有起因、冲突和温馨的结尾——大象帮助小猩猩找妈妈、小猩猩找妈妈屡次受挫而号啕大哭、妈妈和小猩猩拥抱在一起、所有的动物都拥抱在一起。	
♦ 阅读过程 　1. 成人讲述故事 　　这本书的字很少，所以故事前因后果和细节内容需要成人进行想象和发挥。故事大意：一只小猩猩孤独地走在大森林里，羡慕地看着身边的"人们"（绿蜥蜴、蛇、大象）拥抱，他多想让他们也抱抱自己呀！他看见一个人就对人家说"抱抱"。好心的大象带着他去找猩猩妈妈，他们碰到了金钱豹、长颈鹿、河马，可是没有一个人是他的妈妈。他伤心地坐在石头上号啕大哭，终于猩猩妈妈循着哭声来找宝宝啦，小猩猩兴奋地喊着"妈妈"，母子两个幸福地拥抱在了一起。小猩猩充满感恩地拥抱了帮助自己的大象，大家也替他感到幸福，于是动物们全都拥抱在了一起。 　　在讲述中成人应有意识地使用声音和肢体动作来表现情节和小猩猩的情绪，使婴儿熟悉和理解故事。 　2. 成人玩偶表演 　　成人可借助常见的动物玩偶（当没有金钱豹等动物时，可以使用其他玩偶替代）为婴儿表演故事。 　　一只小猩猩，孤独地走在大森林里，他找不到自己的妈妈了。	对于初次接触这种阅读方式的婴儿来说，成人的示范十分重要。

好心的大象对小猩猩说:"我带你去找妈妈吧!" 小猩猩骑在大象的脖子上去找妈妈啦。 　　他们看见金钱豹。"抱抱!"小猩猩大声喊。金钱豹说:"我不是你的妈妈呀!" 　　他们看见长颈鹿。"抱抱!"小猩猩大声喊。长颈鹿说:"我不是你的妈妈呀!" 　　他们看见大河马。"抱抱!"小猩猩大声喊。大河马说:"我不是你的妈妈呀!" 　　小猩猩失望地大哭起来:"哇——哇——" 　　猩猩妈妈听见了小猩猩的哭声,赶紧跑过来,一边跑一边喊:"宝宝——宝宝——" 　　他们紧紧地拥抱在了一起。 　　动物们也替它们感到高兴,大家都拥抱在了一起。 　　成人为婴儿表演两遍,然后鼓励婴儿参与部分表演,或者完全由婴儿表演。 **3. 婴儿进行玩偶表演** 　　婴儿(2岁6个月)自主运用玩偶表演过程的语言实录: 　　一只小猩猩走在森林里,要去找自己的妈妈,找不着,多孤单呀!找呀找呀找呀找呀,我的妈妈在这儿呢,它们紧紧地抱在一起……它们紧紧地抱在了一起,紧紧地抱在了一起。妈妈! 　　成人不用强求表演的完整性,通过表演可以让儿童更好地理解故事,感受故事的主要情节或其中不断重复的片段,加深对故事叙事结构的认识和理解。	这样的阅读方式,对婴儿理解和掌握故事语法具有帮助。婴儿可以自发地将这种方式扩展到其他故事当中,例如《小象散步》《拔萝卜》等。

活动分析：

1. 提供多样化的表现方式

大部分婴儿的亲子共读往往采用成人讲、儿童听的方式，事实上在从婴儿向幼儿过渡发展的时期，他们开始逐渐表现出明显的表达欲望。这个活动中成人能利用玩偶，给婴儿提供"不一样"的讲故事方式，可以让婴儿意识到讲故事的方式可以是多元的，激发其阅读兴趣和欲望。

2. 激发婴儿自主讲述故事的意愿

两三岁的婴儿大部分都有与玩偶共处的经历。通过喜爱的玩偶表演故事可以激发他们自主表达的意愿，而且这种表达过程可以促进儿童掌握故事的情节和结构，提高其阅读理解能力和思维水平。

2～3岁：《小红母鸡》

◆ 阅读素材

书名：《小红母鸡》

作者：J. P. 米勒

译者：敖德

出版社：连环画出版社

◆ 阅读方式

亲子共读、与小伙伴共同观察小鸡。

◆ 图书分析	
1. 图书介绍：《小红母鸡》是一本非常经典的故事，该书于1942年在美国出版，因此隐含了战争年代特定的价值观，需要成人进行取舍。	

	续表
2. **内容特征**：本书以小红母鸡召集农场里其他动物来帮忙播种、收获，并把谷物磨成面粉、做成面包为叙事线索，讲述了懒惰的鸭子、小猪和小猫沉浸于玩乐之中，不愿帮忙，最后不劳动者不得食的故事。全文以"你能帮我做××？"和"我不"的排比性语言，富有诗性地推进了故事的发展。 3. **故事语法**：人物（小红母鸡）、事件（希望鸭子、小猪和小猫帮忙）、矛盾冲突（鸭子、小猪和小猫都拒绝帮忙）、高潮（面包烤好了，鸭子、小猪和小猫都要吃）、结果（小红母鸡自己完成包括种植、收获、磨面粉、和面和烤面包的各项步骤，并享用了香喷喷的面包）。	不同的年龄阶段，儿童对同一本书的认识和理解是不同的。对于2～3岁的婴儿来说，这本书中不断重复的语言，对他们富有吸引力。
◆ **故事讲述** 　　1. 成人模仿小鸡、鸭子、小猪、小猫的语调进行讲述。 　　2. 成人讲述几遍后，请婴儿填补其中简单的对话。在说出"小红母鸡问鸭子，你能帮我烤面包吗？鸭子说"后，成人让儿童填补语言空白。在婴儿说出"我不"后，成人用鸭子的声音再说一遍，给婴儿做出"根据不同人物的特点，使用不同音色进行讲述"的示范。 ◆ **延伸活动** 　　1. 观察"小红母鸡" 　　成人在户外活动的时候，每天带领孩子们去院子里观察小区里邻居饲养的"小红母鸡"。孩子们有各种各样的表现和发现。	提高共读中的参与性，使阅读过程更富有情趣，并能提高婴儿的语言表现力。

畅畅发现小红母鸡散步呢！他跟在小红母鸡的后面，还看到小红母鸡随地拉屁屁了！ 畅畅发现小红母鸡吃盆子里的玉米，还在地上找东西吃。 苒苒听见小红母鸡"咯咯哒"的叫声，然后跟着学了起来，小朋友们随即都跟着学母鸡叫。 有一天，小朋友们发现母鸡趴在鸡笼子的盆子里，过了一会儿，盆子里出现一个鸡蛋！孩子们欢呼，小红母鸡下蛋了！后来经过的时候，孩子们会有意识地数盆子里有几颗蛋。通过数蛋，大部分儿童都在短时间内掌握了数字1、2、3的含义。 回家后，孩子们阅读《小红母鸡》的兴趣更高涨了，纷纷让妈妈给自己读《小红母鸡》的故事。 **2. 喂小红母鸡吃面包** 在一次讲故事后，畅畅提出"小红母鸡喜欢吃什么"的问题。妈妈回答他说吃各种粮食和外面各种花花草草的种子。畅畅接着问："小红母鸡喜欢吃面包吗？"于是，妈妈拿着面包，带着小朋友们去喂小红母鸡。孩子们非常高兴地发现，小红母鸡十分喜欢吃面包。 **3. 去洼里博物馆看各种各样的鸡** 小朋友们在此后的很长一段时间里对小红母鸡非常感兴趣，而且在小区里发现了小鸡和母鸡的区别，因此成人带着孩子们去了洼里博物馆，让他们自己去看鸡、喂鸡。在那里，孩子们第一次发现了公鸡和母鸡，而且发现鸡有各种不同的颜色。 此后他们粗略地阅读了很多与鸡及其他家禽有关的图画书《小鸡球球》《十只小鸡》《母鸡萝丝去散步》《傻鹅杜皮妮》《好朋友》。	围绕阅读材料开展的活动增加了儿童的感性经验，增强了儿童对阅读材料的兴趣。 儿童通过活动获得的经验，如鸡会趴在栏杆上睡觉、鸡不会游泳、鸡有各种颜色等，有利于其在后续阅读中更好地理解阅读材料的内容。

活动分析：

1. 关注阅读的社会性

儿童早期阅读是具有社会性的活动，在早期的亲子共读中，成人需要建立让图书和儿童真实生活产生互动的意识，可以让儿童在阅读一本书时，从"书里"走向"书外"，也可以从"书外"走向"书里"。上面这个例子表现了成人有意识地在阅读某个作品后，联系实际生活，帮助儿童认识和理解书中所描述的场景。

2. 重视认知经验对阅读理解的重要影响作用

儿童的阅读理解能力不仅与语言能力相关，同时也受到知识经验的影响，而知识经验同样影响语言的发展。这种在阅读和生活之间形成互动的阅读方式，有利于丰富儿童的生活经验，使生活和阅读产生联系，并能够进一步推动儿童的阅读兴趣和阅读理解能力的提高。

3. 通过活动帮助儿童理解阅读的本质

早期阅读中需要成人帮助儿童进行阅读和生活间的互动，帮助儿童尽早建立对阅读的本质认识，使儿童从阅读的最初阶段就具有联系生活进行阅读的意识。

图画书分析：

一本图画书对不同年龄阶段的儿童应该有不同的阅读目标要求，同时也应让其采取不同的阅读方式。例如在上面的活动中，对于婴儿，其活动的主要目标就在于让儿童对故事感兴趣，能够理解故事内容，喜欢故事的主人公。因此其延伸活动就是带着社会经验相对较少的儿童去观察小红母鸡，从而增加儿童头脑中对小红母鸡的经验，并激发其对阅读活动的兴趣。

对于年龄较大的幼儿来说，成人就可以让儿童对故事进行排图讲述，让其能够将"捡到麦粒""收获麦子""运到磨坊""搅拌面粉""烤面包"的故事事件进行排序；也可以与幼儿讨论故事的"人物""事件""矛盾冲突"和"结果"等部分；当儿童能力逐渐增强，到了5～6岁，成人就可以请儿名幼儿进行合作的角色扮演，表演故事的情节。

2～3岁:《变,变,变!》

(乐米乐儿童发展研究中心)

◆ 阅读素材

书名:《变,变,变!(自然篇)》

作者:(意)艾格尼丝·阿布鲁兹

出版社:郑州大学出版社

◆ 阅读方式

集体阅读。参与儿童:兜兜(23个月)、球球(24个月)、小卡(26个月)、媛媛(27个月)、京京(28个月)、帅帅(28个月)、辰辰(30个月)。

◆ 图书分析 　1.**图书形式**:孩子们很喜欢翻翻书,每次故事会阅读翻翻书时,小朋友们都会很期待"猜猜看"环节后,打开折叠的书页看看到底有什么。《变,变,变!(自然篇)》就是一本长方形、横向折页的纸板翻翻书。 　2.**内容特征**:这是典型的认物书,内容包括孩子们日常生活中较常见的植物和蘑菇,还有各种特征明显的动物。 　3.**故事语法**:这本书横向折页的设计带有固定的设计模式,向孩子们展示了物品之间的关系——每一个对开页面都是让孩子先认识一个小的物品,然后打开折页,那个物品会变成小动物身体的一个部分。	对图画书和儿童阅读兴趣的分析,可以提高阅读活动中成人支持行为的目的性和有效性。
◆ 阅读过程 　**1.读封面** 　老师说:"今天我们来读一本好玩儿的书,名字叫《变,变,变!》。看看封面上有什么呀?" 　辰辰最先指着封面说:"是鱼!"其他小朋友也认出了鱼,媛媛走过来,用手摸了摸"鱼"。	支持儿童通过多种感官感受图书。

2. 读内容 （1）引导小朋友们认出左侧页面上的物品，说出名字； （2）老师让所有想要表达的孩子说完"这是什么"，并重复他们的想法，再告诉大家画家画的是什么； （3）引导孩子们关注画面上物品的大小关系，并用"大""小"表达出来，引导孩子们意识到植物翻过来之后变成了动物。 孩子们能指认出蘑菇、苹果、花、树、梨，还能够对比出大小，小苹果变大苹果，但是无法认出洋蓟、睡莲。 孩子们发现植物变成了动物，感觉出乎意料。 孩子们很快就掌握了植物变动物的规律。花椰菜变成的绵羊、苹果变成的蛇、百合花变成的鱼，一下子就被孩子们认了出来。 河狸被辰辰认为是松鼠；狮子被小卡认为是老虎；蜘蛛被帅帅认为是螃蟹；螃蟹被媛媛认为是小青蛙，帅帅却说是大青蛙；兔子被小朋友们认为是小花猫。 **3. 延伸讨论** （1）蛇发出什么样的声音？ 苹果变成的蛇吸引了兜兜，兜兜走到前面看书上的蛇。兜兜听了老师和小朋友们对蛇发出声音的讨论，站在众人面前，努力地发出"嘶嘶嘶"的声音。 （2）还有谁的嘴巴也是尖尖的？ 图画书里的小狐狸，嘴巴被画得尖尖的。孩子们没有认出小狐狸。	成人通过重复儿童的话，让儿童感受到成人对儿童所表达的观点的重视。 成人引导儿童关注并发现关系和规律，帮助儿童掌握图书中的叙事结构和特征。 教师给儿童提供表达的机会，同时也通过儿童的表达了解了他们的认识水平。 成人关注了儿童的兴趣，选择儿童能够模仿的拟声词，给儿童机会大胆地表达和表现。 成人通过调动儿童的已有经验，使图画书与儿童的经验发生互动。

老师引导小朋友们联系自己的经验，让他们说一说哪些动物有尖尖的嘴。 　　孩子们说"小老鼠""小鸡"。 　　小卡说："我的嘴巴也可以是尖尖的。"小卡把自己的嘴也撅了起来。 　　（3）谁戴着眼镜呢？ 　　图画书中的梨变成戴着眼镜的老爷爷。教师引导孩子们观察房间里有谁戴着眼镜。 　　孩子们主动地找啊找……争先恐后地说"老师戴着眼镜""媛媛妈妈戴眼镜""兜兜奶奶戴眼镜"。	成人巧妙地将阅读与儿童的生活、阅读活动现场联系起来。图画书与现实生活的互动，让儿童快速地拉近了图书和生活的距离，提高了儿童参与阅读活动的热情。

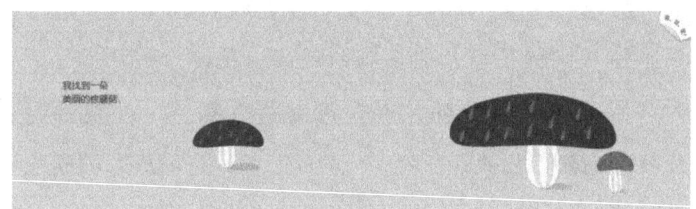

图 6-10 《变，变，变！》插图

左侧是一朵美丽的小棕蘑菇，右侧就是一朵大棕蘑菇。

图 6-11 《变，变，变！》插图

打开折页后，蘑菇变成河狸的尾巴。

活动分析：

1. 把握叙事结构和特征

活动的成功之处就在于成人能够把握住作品的两个主要特征：典型的叙述结构（变小—变大—变成别的东西），以及前一个物品翻页后会变成某个动物。因此成人在讲述中引导儿童进行猜测时，就不是任由孩子们胡乱地猜，而是能让小朋友们总结规律，在认识规律的基础上有范围地猜测，这样做有利于提高儿童的胜任感和参与感。

2. 尊重儿童阅读的主体性

活动过程中，成人能够以儿童为阅读主体，尊重每个儿童的经验和阅读体验，接受并珍视每个儿童阅读中形成的猜测、阅读中的表达，重视儿童在阅读过程中的思维参与和表达过程，而不是以能否猜对或正确描述事物为最终目标。

3. 根据儿童的表现进行阅读支持

成人在活动中有意识地为儿童提供表达、表现的机会，能够及时地发现儿童的兴趣点，引导儿童进行表达和表现，例如发现儿童对蛇的兴趣后，引导儿童模仿蛇发出的声音。当儿童说不出动物名称（如狐狸）时，成人能调动儿童的经验，引导儿童从动物身体的外形特征入手认识动物。在成人的支持下，儿童的语言表现力和创造力都能够自然地表现出来，例如儿童能够把自己的嘴撅起来表示"尖尖的嘴"。

4. 重视图画书与儿童、与生活的横向联系和互动

在阅读中，成人能非常巧妙地利用阅读现场的环境，使阅读与生活产生了互动。成人引导儿童观察"在我们的房间里有谁戴着眼镜"，不仅增强了活动的趣味性，也大大提高了活动的参与性，非常自然地使儿童的家长参与到阅读活动中。

5. 重视同伴互动对儿童阅读的重要价值

儿童的学习是在成人与儿童、儿童与儿童的社会互动中实现的。在集体阅读环境下，教师积极利用每个儿童不同的经验，引导儿童表达自己的看法，

例如和儿童讨论、模仿蛇发出的声音、寻找有尖尖的嘴的动物等。这样既为儿童提供了表达的平台，也使儿童有机会相互交流、学习。

图画书分析：

《变，变，变！》包括一本"自然篇"和一本"工具篇"，相比较而言，自然篇中的事物与低龄幼儿的经验更为接近。本次阅读活动中儿童的表现也证明了这一点：孩子们能够认出书中的蘑菇和大部分植物，也能快速地辨认出花椰菜变成的绵羊、苹果变成的蛇、百合花变成的鱼。这说明图画书中选取的事物非常接近低龄儿童的经验，适宜儿童理解。而孩子们将狮子认成老虎，将蜘蛛认成螃蟹，将螃蟹认成青蛙，将兔子认成小猫，一方面很好地说明儿童敢于表达和表现，已经通过系列阅读活动的支持建立了阅读自信；另一方面也使成人发现儿童对狮子、老虎、蜘蛛、螃蟹、青蛙、兔子和小猫的特征把握不准确，需要在未来的日常生活和阅读活动中有意识地引导儿童进行观察和辨认。

此外，儿童对《变，变，变！》中各种植物的辨认情况，很好地说明了引进版图书在阅读过程中需要成人有意地进行取舍。儿童能够认出蘑菇、苹果、花、树、梨，但是无法说出生活中不常见的洋蓟[①]、睡莲、河狸[②]。低龄幼儿接触睡莲的机会相对较少，睡莲在图画书和日常生活中出现的频率相对较低。而洋蓟和河狸虽然对意大利儿童来说极为常见，但对中国孩子来说却比较陌生，这也是造成儿童阅读和理解困难的重要原因。因此在引进版图书的阅读过程中，成人需要发挥主动性和创造性，丰富儿童的认知经验，或根据教育目标对图书内容进行修改或取舍。

---

① 洋蓟，意大利常见植物和日常食材。
② 河狸，主要分布在欧洲的一种动物，一生只有一个配偶，为了保护家人和巢穴，它们每天勤勤恳恳地筑堤。因此河狸常被人们赋予热爱工作、热爱家庭的品质，深受小朋友们的喜爱，很多图画故事书都以河狸为主人公。由于在我国的分布较少，它仅分布于新疆东北部，与儿童的经验距离较远。

第二节

幼儿园早期阅读与语言教育案例

理之在诗,如水中盐,蜜中花,体匿性存,无痕有味。

——钱锺书《谈艺录》

小班:《好饿的小蛇》

(北京市六一幼儿院 张晶)

- ♦ 阅读素材

    书名:《好饿的小蛇》

    作者:(日)宫西达也

    译者:彭懿

    出版社:二十一世纪出版社

- ♦ 阅读方式

    集体阅读。

♦ 图书分析

1. 这个图画故事利用"蛇吞下整个食物"的现象，讲述了一条充满快乐的小蛇连续六天，分别吞下圆圆的苹果、黄色的香蕉、三角形的饭团、紫色的葡萄、带刺的菠萝、结满红苹果的树，它的肚子也同时变成相应形状的幽默故事。

2. 图画书的文字描述简单、精练。其中渗透了"第二天"至"第六天"的序数词、描述蛇的身体动作的"扭来扭去"、拟声词"啊呜""咕嘟"，以及一些表示颜色（黄色、紫色）、形状（圆圆的、三角形的）的词汇，这些都与小班儿童的学习内容较为吻合。而且图画书中小蛇吃东西的画面滑稽搞笑，既有利于儿童感知一些词语，也能为儿童营造饶有趣味的阅读情境。

> 教师不仅应关注图画故事中蕴含的丰富的语言要素，同时也应意识到图画书作为文学作品所隐含的幽默性，能够认可阅读是给儿童带来快乐的活动。

3. 由于小班幼儿的知识经验有限，他们对蛇"走路"的方式，以及蛇吞食物的现象可能并不十分理解。这实际上会影响他们真正的理解阅读，因此成人需要在阅读前向儿童渗透相应的知识信息。

> 教师应注意到"经验"对儿童阅读理解的重要意义。

♦ 准备活动

1. 小猫、鸭子、螃蟹、兔子、大象、袋鼠、蛇的照片

2. 小猫、鸭子、螃蟹、兔子、大象、袋鼠、蛇"走路"的小视频

3. 盖尔·吉本斯少儿百科《蛇》中描绘蛇吞食物的图片

4. 用厚长筒袜缝制的蛇的模型一个

5. 《好饿的小蛇》图画书ppt

	续表
第一阶段　阅读经验准备 **活动一　小动物"走路"** ◆ 活动目标 　　1. 了解典型的小动物"走路"的方式； 　　2. 知道我们身边动物"走路"的方式是多种多样的； 　　3. 知道各种动物"走路"的特点，并能用肢体表现出来。 ◆ 活动过程 　　1. 看照片，认动物； 　　2. 请幼儿表现出这种动物的特点，尤其要表现出它是怎样"走路"的，以了解幼儿的已有经验； 　　3. 观看视频，请幼儿认真观察动物怎样"走路"，并且模仿出来。 ◆ 延伸活动 　　户外活动时，请幼儿模仿各种动物"走路"的样子，提示幼儿用身体表示蛇是"扭来扭去"的。  图 6-12　小班幼儿高兴地表演蛇"走路"的样子	教师能将小班中科学等领域的活动、活动目标与阅读有机地结合起来。

续表

活动二 蛇怎样吃东西 ◆ 活动目标 　　1. 初步了解蛇吃食物的特点； 　　2. 认识动物的多样性，知道蛇吃食物和人吃食物的不同。 ◆ 活动过程 　　1. 请幼儿结合自身经验说一说，人是怎么吃食物的； 　　2. 谈谈如果我们把一个苹果整个吞下去会怎么样； 　　3. 结合图书和其他资料，用袜子制成的"蛇"来介绍蛇吞食物的特点。 ◆ 延伸活动 　　请幼儿尝试在区域活动时用各种很大的食物喂给那只"袜子蛇"。 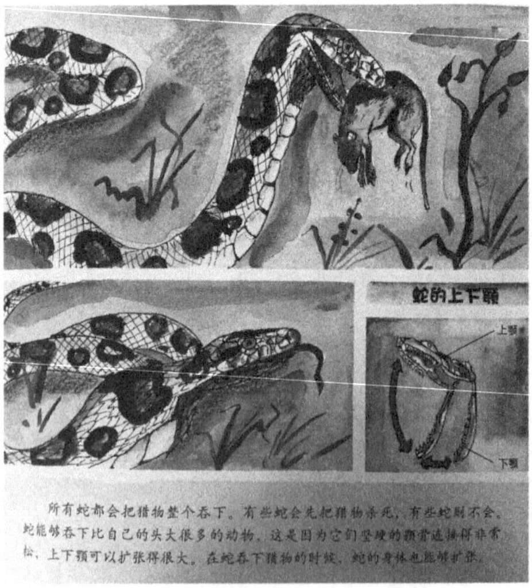 图 6-13　盖尔·吉本斯少儿百科《蛇》的插图	教师能调动孩子用多种感官感受蛇吞下食物后的身体变化，这将为后续的学习奠定基础。

	续表
第二阶段　阅读阶段 **活动三　阅读《好饿的小蛇》** ◆ 活动目标 　　1. 感受图画书作品中语言的重复性，能够发现并利用这种重复对故事情节进行预测和讲述； 　　2. 学习用恰当的语言对物体的颜色、形状和其他典型特征进行描述； 　　3. 体会图画故事中的幽默与滑稽，感受阅读带来的快乐。 ◆ 活动过程 　　1. 出示图画故事的第二页，请小朋友们猜一猜小蛇吃了什么。 　　教师：小朋友们还记得小蛇怎么吃东西吗？ 　　幼儿：啊呜一口吞下食物！ 　　幼儿：肚子撑得大大的。 　　教师：你们看看，猜一猜这只小蛇吞了什么？ 　　幼儿：鸡蛋。 　　幼儿：皮球。 　　幼儿：苹果。 　　教师：啊！你们都猜到了，都猜到小蛇吞的是圆圆的东西，肚子变得像鸡蛋、皮球、苹果一样圆滚滚的！ 　　教师：今天我们就来讲一个小蛇的故事，名字叫《好饿的小蛇》。 　　2. 初讲，熟悉故事内容。 　　教师：让我们一起完整地听一听故事，看看这只好饿的小蛇都吃了哪些东西。 　　讲完后提问：小蛇都吃了哪些东西？	教师在幼儿刚刚建立的经验基础上，引导幼儿自主地猜测，进而引入故事。这样做就比直接讲述更能够调动儿童的参与性。 初讲让儿童理解故事大意和情节。细讲则引导儿童关注文学语言，进行语言和肢体的表现。

3. 细讲。讲述故事过程中伴随提问，引导幼儿关注故事中的描述性词汇。 　　教师：小蛇找到了什么？（苹果） 　　教师：什么样的苹果呢？（说说颜色、形状、味道） 　　教师：你们猜猜小蛇会怎么做？ 　　幼儿：啊呜一口吞下去（做张大嘴的动作），然后吃下去（做吞咽的动作）。 　　教师："啊呜"吞下去，"咕嘟"咽下去。（并配合相应的动作。） 　　教师：小蛇吞下苹果后，它的肚子会怎么样呀？（幼儿笑，并且表演挺起肚子表示圆滚滚的。） 　　教师：呀，它的肚子圆滚滚的，变成了苹果的形状。 　　教师：第二天，小蛇还是觉得好饿好饿，它扭来扭去在散步。瞧，它又发现了什么？（香蕉） 　　教师：这是一根什么样的香蕉？（黄色的，像月亮一样的香蕉）小蛇怎么吃的？ 　　幼儿："啊呜""咕嘟"。 　　教师：小蛇一口吞下了香蕉，这回它的肚子会是什么样呢？（把肚子撑起了角，变成香蕉的形状。哈哈，肚子里有个月亮！） 　　教师：第三天，小蛇还是觉得好饿好饿，它扭来扭去在散步。咦？这是什么？ 　　教师：这是一个三角形的饭团。 　　幼儿："啊呜""咕嘟"。（幼儿模仿吞的动作，吐吐舌头，张大嘴巴，啊呜啊呜！真好吃！）	教师能够突出拟声词。 幼儿不熟悉日本食物饭团，因此这给儿童的阅读造成了一点儿困难。教师应当告知。 教师运用了让幼儿"填充"的方法让儿童积极地进行语言表达，使其获得成就感。

	续表
教师：小蛇一口吞下三角形的饭团，肚子变形状啦。 教师：第四天，小蛇还是觉得好饿好饿，它扭来扭去在散步。咦？这是什么呀？ 幼儿：葡萄。 教师：一串紫色的葡萄！ 幼儿："啊呜""咕嘟"。 教师：这条小蛇吃得可真香！你模仿得可真像！ 教师：小蛇一口吞下一串紫色的葡萄，肚子变形状啦。 教师：第五天，小蛇还是觉得好饿好饿，它扭来扭去在散步。哎呀！它发现了什么？ 幼儿：菠萝！ 教师：这个菠萝带有什么？指着画面（刺）。对，小蛇发现了一个带刺的菠萝。 幼儿："啊呜""咕嘟"。 教师：小蛇一口吞下了带刺的菠萝，肚子变形状啦。 教师：第六天，小蛇还是觉得好饿好饿，它扭来扭去在散步。这回，它找到了什么？ 幼儿：大树。 教师：大树上结满了什么？对，一棵结满红苹果的树！ 幼儿："啊呜""咕嘟"。 教师：小蛇能把苹果树吃掉吗？ 幼儿：能！ 幼儿：不能！	教师扩充儿童的表达，给儿童做出示范。 在高潮部分教师让儿童进行了预测。内容前后的对比和冲击，能让儿童体会故事的幽默感。

幼儿：它吃了很多红苹果！ 教师：我们来看看小蛇会怎么做！苹果树那么高，它要扭啊扭地爬上树。我们一起来学一学。然后…… 幼儿："啊呜""咕嘟"。 教师：天哪！你看，小蛇一口吞下了结满红苹果的大树，肚子变成苹果树的形状啦！ 教师：这下，小蛇可吃饱了。他要去睡觉了。 ◆ 延伸活动 教师在阅读区投放自制的小蛇，鼓励幼儿进行操作游戏，喂小蛇吃东西，并且给小伙伴讲一讲，小蛇吃了什么，各自变成什么样子。	阅读区投放自制的小蛇比前面活动中喂丝袜蛇吃东西更进一步，让儿童尝试用故事语言进行描述，也就是为儿童提供了应用语言的机会。

活动分析：

1. 通过丰富儿童的认知经验促进其阅读理解

这个活动的突出特点就是教师能够在阅读前，通过其他相关活动丰富儿童的经验，尽量减少幼儿缺乏相关经验所可能导致的理解困难。而且其他的活动亦能够与小班幼儿的其他领域发展目标相配合。这对于幼儿接受和理解作品十分有益。

2. 尊重儿童语言习得的规律

此阶段活动另外一个突出特点就是教师虽然意识到文学作品对儿童语言发展的重要价值，了解这部作品中形容词的运用以及特定句式的不断重复，但是并没有纠结于句式，没有不断地强调让幼儿说"完整话"，而是通过示范、引导、重复讲述的方式，向幼儿展示这些优美的语言，为幼儿提供语言范例。教师能够意识到感受语言、理解语言、运用语言是一个循序渐进的过程，语言运用不可能一蹴而就，需要长时间的积累。

3. 采用形象化的方式帮助儿童理解和运用语言

对于小班幼儿来说，教师能够注意到运用形象化的方式帮助幼儿学习作品，理解语言，例如鼓励幼儿表演蛇怎样走路，巧妙地利用长筒丝袜让幼儿感受蛇吞了各种形状的物品后身体外形的变化，为幼儿理解语言和运用语言描述事物的外形特征创造了机会。

中班：《我在动物园里看到了什么》

（深圳市黄埔雅苑维多利亚幼儿园　禤诗韵）

◆ 活动说明

1. 本活动是在幼儿园教师指导下进行的亲子共读活动。

2. 教师为家长和幼儿介绍图画书的基本结构（包括封面、封底、扉页、内文，并说明封面、封底、扉页、内文的内容）和特征。教师在幼儿园教育活动中已经与幼儿共同探索过图画书的组成部分。

3. 教师鼓励家长和幼儿通过协商，自行确定自己感兴趣的故事主题，构思图画书内容并进行创作和制作。

图 6-14　幼儿园前期活动中幼儿对图画书结构和要素的认识

◆ 阅读方式

亲子合作制作图画书。

小A，女，5岁9个月；

小A妈妈，33岁，本科学历。

♦ 确定图画书的主题 　　1. 讨论图画书结构 　　妈妈：我们要做一本图画书，你先跟妈妈说说，一本书里面有什么？我们看看我们会用到什么。 　　小A：有封面，有纸。 　　妈妈：好，那你是想先画封面，还是先画里面的纸？ 　　小A：里面的纸。 　　2. 协商图画书主题 　　妈妈：你想要画什么？ 　　小A：我想画生日。 　　妈妈：哦，好。生日party（聚会）是吗？那生日party都有什么呀？ 　　小A：有礼物，有蛋糕。我想画生日咱们去动物园。 　　妈妈：好啊！我们生日去动物园看到什么了呢？ 　　小A：有狮子、熊猫。	图画书制作可以以某本图画书为蓝本，也可以是续编和仿编的故事。小A的作品则以与父母一同参观动物园为蓝本，是独立创作的故事。
♦ 制作图画书过程实录 　　1. 成人解读儿童的作品 　　小A在构图前，会先把自己的想法说出来，询问妈妈的意见。妈妈此时予以肯定、支持和澄清，明确儿童的想法，并帮助儿童在对应的图画旁写上文字。 　　小A用折纸的方式绘制了图画书的第二页，并且自己写上了"王小车"三个字。	成人在儿童的绘制和制作过程中起着重要的支持作用。

妈妈：王小车是什么意思？ 小A：小狗叫"王小车"！ **2. 成人与儿童就制作方法和程序进行讨论** 在完成了第一页的图画和文字编写后，小A把第一页以及几张空白的纸叠在一起。 小A：我们把这些纸都粘起来吧。（意思是，在绘制图画书之前，先把这些作为图画书内页的白纸粘起来，然后再在上面画。） 妈妈：我们应该先一页一页地画好了再订起来，不然你拿这支（黑色油性）笔画，会很容易印到下一页去的。 小A：先粘嘛，先粘好了再画。 妈妈：你先画好了，我们再来订，不然纸就会像这里（指着刚刚画第一页时被用来垫在底下的封面反面，印上了一点一点黑色印子的地方）一样，被印上了黑色的。你明白我在说什么吗？ 小A看了看，点了点头说："明白，那就画好了再订起来。" **3. 图画书讲述** 看到自己画的图画书制作完了，小A特别高兴，欢呼了起来。小A主动要求讲读自己的作品，能够根据情节运用"然后……我还……"进行表达，妈妈则在小A翻页的时候补充了一些连接词，如"早上"，以及一些顺接词，如"最后"，丰富并完善小A的讲述。	由于大部分儿童的识字量和书写能力有限，图画书的文字书写部分主要由成人完成。 其余装订、粘贴、打孔、页码标注等部分则可以在成人的引导下，由儿童完成。 儿童在讲述图画书的过程中常常难以连贯，因此成人需要通过"重复并扩展儿童语言"的方法，帮助儿童学习如何连贯地讲述一本书，使用哪些词语来表示图画的连贯关系。

图 6-15 《我在动物园里看到了什么》封面

图 6-16 《我在动物园里看到了什么》扉页

图 6-17 《我在动物园里看到了什么》正文第一页

图 6-18 《我在动物园里看到了什么》正文第二页

图 6-19 《我在动物园里看到了什么》正文第三页

图 6-20 《我在动物园里看到了什么》正文第四页

图 6-21 《我在动物园里看到了什么》正文第五页

图 6-22 《我在动物园里看到了什么》正文第六页

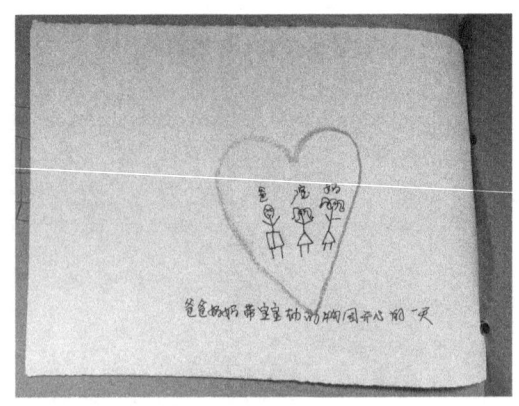

图 6-23 《我在动物园里看到了什么》正文末页

图 6-24 《我在动物园里看到了什么》封底

活动分析：

1. 尊重儿童并予以支持

该活动中成人能够尊重儿童的表达愿望，让儿童选取自己喜欢的主题进行创作，并在创作中予以鼓励和支持。成人能有意识地帮助儿童建立对"图画书"的认识，了解图画书的构成要素和制作方法。

2. 促进儿童多种经验的整合

活动有利于整合儿童的各类经验，例如折纸、绘画、语言、粘贴、数学（页码）等经验，并且使他们意识到书的由来，理解"作者"的含义。如果作品封面上能够标明"图／小 A""文／小 A 妈妈"，则可以更深入地帮助儿童理解图画书创作中的分工和合作。图画书制作还有利于儿童认识"书"的意义，理解书可以传达作者经历过的事情和作者的想法。

3. 为儿童提供多样化的表达经验

该活动虽然主体是制作活动，但图画书制作可以激发儿童阅读和讲述的兴趣和欲望，让儿童在早期阅读活动中获得极大的成就感和满足感。由于作品是儿童创作的，儿童在讲述自己的作品时，会更得心应手，这有利于儿童提高语言表达的水平和信心。

4. 选择难度较为适宜的故事内容

图画书的图画具有前后的连续性，但这对于儿童来说是非常困难的。在早期图画书制作中，成人可以选择图画书常用的、儿童也非常熟悉的"循环结构"，以减少儿童绘制插画时的困难。

大班：《小魔怪要上学》

（北京市朝阳区劲松一幼华纺易城园区）

◆ 阅读素材

书名：《小魔怪要上学》

作者：（法）玛丽·阿涅丝·高德哈文、（法）大卫·派金斯

译者：李英华

出版社：湖北美术出版社

◆ 阅读方式

集体阅读。

活动缘起	
1. 对大班幼儿当前发展任务——幼小衔接的思考：大班幼儿距离毕业还有39天，即将进入小学成为一名小学生。本月的主题也是围绕"小学"展开，增强幼儿对小学的认识和进入小学的愿望。而《小魔怪要上学》这个故事即是讲述主人公"小魔怪"强烈的读书和上学的愿望，以及上学之后他自己和家人的各种变化的，与当前的主题非常契合。 2. 对儿童长远发展任务——热爱学习的思考：幼儿对小学的认识和理解仅限于表面。而幼小衔接中更重要的问题是需要触动幼儿思考"为什么小朋友要上学""上学到底会给儿童带来什么"，只有认识到这些问题，幼儿才能真正地萌生进入学校和不断学习的动力和愿望。	阅读素材的选择根据儿童的发展任务和需求，并根据任务对图画书的细节做出调整，确保了阅读活动与主题和目标的契合。

续表

基于上述思考，选择《小魔怪要上学》这本图画书，与儿童进行共读活动。由于具有明确的目标，成人对该图画书中的部分内容做出了调整，突出了"入小学"这一主题。 ◆ 活动材料 　　改编后的图画故事《小魔怪要上学》的 ppt ◆ 活动目标 　　1. 理解并描述故事《小魔怪要上学》的主要人物、情节和内容； 　　2. 能思考"上学后的小魔怪的变化及原因""小魔怪爸爸妈妈的改变及原因"等核心问题； 　　3. 认识到上学的重要性，增强入小学的愿望。 ◆ 活动过程 　　1. 故事引入，让幼儿根据"食人小魔怪"的形象和名称展开想象。 　　引导幼儿思考进入小学后是否还是大一班的这些同学、会遇到怎样的新同学、如果遇到"特别"的同学（食人小魔怪）会发生什么事情。 　　2. 故事讲述，请幼儿注意倾听故事的主要情节和内容，对比和自己的猜测有什么不同。 　　（1）请幼儿带着下面三个问题听第一段故事，听完后尝试回答问题，并对比和自己原来的想象有什么区别。 　　① 小魔怪没上学前是什么样子？脾气好吗？ 　　② 小魔怪的爸爸、妈妈是什么样的人？脾气怎么样？ 　　③ 小魔怪上学之后家里发生了什么变化？（吃的东西、爸爸妈妈的变化）	阅读中，成人能够让儿童调动自身的经验进行预测，尊重儿童阅读的主体性，调动了儿童的阅读兴趣。 　　阅读过程的层次清晰，成人帮助儿童有逻辑、有层次地分析故事内容和主题。

（2）请幼儿对"小魔怪请同学来家里过生日"之后的故事发展进行预测，然后听故事，对比故事发展和自己的预测。成人在讲完第二段故事后请幼儿回答问题： ① 小魔怪爸爸妈妈的性格发生了怎样的变化？ ② 为什么没有发生小魔怪担心的事？ （3）讲述故事结尾，并请幼儿思考： ① 如果小魔怪要把全世界的小朋友都请到家里来，让爸爸妈妈不再吃世界上的任何人，他需要怎样做？他怎样不断认识新的朋友？ ② 你是否能像小魔怪一样影响你的爸爸妈妈？怎样才能做到呢？ ◆ 活动延伸 　　成人结合本月"竞选主持人"活动，让幼儿做小主持人采访班级里的老师，请他们谈谈上学给他们带来哪些变化。  图 6-25　幼儿采访听课教师	成人鼓励儿童在阅读中积极进行主动思考，并尝试让阅读与儿童自身的生活发生互动，让儿童思考"怎样可以影响自己的爸爸妈妈"，从而实现这次阅读活动的目标。 该活动有效地利用了班级资源，发展儿童的语言表达能力和阅读理解能力，并让儿童在图画书与真实生活之间建立联系。

续表

图 6-26　幼儿采访讲故事的教师

活动分析：

1. 活动以儿童为中心

成人鼓励儿童联系自己的经验去预测故事的发展，因此整个阅读过程都与儿童产生强烈的互动，也使得儿童在整个过程中聚精会神，不仅是聆听故事，同时也在积极地进行思考，促进了儿童阅读理解能力和思维能力的发展。

2. 教师对故事的叙事结构进行了细致的分析

将故事分为背景介绍（小魔怪偷偷看那些能玩儿出很多花样的小朋友）、起因（小魔怪读书之后的变化和对爸爸妈妈的影响）、冲突（小朋友们来同小魔怪玩儿）以及结局（爸爸妈妈也喜欢上小朋友了）、开放的结局（爸爸妈妈交代不能带其他小朋友来家里）几个部分，根据每个部分的内容引导儿童进行相应的思考，层层递进地帮助儿童掌握故事情节和主要内容。

3. 帮助儿童理解文学语言并鼓励儿童进行表现

在阅读中，教师针对一些文学语言如"暴躁"，请儿童说一说"是什么意思"。其中一名幼儿非常兴奋地站起来表演发脾气的样子，逗得全班儿童哈哈大笑。教师通过儿童的同伴学习让儿童很好地理解了文学语言，同时也调动了儿童在阅读中的参与性。

附录：修改后的故事《小魔怪要上学》

引子：

虽然名字叫作"食人小魔怪"，可是他从来都不吃人。但小魔怪的爸爸妈妈最喜欢吃人了。每一次饱餐之后，他们就会打着饱嗝，摸着鼓鼓的肚皮，满脑子想的都是明天吃什么。

小魔怪的爸爸妈妈从来不陪小魔怪玩儿游戏，也从来不给他讲故事。在小魔怪家里，没有甜甜的苹果派，没有可口的牛奶米饭，也没有好吃的水果蛋糕。

小魔怪讨厌这一切，他总是一个人待在自己的房间里，一会儿大喊大叫，一会儿跺脚。爸爸妈妈受不了了，就大声地训斥他："捣蛋鬼，你吵得我们一点儿胃口都没有了！"

只有一件事情可以让小魔怪感到快乐，那就是藏在茂密的小树丛后面，偷偷地看小朋友们玩儿游戏。啊，小朋友们玩儿得多开心啊！他们怎么能玩儿出那么多的花样呢？小魔怪惊讶极了。

第一部分：

一天，小魔怪捡到了一本书，那是一个粗心的小朋友丢下的。书里有漂亮的插图，还有一些小小的、黑黑的符号。

小魔怪把书夹在胳膊底下，飞快地跑回了家。他知道，那些小小的、黑黑的符号会讲出很多好听的故事！晚上，小魔怪拿着手电筒，躲在被窝里，仔仔细细地把这些符号看了一遍又一遍……可是，他还是不知道它们在说什么。

小魔怪难过极了。第二天一早，他就做出了一个重要的决定，他向爸爸妈妈宣布："我要去上学！我要去读书！"

爸爸满嘴塞着饭，口齿不清地说："不要说蠢话，吃饭，快吃！"妈妈也嘟嘟囔囔地说："别耍小聪明，吃饭，快吃！"但是，小魔怪坚持要上学。

第二天早上，爸爸只好领着小魔怪来到学校。爸爸威胁老师说："快教这个小笨蛋读书写字，不然我就把你们全吃掉！"

小魔怪很不喜欢爸爸这样。他走到教室的最后一排坐了下来，决心好好念书。

小魔怪学习非常努力。很快，他就会认字了，接着，他开始念一个一个的句子，最后，它可以把整本书念下来了。他变得很快乐，不再大喊大叫，不再叹息，也不再跺脚取闹了。爸爸妈妈对这一切感到很奇怪。

一天晚上，爸爸妈妈没有像往常一样大吃大喝，他们把耳朵贴在小魔怪的房门上，听见小魔怪正在里面高声地读着一本故事书。爸爸妈妈听着听着，就被故事吸引住了，故事结束时，他们突然大声地鼓起掌来。

他们的掌声太热烈了，把小魔怪吓了一大跳，他惊讶地打开了门。"真好听，真好听！"爸爸大声地说。"再讲一个，再讲一个！"妈妈急切地请求。

小魔怪非常高兴地答应了。他接着又读了三个故事。后来，他觉得有些累了，站起来对爸爸妈妈说："今天已经很晚了，明晚我再接着给你们念吧。"

接下来的晚上，小魔怪放学一回到家，还来不及放下书包，爸爸妈妈就拉着他的袖子，让他再讲一个故事。随着故事情节的起伏，他们一会儿大笑，一会儿哭泣，有时，甚至害怕得浑身发抖。

一天晚上，小魔怪给爸爸妈妈读了一本教大家怎样做出好吃的饭菜的书，当然，里面没有煮小孩子的方法。

从这天开始，小魔怪放学回到家里，迎接他的都是美味的苹果派、香甜的牛奶米饭，甚至还有让人口水直流的水果蛋糕。哈哈，小魔怪终于可以美美地吃个够了！

第二部分：

每天，小魔怪都可以享受美味的饭菜，他觉得好幸福啊！他决定，在他生日那天，要邀请所有的小伙伴到家里来做客。不过，他忘记了，他的爸爸妈妈可都是爱吃人的大魔怪呀！当他为小伙伴打开门的那一瞬间，他才忽然想起来。可是，安安、奥奥、蒙蒙、赫赫……他们都来了，小魔怪害怕极了。

整个下午，小伙伴们都玩儿疯了。他们一起跳舞，一起唱歌，一起放声大笑，一起打打闹闹。小伙伴们一个接一个地附在小魔怪的耳边说："你的爸爸妈妈可真和气啊！"小魔怪第一次发现，爸爸妈妈真的很可爱，甚至在他们笑的时候，也小心地不把长长的牙齿露出来。

晚上，所有的小朋友都回家了。爸爸妈妈对小魔怪说："这些小孩子多可爱啊！以后，你随时都可以把他们带到家里来玩儿，我们绝对、绝对不会伤害他们。不过，你可不能再带其他人来了，因为我们认识了他们，就不忍心再吃他们了。"

小魔怪假装答应了爸爸妈妈的要求，可小脑瓜里已经打定了主意，以后，他要邀请地球上所有的小朋友，都到家里来参加他的生日宴会。哈哈，这样一来，爸爸妈妈就永远不会再吃人了。

第三节

综合性语言教育活动案例

有一个孩子每天向前走去,他看见最初的东西,他就变成那东西,那东西就变成了他的一部分。

——惠特曼(Walt Whitman),美国诗人

中国汉字

(深圳市莲花北幼儿园 王辰如、何静霞、王赟、林美香)

活动缘起	
孩子们刚进入大班,教师发现小朋友们对张贴在主题墙上的文字表现出了强烈的兴趣,经常三五一群地聚集在主题墙旁边,用手指着儿歌上面的字阅读。	儿童自觉地对语言文字产生兴趣。
有一天,王老师因为喉咙不舒服,吃了喉宝。这引起了达达小朋友的注意,他询问王老师吃的是什么。王老师就询问孩子们:"怎么才能知道吃的是什么呢?"孩子们想出了各种各样的办法,认字的文文和智源一下子就想到看包装上的文字,又快又准地说出王老师吃的是"济公喉宝"。这让不认字的孩子们羡慕不已,他们不仅萌发了认字的愿望,还聊了自己对于汉字的认识。	儿童意识到文字的功能,具有了识字的内在动机。

续表

笑　笑：看盒子上的花纹。 紫　嫣：看盒子上的图片。 贝　贝：用钱买了以后尝一下。 瀚　祺：仔细观察里面是什么东西。 文　文：看盒子上的字。 智　源：看盒子包装上面的字。 王老师：盒子包装上写的是什么字？你们能看懂吗？ 同　同：这还不简单，济公喉宝。 王老师：你怎么知道是济公喉宝的？ 小　予：因为上面写的是汉字。 王老师：什么是汉字？ 嘉　尉：它和那个东西长得是很像的，比如马和动物马长得很像。 贝　贝：就是人们经常说的一些字。 然　子：就像毛笔字一样的。 洋　洋：老师写的就是汉字。 笑　笑：一些小动物的形状就是汉字。 小　马：中国人写的字就是汉字。 瀚　祺：汉字就是古代人写的字。 　　基于幼儿对汉字强烈的好奇心和兴趣，以及大班幼儿的教育要求"对图书和生活情境中的文字符号感兴趣，知道文字表示一定的意义"，我们班的老师集体设计了"有趣的汉字"系列活动。	通过孩子们的讨论，教师可以了解幼儿对汉字的已有经验，例如知道个别的汉字是象形文字，知道汉字是中国人发明的。这就为后续活动目标设计和活动内容选取奠定了基础。

续表

第一阶段　认识汉字演化历史 **活动一　汉字是怎么来的（讨论活动）** ◆ 活动目标 　　了解幼儿关于"汉字的意义和来历"的经验。 ◆ 讨论过程实录 　　王老师：为什么要有汉字呢？ 　　陈瀚祺：没有汉字的话，我们就不能说话了呀。 　　魏　笑：有了汉字，我们做小主持人的时候才能练主持稿。 　　何昶霖：没有汉字的话，我们就不能唱歌了。 　　高世成：有了汉字，我就知道这是什么地方。 　　许潆兮：没有汉字的话，我们就不能读书了。 　　徐若斐：没有汉字的话，我们就不能学习了。 　　车晓晴：没有汉字的话，我们就不知道小朋友叫什么名字了，就不能点名了。 　　马禾青：有了汉字，我们就能认识很多东西，学到很多知识。 　　朱志轩：有了汉字，我们就能讲故事了。 　　同　同：有了汉字，我们在分区时就能选择区域了。 　　王老师：汉字是怎么来的？ 　　陈瀚祺：中华人民共和国成立之前就有了汉字。 　　徐彬然：中国一出来汉字就跟着一起出来，因为别的国家不认识这种字。 　　许耀元：古代人的文字光有说法，没有写法，就创造出了汉字。 　　肖　屹：汉字是科学家演变出来的。 　　栾夏霏：汉字是古代发明家写出来的。	通过讨论中幼儿的话语，成人可以看出幼儿能够结合自己生活实际理解文字对生活的重要意义，知道汉字是中国文字，是很早以前发明的。虽然经过同伴间的启发和学习，但幼儿的相关经验依然较为零散。

	续表
苏泓源：汉字是印刷出来的。 杨智源：古代人乱写，科学家给汉字取的名字。 魏　笑：汉字是中国人写出来的。 朱志轩：汉字是中国人用铅笔写出来的。 高世成：古代人不知道什么是汉字，所以现在就发明出来了汉字。 闫以诺：是毛笔画写出来的。 车晓晴：古代人用小脑袋瓜发明的。 许濛兮、何昶霖、周晓晴：汉字是科学家发明的。 陈宥达：古代人说的话会忘记，就发明了汉字。 **活动二　动画故事《仓颉造字》** ◆ 活动目标 　　1. 了解古代神话故事《仓颉造字》； 　　2. 通过神话故事，了解文字的历史演变过程，知道文字相比其他符号记录方式的优点。 ◆ 活动材料 　　视频《仓颉造字》 ◆ 活动过程 　　1. 动画故事欣赏； 　　2. 教师针对"故事主题、人物、事件、冲突、结局"等几个重点部分，引导儿童进行回忆、分享和表达，帮助儿童理解故事内容。 ◆ 观看视频后师生讨论实录 　　王老师：这个神话故事的名字是什么？ 　　小朋友：仓颉造字。 　　王老师：故事里出现了几个人？他们之间发生了什么事？ 　　李昔泽：里面有仓颉，还有黄帝。	 教师帮助儿童掌握故事中影响仓颉造字的关键事件。

小　予：仓颉是史官，黄帝是皇上。 车晓晴：<u>皇帝让仓颉管理牲口的数目。</u> 王老师：仓颉用了哪些方法来记事？ 周晓晴：<u>在绳子上打结、绳子上挂贝壳还有符号。</u> 王老师：在绳子上打结很方便，为什么仓颉却不用了呢？ 达　达：因为时间久了他就记不住了。 王老师：在绳子上挂贝壳也挺好的啊，贝壳多么漂亮啊。 黄铄涵：贝壳还要去海边找，事情越来越多，会记混的。 王老师：最后的符号记事，仓颉是从哪里得到的启发？ 轩　轩：<u>他去打猎，看到了野兽的脚印，就想到了用符号。</u> 王老师：仓颉先后想到了用绳子打结、挂贝壳和发明文字符号三种方法来记事，在使用的过程中及时地发现每种方法的问题，及时地想办法去改进和完善，现在我们用的文字就是从古代的那些形象化的符号逐步演变过来的。 **活动三　我学仓颉来记事** ◆ 活动目标 　　1.通过亲身体验，加深对《仓颉造字》的理解； 　　2.在了解汉字演变过程的基础上，通过亲身体验，来感受"仓颉造字"里几种记事方法是否方便。 ◆ 活动材料 　　绳子、笔、纸	教师所提出的问题都指向故事的关键内容，这有利于儿童概括性地理解文字产生的过程。

续表

◆ 活动过程（历时两周）

1. 故事内容回顾：神话故事"仓颉造字"里仓颉用了结绳、绳子挂贝壳、符号记事三种方法来记事。

2. 分组选择记事方法，并进行实验。

关键问题：如果你是古人，你想用哪种方法记事？

王老师：如果你是远古时期的人，你想用哪种方式来记事？

同　　同：我想用符号来记事。

高世成：我想用结绳来记事。

李昔泽：我想用符号来记事。

苏泓源：我想用符号来记事。

陈瀚祺：我也想用结绳来记事。

黄铄涵：我想用绳子挂贝壳来记事，可是我不知道怎么来挂贝壳，那还是结绳记事吧。

……

（1）结绳记事组

部分幼儿选择了结一根绳、记一件事情的方法，所以当天下午老师问他们所记的事，他们全部记得。王老师两个星期后再问，他们竟然还能记得，说明一件事情对于他们来说不具有挑战性。教师引导幼儿记录多件事情。

个别幼儿选择了结五根绳记五件事，五根绳全部结完后却不记得第二根、第三根记的是什么事情了。幼儿表示"记一根我能记得住，五根太多了"。

 图 6-27　幼儿认真地结绳记事 （2）符号记事组 　　李昔泽小朋友用符号记事后就去美工区做手工了，陈瀚祺和贝贝对李昔泽的符号很感兴趣，但是不知道是什么意思，就去问李昔泽，当贝贝去问的时候，李昔泽表现得有些不耐烦。他说："这符号记事太麻烦了，人家不知道这个是什么意思还得来问我，我在做手工，还得回答他们，我的手工会做得很乱的。"  图 6-28　小朋友向美工区的李昔泽询问他记的是什么意思	通过活动体验，幼儿直观地理解并感受到了文字的意义和作用。

3. 分享自己对不同记事方式的看法和感受。

结绳记事组的小朋友表示，结绳记事有些靠不住，时间久和事情多的话会忘记。

用绘画符号记事的小朋友认为，虽然符号记事可以起到一定的记录作用，但是每个人对画面的理解不一样，还是无法准确传递信息。

幼儿表示如果想要让一个信息得到准确的传达，最好用意义更为明确的文字记录下来。

4. 问题延伸。

教师请幼儿回家以后和爸爸妈妈一起寻找答案——仓颉造字之后就直接有了我们现在使用的汉字吗？

活动四　汉字的演变过程

◆ 活动目标

1. 了解汉字的演变，知道现代的文字是由古代的象形文字发展而来的；

2. 通过细致观察图片和象形字卡，了解并表达出象形文字的特征。

◆ 活动材料

1. 图画书《36个字》及视频

2. 象形字演变图一份、象形字卡、汉字卡

◆ 活动过程

1. 讨论已经布置的任务"仓颉造字之后就直接有了我们现在使用的汉字吗？"；

2. 观看视频"36个字"，感受汉字的演变过程；

3. 观察图片和象形文字，了解并说出象形字的特征。

♦ 活动过程实录

1. 讨论过程

何老师：你们和爸爸妈妈查到答案了吗？"仓颉造字"之后就直接有了我们现在写的汉字了吗？

同　同：不是，（从口袋里拿出一张纸条）"仓颉造字"之后有象形字、指事、会意、形声字、转注、桃文、假借……

肖　屹：（也拿出一张纸条）还有象形字、形声字、会意字。

达　达：我跟妈妈查了电脑，符号出现之后又出现了甲骨文、金文、小篆、隶书、楷书，之后就形成了汉字。

吴嘉尉：我也跟爸爸查了电脑，甲骨文、金文、小篆、隶书、楷书、行书、草书。

何老师：同同、肖屹说了象形字，达达、吴嘉尉说到了甲骨文，其实呀，很早出现的甲骨文就是一种象形文字。

达　达：甲骨文在 3500 年前就出现了，因为刻在了牛的骨头和乌龟的壳上，叫甲骨文。它是很细、很细的字。

何老师：是的，甲骨文是最早的汉字形式，也是象形字。咱们通过一个动画片来看看什么是象形字吧。

2. 观看"36 个字"动画后的讨论

何老师：你们在刚刚的动画片里看到了哪些字？

李昔泽：我看到了虎、鱼。

赖紫嫣：羊、象、龟。

教师有意识地引导幼儿使用现代工具和语言工具了解"汉字的产生"。这不仅能加深幼儿对汉字演变的认知，同时个别幼儿还能借用纸条（书写）这一工具和方式，请爸爸妈妈在上面写上答案帮助自己记忆，从而有利于他们真实地理解文字的意义。

	续表
孟　想：夫、石、网。 同　同：火、弓。 高世成：花。 何昶霖：还有"舍"。 姜硕洋：木、林。 周晓晴：日。 何老师：动画片里爸爸画了一个太阳，小朋友说了什么？ 周晓晴：日。 何老师：日代表什么？ 丘芯沂：代表太阳。 何老师：爸爸在故事的结尾说了一句什么话？ 肖　屹：我们的祖先就是这样创造了象形字。 何老师：这些看上去像图的东西其实是古代的象形字。 何老师：关于这个故事还有一本专门的书叫《36个字》，老师把它放在了阅读区，你们可以自己去阅读，数一数，是不是真的有36个字。 3. 观察图片和象形字卡 何老师：今天老师给你们带来了很多象形字，请你们来猜猜他们分别是什么字。 徐彬然：这个我知道，是"月"字。 何老师：你是怎么猜到的？ 徐彬然：因为我看它像月亮，就猜是"月"字。 何老师：这个就是象形字"月"，再来看看这个是什么字。 闫以诺：是大象的"象"。 何老师：你是怎么猜到的？	父亲通过动画片"36个字"，教儿子认字，生动、形象的讲解配以动画中活动的象形文字，不但帮助幼儿更深一步地了解了汉字的起源，还帮助幼儿更好地理解象形字和与之对应的现代汉字的关系。

闫以诺：我看着上面很像大象的头，这里是大象的大耳朵，这边长长的还勾起来了像大象的鼻子，下面又胖胖的很像大象的身体，我就猜是"象"。 何老师：你猜对啦，这个是象形字"象"，这是长长的鼻子，四条腿，就像大象一样，古时候的人就是照着事物的样子画下来形成了象形字。 何老师：你们观察下象形字的"日"和我们现在使用的汉字"日"有什么不同。 杨智源：我觉得象形字的"日"是圆圆的，我们现在写的这个"日"字是方的。 何老师：说得非常好，古代象形文字是圆圆的，而现在的汉字变成方方的。原因是象形文字经过很多年的演变变成现在的汉字，它更加清楚、简单，便于人们交流和书写了。我们身边处处都有汉字，它们就像小伙伴一样陪伴着我们，这几天小朋友们可以找一找你的身边有什么样的汉字，把它们写出来或者找出来。  图 6-29 幼儿讲解自己对"象"字的理解	在幼儿对中国汉字兴趣盎然的时候，教师引导幼儿寻找身边的汉字，为接下来的活动做好铺垫。

续表

第二阶段　深入研究"中国汉字"

活动五　我身边的汉字

◆ 活动目标

1. 感受到生活中到处都有汉字，汉字能表示一定的意义；

2. 推动儿童自觉、自发地主动认识汉字。

◆ 活动材料

调查表"我身边的汉字"

◆ 活动过程

1. 用一个星期的时间，请小朋友尽可能地发现周围环境中的汉字，并记录下来，以便下周进行分享；

2. 小朋友分享自己认识的和找到的汉字，张贴在每个人的"调查表"上，并进行分享，说一说自己认识的汉字。

◆ 活动过程实录

何老师：你们都在哪些地方发现了汉字？

达　达：中国地图上有汉字。

笑　笑：幼儿园门口黄色的墙上有汉字。

徐若斐：电脑上有汉字。

肖　屹：教室的点名墙上有汉字。

孟　想：进区卡上有汉字。

何昶霖：我们的一日生活表上有汉字。

张宛佳：书上有汉字。

贝　贝：公园的指示牌上有汉字。

高世成：我们家的走廊上有汉字。

轩　轩：高速公路的路牌上有汉字。

李昔泽：吃饭的地方的名字标牌上有汉字。

文　文：报纸、饮料瓶上有汉字。

钟声扬：莲花山的可回收垃圾桶上有汉字。 丘芯沂：黑板上有汉字。 苏泓源：餐厅的菜单上有汉字。 小　予：字画上有汉字。 马禾青：我妈妈的汽车说明书上有汉字。 姜硕洋：艺术家作品上贴了名字，他的名字就是汉字。 何老师：真好，小朋友们发现了我们身边很多地方都有汉字。那老师想问问大家，如果这些地方没有汉字会怎么样呢？ 贝　贝：逛公园的时候会迷路啊！ 达　达：不方便。什么都干不成。 张宛佳：那可怎么读书啊，书上什么都没有啊。（大家哄笑） 苏泓源：去餐厅没办法点餐啊，得一个一个地问，太不方便啦。 文　文：没有汉字的话，就不知道是酒还是饮料了！ …… 何老师：嗯，没有汉字生活可不方便了。请大家想一想，说一说，汉字都给我们的生活带来了哪些帮助？ 周晓晴：汉字可以帮助我们知道更多的字。 贝　贝：汉字可以用来和别人发微信，可以帮助我们点名。 闫以诺：可以帮助我们看书，让大脑变得更聪明。 方　一：可以帮助我们记名字，可以知道这个国家叫什么名字。	教师让儿童发现生活中的文字符号，并引导幼儿进行想象，感受文字符号的重要性。 幼儿发现自己认识不少字，在相互分享的过程中充满了成就感。

	续表
魏　笑：可以帮助我们慢慢地会写这个字。 苏泓源：汉字可以帮助我们上学。 黄铄涵：汉字可以帮助我们跟别人交流。 何昶霖：让我们说话。 文　文：让我们能看说明书上的字，知道这个玩具该怎么玩儿。 灵　儿：汉字可以帮助我们知道你要去的地方从哪里走。 佳　佳：可以帮助我们写信。 高世成：让我们知道这是什么地方。 陈玥涵：知道这座桥是什么桥。 轩　轩：让我们在高速上开车不会迷路。 李承泽：可以帮助我们看电视。 杨智源：可以帮助我们知道这个东西是什么。 罗浩城：汉字可以帮助我们正在坐地铁的时候知道是往哪里走的。 同　同：汉字可以帮助我们知道这个药一天吃几次。 …… 下图是佳佳妈妈微信朋友圈里记录的佳佳给她写的信。  图 6-30　活动后幼儿主动的书写行为	活动使幼儿真正地意识到了文字的重要性，让他们萌发了主动运用文字符号的愿望。

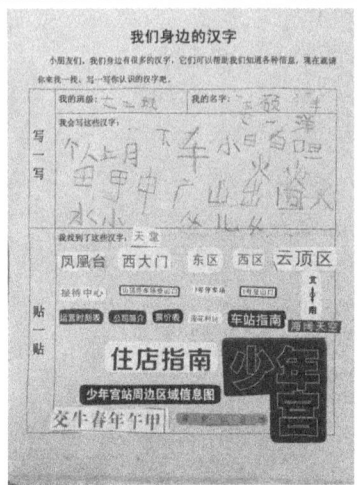

图 6-31 幼儿填写的调查表

活动六 汉字的不同呈现方式

◆ 活动目标

  1. 发挥观察能力，用肢体动作、剪贴、围棋拼摆等形式表现汉字；

  2. 对汉字进一步产生兴趣。

◆ 活动材料

  三位教师用身体摆出汉字"上"字的照片

◆ 活动过程

  1. 集体讨论：除了印在书上和写出来，还可以用什么方式来表示出汉字；

  2. 请幼儿选择某种方式呈现汉字；

  3. 分享幼儿表现汉字的照片。

◆ 活动实录

  1. 师生讨论汉字的表现方式。

  王老师：除了像这样用笔写出来，我们还可以用哪些方式把汉字呈现出来？

  同 同：用围棋摆出来。

	续表
姜硕洋：可以用剪刀剪出来，用油漆刷出来。 陈宥达：用图形摆出来。 魏　笑：可以用废旧的东西拼出来。 徐彬然：可以在电脑上打印出来。 多　多：用打印机打出来。 孟　想：找一张废旧的纸剪下来。 闫以诺：用毛笔写出来。 轩　轩：可以用铅笔写出来。 贝　贝：可以用油画棒摆出来。 杨智源：可以用橡皮泥搓好拼出来。 何昶霖：玩儿游戏的时候铺一张垫子，很多人穿黑衣服，在垫子上摆出来。 王老师：你们觉得哪个比较有难度，并且需要很多人来共同完成？ 徐彬然：何昶霖说的用人摆字的那个。 王老师：正巧老师摆了一个，我们来一起欣赏一下老师们摆的"上"字。 2.幼儿对用身体摆字产生了浓厚的兴趣，纷纷举手表示想要挑战"身体拼汉字"。他们在拼摆的过程中主动协商，一起讨论需要几个人，谁当哪个笔画，分工合作。  图 6-32　孟想说："我一个人可以摆出'大'字。"	"身体摆字"等活动增进了孩子们对汉字的感知，有利于儿童感知汉字的结构特征。

图 6-33　徐彬然说:"两个人也可以摆出'大'字。"

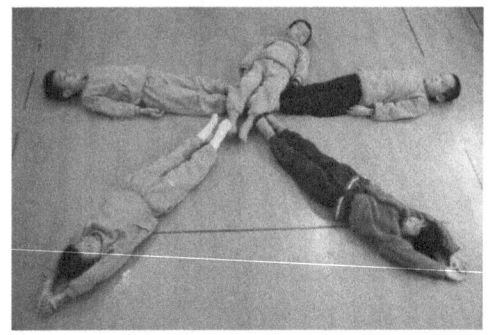

图 6-34　五名幼儿摆出的"大"字

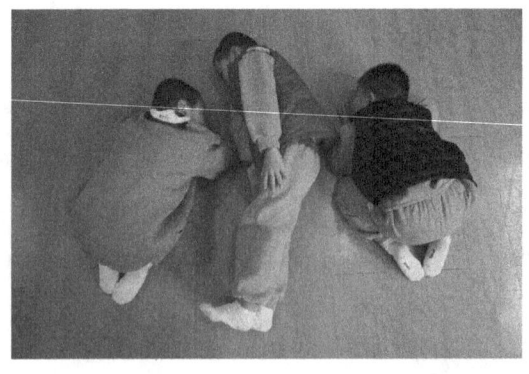

图 6-35　三名幼儿摆出的"小"字

续表

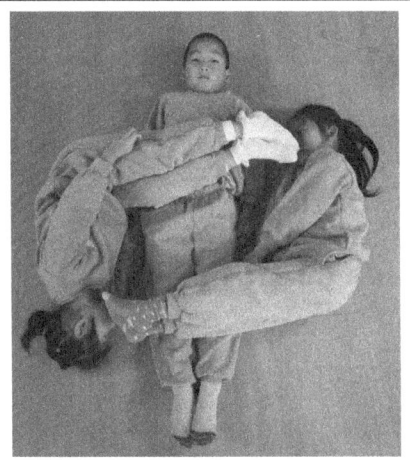

图 6-36　三名幼儿摆出的"中"字

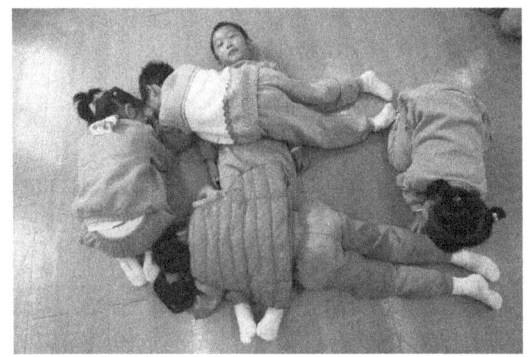

图 6-37　五名幼儿摆出的"中"字

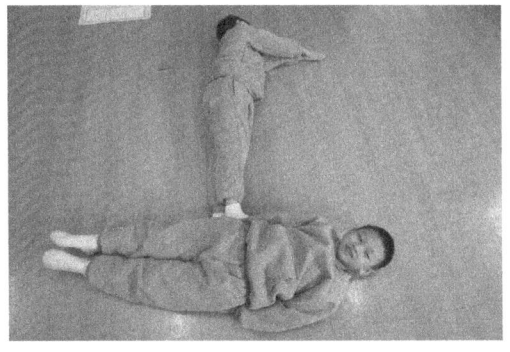

图 6-38　两名幼儿摆出的"上"字

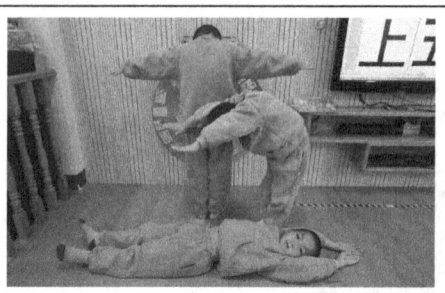

图 6-39　三名幼儿摆出的"五"字

当孟想主动说自己负责横竖这两笔时,其他小朋友说"五"没有头,孟想动了下脑筋说:"我把头低下去。"

3.儿童在生活和游戏中自发地对汉字进行探索。

(1)围棋被孩子们很好地进行利用,小朋友用围棋子在围棋板上拼摆汉字,拼摆好后再写下来。同同小朋友发现围棋板上的一个格子正好可以放下一个围棋子,以此作为"尺子"来对接下来摆的字来进行范围及空间控制,能将围棋和汉字笔画的长短进行等量转换,最短的一笔用一颗围棋子即可代替。

(2)区域活动时,美工区的杨智源小朋友想到了用橡皮泥拼汉字,在拼的过程中,小朋友对汉字的结构有了初步的体验和理解。

图 6-40　幼儿用橡皮泥拼的"杨"字

	续表
（3）美工区的贝贝想到油画棒也是一种拼汉字的材料，在拼的过程中，贝贝知道用短的油画棒代替自己姓名中"栾"字的点，长的油画棒代替横、竖、撇、捺。这些笔画名称贝贝还不是完全知道，但是她能将油画棒的长短与汉字笔画的长度进行比较。 （4）有的小朋友直接将废旧报纸、杂志上的字剪下来，但却发现沿着汉字的轮廓很难剪下来。孩子们发现了这一点后，就用废纸剪出他想要的笔画，然后拼出自己想要的汉字。	

活动分析：

1. 活动能够基于儿童的兴趣开展

该活动从儿童感兴趣的事件开始，并能够将儿童的兴趣与其发展的目标进行良好的结合。教师一直沿着儿童的兴趣和语言发展目标对活动进行不断地延伸，延伸活动始终围绕阅读和语言展开。

2. 尊重儿童在阅读活动中的主体性，鼓励儿童的创造性

教师能够通过多种形式的活动调动儿童的参与性和积极性，例如"寻找身边的汉字""与爸爸妈妈一起查找资料了解汉字的起源和发展""想办法表现汉字"等活动，能够充分地调动儿童的多种感官。活动的整个推进过程能够顺应儿童的发展，尊重儿童在活动中的表现，例如儿童表示可以用剪刀剪汉字、用围棋摆汉字的时候，教师应给予儿童充分的信任和支持，鼓励他们进行尝试和探索，在探索中发现问题，获得成长。活动中教师对儿童用身体拼摆汉字的方法予以肯定，给予了儿童充分的探索空间，使幼儿表现出极大的创造性，例如同一个字，不同的儿童产生了多种拼摆的方法。

3. 关注阅读活动与儿童真实生活的互动

儿童的学习是一个社会建构的过程。教师鼓励儿童观察日常生活中的文字，理解文字和日常生活的关系，这样的做法能促使儿童在生活中自然而然地运用汉字，例如"给妈妈写信"。此外，活动还极为重视儿童同伴间的互动，重视通过讨论活动建立同伴学习的氛围，给幼儿以充分的同伴合作机会，让儿童自己挑选汉字，通过小组合作的方式完成汉字组合。活动不仅加深了儿童对文字符号的认识和理解，增进了儿童的文化认同感，同时还进一步激发了儿童学习汉字的内在动机。

参考文献

图书

1. BARTHES R. The death of the author [M]. Westport: Greenwood, 2002.
2. CHOMSKY N. Language and mind [M]. 3rd ed. Cambridge: The MIT Press, 2006.
3. GOODMAN K. What's whole in whole language! [M]. Portsmouth, NH: Heinemann, 1986.
4. GOODMAN N. Of mind and other matters [M]. Cambridge, Mass: Harvard University Press, 1984.
5. GOODMAN Y M. How children construct literacy [M]. Newark, DE: International Reading Association, 1990.
6. KUCER S B. Dimensions of literacy: a conceptual base for teaching reading and writing in school settings [M]. Mahwah, NJ: Lawrence Erlbaum, 2001.
7. MCLANE J B, MOODMAN G D. Early literacy [M]. Cambridge, MA: Harvard University Press, 1990.
8. ORANSANO J. Reading comprehension from research to practice [M]. Hillsdale, NJ: Lawrence Erlbaum, 1986.
9. PRESSLEY M. Reading instruction that works: the case for balanced teaching [M]. 2nd ed. NY: The Guilford Press, 2002.
10. SNOW C E, BURNS M S, GRIFFIN P. Preventing reading difficulties in young children [M]. Washington, DC: National Academies Press, 1998.
11. UNDERHILL A. Sound foundations [M]. Oxford: Heinemann, 1994.
12. WERTSCH J W, ALVAREZ A, RIO P D. Sociocultural studies of mind [M]. Cambridge UK: Cambridge University Press, 1995.
13. DAMON W, LERNER R M. 儿童心理学手册：第六版：第二卷：认知、知觉和语言 [M]. 上海：华东师范大学出版社, 2007.
14. 艾登. 打造儿童阅读环境 [M]. 许慧贞, 译. 海口：南海出版公司, 2007.

15. 戈德曼. 隐蔽的上帝 [M]. 蔡鸿滨, 译. 天津: 百花文艺出版社, 1998.

16. 韩礼德. 婴幼儿的语言 [M]. 高彦梅, 等译. 北京: 北京大学出版社, 2015.

17. 黄瑞琴. 读写萌发课程 [M]. 中国台北: 五南图书出版公司, 2001.

18. 吉姆. 朗读手册 [M]. 沙永玲, 麦奇美, 麦倩宜, 译. 天津: 天津教育出版社, 2006.

19. 康长运. 幼儿图画故事书阅读过程研究 [M]. 北京: 教育科学出版社, 2007.

20. 李宇明. 儿童语言的发展 [M]. 武汉: 华中师范大学出版社, 2004.

21. 诺姆. 句法结构 [M]. 黄长著, 林书武, 庞秉均, 译. 北京: 中国社会科学出版社, 1979.

22. 潘新和. 语文: 表现与存在: 上卷 [M]. 福州: 福建人民出版社, 2004.

23. 培利, 梅维丝. 阅读儿童文学的乐趣: 第三版 [M]. 刘凤芯, 吴宜洁, 译. 中国台北: 天卫文华图书股份有限公司, 2009.

24. 彭懿. 图画书: 阅读与经典 [M]. 南昌: 二十一世纪出版社, 2006.

25. 皮亚杰. 发生认识论原理 [M]. 王宪钿, 等译. 北京: 商务印书馆, 1995.

26. 皮亚杰, 英海尔德. 儿童心理学 [M]. 吴福元, 译. 北京: 商务印书馆, 1980.

27. 全国妇联儿童工作部. 全国家庭教育调查报告 [M]. 北京: 社会科学文献出版社, 2011.

28. 松居直. 我的图画书论 [M]. 季颖, 译. 长沙: 湖南少年儿童出版社, 1997.

29. 松居直. 幸福的种子: 亲子共读图画书 [M]. 刘涤昭, 译. 南昌: 二十一世纪出版社, 2013.

30. 王寅. 认知语言学 [M]. 上海: 上海外语教育出版社, 2007.

31. 虞永平, 王春燕. 学前教育学 [M]. 北京: 高等教育出版社, 2012.

32. 张必隐. 阅读心理学 [M]. 北京: 北京大学出版社, 2004.

33. 张云秋. 汉语儿童早期语言的发展 [M]. 北京: 商务印书馆, 2014.

34. 赵寄石, 楼必胜. 学前儿童语言教育 [M]. 北京: 人民教育出版社, 1993.

35. 周兢. 学前儿童语言学习与发展核心经验 [M]. 南京: 南京师范大学出版社, 2015.

36. 周兢. 幼儿园语言文学教育活动 [M]. 北京: 中国广播电视出版社, 1992.

37. 周兢. 早期阅读发展与教育研究 [M]. 北京: 教育科学出版社, 2007.

38. 周兢, 余珍有. 幼儿园语言教育 [M]. 北京: 人民教育出版社, 2004.

39. 中国学前教育研究会. 中华人民共和国幼儿教育重要文献汇编[M]. 北京: 北京师范大学出版社, 1999.

期刊

1. ABRAHAMSON R F, CARTER B. What we know about nonfiction and young adult readers and what we need to do about it [J]. Publishing research quarterly, 1992, 8(1): 41-54.

2. ARNOLD D H, LONIGAN C J, WHITEHURST G J, EPSTEIN J N. Accelerating language development through picture book reading: replication and extension to a video tape training format [J]. Journal of educational psychology, 1994, 86: 235-243.

3. CARTMILL E A, BENJAMIN F, ARMSTRONG III, et al. Quality of early parent input predicts child vocabulary 3 years later [J]. Proceedings of the National Academy of Sciences of the United States of America. 2013, 110(28): 11278-11283.

4. DOLLAGHAN C A, CAMPBELL T F, PARADISE J L. Maternal education and measures of early speech and language [J]. Journal of speech language & hearing research, 1999, 42(6): 1432-1443.

5. DUFFELMEYER F A, BANWART B H. Word maps for adjectives and verbs [J]. The reading teacher, 1992-1993, 46(4): 353-353.

6. DUKE N K. Information books in early childhood [J]. Yc young children, 2003, 58(2): 14-20.

7. DUKE N K, KAYS J. "Can I say 'once upon a time'?": kindergarten children developing knowledge of information book language [J]. Early childhood research quarterly, 1998(13): 295-318.

8. FELDMAN H M, DALE P S, CAMPBELL T F, et al. Concurrent and predictive validity of parent reports of child language at ages 2 and 3 years [J]. Child development, 2005, 76(4): 856-868.

9. FELDMAN R. Parent-infant synchrony: biological foundations and developmental outcomes [J]. Current directions in psychological science, 2007, 16(6): 340-345.

10. FLOM R, BAHRICK L E. The development of infant discrimination of affect in multimodal and unimodal stimulation: the role of intersensory redundancy [J]. Developmental psychology, 2007, 43(1): 238-252.

11. GARBETT D. Science education in early childhood teacher education: putting forward a case to enhance student teachers' confidence and competence [J]. Research in science education, 2003(33): 467-481.

12. GELMAN S A, RAMAN L. Preschool children use linguistic form class and pragmatic cues to interpret generics [J]. Child development, 2003, 74(1): 308-325.

13. GOODMAN K S. A linguistic study of cues and miscues in reading [J]. Elementary English.1965, 42(6): 639-643.

14. GOODMAN K S. A psycholinguistic guessing game [J]. Journal of the reading specialist. 1967, 6(1), 126-135.

15. HARGRAVE A C, SÉNÉCHAL M. A book reading intervention with preschool children who have limited vocabularies: the benefits of regular reading and dialogic reading [J]. Early childhood research quarterly, 2000(15): 75-90.

16. HIEBERT E H. The role of literacy experiences in early childhood programs [J]. The elementary school journal, 1988, 89(2): 160-171.

17. HO C S-H, LAW T P-S, NG P M. The phonological deficit hypothesis in Chinese developmental dyslexia [J]. Reading and writing, 2000, 13(1-2): 57-79.

18. HOLDAWAY D. Shared book experience: teaching reading using favorite books [J].Theory into practice, children's literature (autumn), 1982, 21(4): 293-300.

19. JENKINS J R. Prediction of reading disabilities in kindergarten and first grade [J]. Scientific studies of reading, 2000, 3(2): 159-197.

20. JÜTTNER M, BOONE W, PARK S, et al. Development and use of a test instrument to measure biology teachers' content knowledge (CK) and pedagogical content knowledge (PCK) [J]. Educational assessment, evaluation and accountability, 2013, 25(1): 45-67.

21. LENNEBERG E H. Biological foundations of language [J]. Annual review of neuroscience, 1967, 13(68): 283-307.

22. LEWIS C. Critical issues: limits of identification: the personal, pleasurable, and critical in reader response [J]. Journal of literacy research, 2000, 32: 253-266.

23. MCGEE L M, SCHICKEDANZ J A. Repeated interactive read-alouds in preschool and kindergarten [J]. The reading teacher, 2007, 60(8): 742-751.

24. MELTZOFF A N, MOORE M K. Imitation of facial and manual gestures by human neonates [J]. Science, 1977, 198(4312): 75-78.

25. MELZI G, SCHICK A R, KENNEDY J L. Narrative elaboration and participation: two dimensions of maternal elicitation style [J]. Child development, 2011, 82(4): 1282-1296.

26. PALENZUELA S M. Measuring pre-kindergarten teacher's perceptions: compliance with the high scope program [J]. Journal of research in childhood education, 2004, 18(4): 321-333.

27. PARETTE H P, HOURCADE J, DINELLI J M. Using clicker 5 to enhance emergent literacy in young learners [J]. Early childhood education journal, 2009, 36(4): 355-363.

28. PELLEGRINI A D, GALDA L, DRESDEN J, COX S. A longitudinal study of the predictive relations among symbolic play, linguistic verbs, and early literacy [J], Research in the teaching of English, 1991, 25(2): 219-235.

29. PURCSLL-GATES V, MCLNTYRE E, FREPPON P A. Learning written storybook language in school: a comparison of low-SES children in skills-based and whole language classrooms [J]. American educational research journal, 1995, 32: 659-685.

30. SCARBOROUGH H S, DOBRICH W. On the efficacy of reading to preschoolers [J]. Developmental review, 1994, 14: 245-302.

31. SCHICKEDANZ J A, MCGEE L M. The NELP report on shared story reading interventions: Chapter 4: extending the story [J]. Educational researcher, 2010, 39(4): 323-329.

32. SCHWARTZ R M, RAPHAEL T E. Concept of definition: a key to improving students' vocabulary [J]. Reading teacher, 1985, 39(2): 198-205.

33. SHULMAN L S. Those who understand: knowledge growth in teaching [J]. Educational researcher, 1986, 15(1): 4-14.

34. SIDELNICK M A, SVOBODA M L. The bridge between drawing and writing: Hannah's story [J]. Reading teacher, 2000, 54(2): 174-184.

35. STERN D. The goal and structure of mother-infant play [J]. Journal of the American Academy of Child Psychiatry, 1974(13): 402-421.

36. ZHANG Y. Does private tutoring improve students' National College Entrance Exam performance? A case study from Jinan, China [J]. Economics of education review, 2013, 32 (1): 1-28.

37. ZHAO G. Can money "buy" schooling achievement? Evidence from 19 Chinese cities [J]. China economic review, 2015, 35: 83-104.

38. 曹碧华,李红.0～18个月婴儿言语发展的个案分析[J].学前教育研究,2009(11): 32-36.

39. 陈珂珂,王新.科普图书评价指标体系研究及应用[J].科普研究,2015,10(5): 38-43.

40. 陈英姿.回归儿童本位的幼儿绘本阅读教学实践[J].江苏教育研究,2015(5): 55-58.

41. 成晓光.社会建构主义的语言哲学基础[J].外语与外语教学,2005(1): 3-7.

42. 董琼,李虹,伍新春,饶夏溦,朱瑾.语素意识对学前儿童言语技能发展的预测作用：追踪研究的证据[J].心理发展与教育,2013(2): 147-151.

43. 郝波,梁卫兰,王爽等.8～16个月婴幼儿语言理解和表达水平的影响因素[J].中华预防医学杂志,2005,39(6): 403-405.

44. 黄国文.系统功能语言学在中国20年回顾[J].外语与外语教学,2000(5): 50-53.

45. 黄怡然.我国早期阅读相关研究现状的文献调查与分析[J].现代教育科学,2009(1): 31-35.

46. 黄云生.一个被误解的文学现象——关于幼儿文学及其理论的思考[J].浙江师大学报（社会科学版）,1990(4): 31-37.

47. 教育部普教二司幼教处.教育部制订的《幼儿园教育纲要（试行草案）》颁发全国试行[J].人民教育,1981(12): 11.

48. 金传宝. 美国关于教师提问技巧的研究综述[J]. 课程·教材·教法, 1997(2): 54-57.

49. 康长运. 想象力与幼儿图画故事书的阅读[J]. 学前教育研究, 2002(3): 13-17.

50. 柯南. 图画书: 幼儿文学的现代形式[J]. 浙江师大学报（社会科学版）, 1994 (6): 7-10.

51. 匡芳涛. 儿童语言习得相关理论述评[J]. 学前教育研究, 2010(5): 44-49.

52. 李虹, 伍新春, 张洁, 郑秋, 朱瑾. 不同形式的阅读干预在儿童读写能力发展中的作用[J]. 心理与行为研究, 2010, 8(4): 263-267.

53. 刘红, 王旭平. 图画书馆: 游走于理想和现实之间——中国民间阅读推广机构调查[J]. 出版人, 2015(8): 108.

54. 吕艳, 周忠晓. 家庭早期阅读教育的误区分析[J]. 教学与管理, 2008(8): 47-48.

55. 刘伟伟. 古德曼"构造世界"的语境认知[J]. 自然辩证法研究, 2015, 31(7): 15-19.

56. 刘晓, 金星明, 沈晓明. 2岁儿童语言理解和表达能力相关因素的研究[J]. 中华医学杂志, 2007, 87(38): 2689-2692.

57. 刘晓晔. "支持"还是"控制"?——透视教师在讲故事活动中的提问[J]. 学前教育（幼教版）, 2005(3): 11.

58. 刘晓晔, 刘佳. 高校学前教育专业图书馆参与早期阅读推广的路径建构[J]. 黑龙江高教研究, 2015(12): 84-86.

59. 刘晓晔, 孙璐. 对话阅读方案述评[J]. 幼儿教育（教育科学版）, 2013(9): 11-14, 30.

60. 刘晓晔, 孙璐. 儿童绘本的畅销因素分析——基于当当网客户匿名评论的研究[J]. 出版广角, 2016(3): 57-59.

61. 刘晓晔, 孙璐, 王苗苗. 幼儿科学图书出版现状与发展方向——基于3～6岁童书畅销榜的分析[J]. 科普研究, 2016, 11(5): 92-98, 103-104.

62. 刘晓晔, 王壮. 儿童心理发展与幼儿绘本畅销元素[J]. 现代出版, 2016(4): 39-42.

63. 刘晓晔, 王壮. 文化认同视角下绘本出版热的冷思考[J]. 出版发行研究, 2016 (9): 69-72.

64. 刘焱，宋妍萍. 我国城市3～6岁儿童家庭学前教育消费支出水平调查 [J]. 华中师范大学学报（人文社会科学版），2013, 52(1): 155-160.

65. 楼必生. 我国幼儿语言教育纲要的变革与评述 [J]. 学前教育研究，1995(2): 23-25.

66. 施宜彤，黄莉，胡凯莉，沈滢. 亲子共读英文图画书对儿童阅读能力的影响研究——以小学五年级学生为例 [J]. 科技视界，2014(33): 182-183.

67. 薛可，董燕. 知沟假说视角下移动互联时代学前儿童家长育儿知识差距影响因素分析 [J]. 学前教育研究，2016(4): 35-43.

68. 余珍有. 日常生活中的早期阅读指导 [J]. 学前教育研究，2005(1): 31-34.

69. 余珍有，周兢. 走出"幼儿早期阅读教育"的误区 [J]. 早期教育，2003(7): 4-7.

70. 章依文，金星明，沈晓明等. 2～3岁儿童语言发育迟缓筛查标准的建立 [J]. 中国儿童保健杂志，2003, 11(5): 308-310.

71. 周兢. 论早期阅读教育的几个基本理论问题——兼谈当前国际早期阅读教育的走向 [J]. 幼儿教育，2005(1): 20-23.

72. 周兢，陈思. 学前语言教育的新取向：重视儿童学业语言的发展 [J]. 学前教育研究，2014(6): 39-44.

73. 王红阳，陈瑜敏. 韩礼德语言思想溯源——来自四份访谈录的启示 [J]. 宁波大学学报（人文科学版），2008, 21(1): 56-62.

74. 王烈，姚江，才淑阁. 学龄儿童智力发展影响因素的研究 [J]. 中国医科大学学报，2000, 29(S1): 27-28.

75. 王燕. 汉语儿童阅读能力发展中的语音加工技能研究 [J]. 心理科学进展，2004, 12(4): 489-499.

76. 王余光，许欢. 西方阅读史研究书评与中国阅读史研究的新进展 [J]. 高校图书馆工作，2005, 25(2): 1-6, 82.

77. 吴光秀. 绘画在小学低段语文教学中的作用 [J]. 四川教育学院学报，2003, 19(4): 51-52.

78. 杨宁. 故事叙述与幼儿心智的成长 [J]. 华南师范大学学报（社会科学版），2002(2): 117-123.

79. 张海琰. 对语言学习中"关键期假说"理论的评述与思考 [J]. 逻辑学研究，

2005, 25(3): 190-193.

80. 张静茹. 日本少儿阅读推广活动及启示 [J]. 产业与科技论坛, 2013(5): 127-128.

81. 张羽, 陈东, 刘娟娟. 小学课外补习对初中学业成绩的影响——基于北京市某初中九年追踪数据的实证研究 [J]. 教育发展研究, 2015(Z2): 18-25.

82. 朱永新, 孙云晓. 一个人的精神发育史就是阅读史——朱永新与孙云晓对话录 [J]. 少年儿童研究, 2007(5): 31-37.

网络文件和报告

1. COLEMAN J S, et al. Equality of educational opportunity [R]. Washington, DC: U.S. Department of Health, Education and Welfare. 1966. Available on line at http://files.eric.ed.gov/fulltext/ED012275.pdf.

2. IFLA/UNESCO. Public library manifesto [EB/OL]. 1994. http://www.ifla.org/publications/iflaunesco-public-library-manifesto-1994.

3. National Assessment Governing Board. Reading framework for the 2009 national assessment of educational progress [EB/OL].Washington, DC: American Institutes for Research. 2008. http://files.eric.ed.gov/fulltext/ED502953.pdf.

4. National Early Literacy Panel. Developing early literacy: executive summary of the National Early Literacy Panel [EB/OL]. https://www.nichd.nih.gov/publications/pubs/Documents/NELPSummary.pdf.

5. National Reading Panel. Teaching children to read: an evidence-based assessment of the scientific research literature on reading and its implications for reading instruction [EB/OL]. https://www.nichd.nih.gov/publications/pubs/nrp/Documents/report.pdf.

6. VIEIRO P. The development of children's story telling skills [R]. Paper presented at the European conference on the quality of early childhood education(5th), Paris, France, September 7-9, 1995. Available on line at http://files.eric.ed.gov/fulltext/ED390553.pdf.

7. 中华人民共和国教育部. 3～6岁儿童学习与发展指南 [EB/OL]. http://www.moe.edu.cn/publicfiles/business/htmlfiles/moe/s3327/201210/xxgk_143254.html.

8. 中华人民共和国教育部. 幼儿园教育指导纲要 [EB/OL]. http://www.moe.edu.cn/publicfiles/business/htmlfiles/moe/s7054/201403/xxgk_166067.html.

9. 中华人民共和国教育部. 完善中华优秀传统文化教育指导纲要 [EB/OL]. http://www.moe.edu.cn/publicfiles/business/htmlfiles/moe/s7061/201404/166543.html.

论文

1. 陈康康. 治疗取向的班级艺术活动对情绪困扰幼儿的影响研究 [D]. 北京：北京师范大学，2008.

2. 高丽芳. 教师引导对大班幼儿故事听读理解影响研究——以"同伴交往"主题作品为例 [D]. 北京：北京师范大学，2008.

3. 龚文燕. 儿童精神家园的回归与守望——论"儿童本位"视野下的快乐阅读 [D]. 武汉：华中师范大学，2003.

4. 何苗. 幼儿自制图画书活动特点研究 [D]. 北京：北京师范大学，2006.

5. 冷杰. 幼儿园知识类绘本阅读教学研究 [D]. 济南：山东师范大学，2014.

6. 马敏. PCK 论——中美科学教师学科教学知识比较研究 [D]. 上海：华东师范大学，2012.

7. 王津. 学前儿童科学知识图画书阅读理解研究 [D]. 上海：华东师范大学，2013.

8. 翁丽绮. 幼儿建构故事之研究 [D]. 中国台北：台湾师范大学，1998.

报纸

1. 海飞. 关于我国童书出版的三个预判 [N]. 中国新闻出版广电报，2015-11-11(4).

2. 新华智库，刘倩辰. 绘本的世界，有多精彩？——2014 年绘本图书出版分析 [N]. 新华书目报，2015-6-4(3).